大成就者之歌

【上…法源篇】

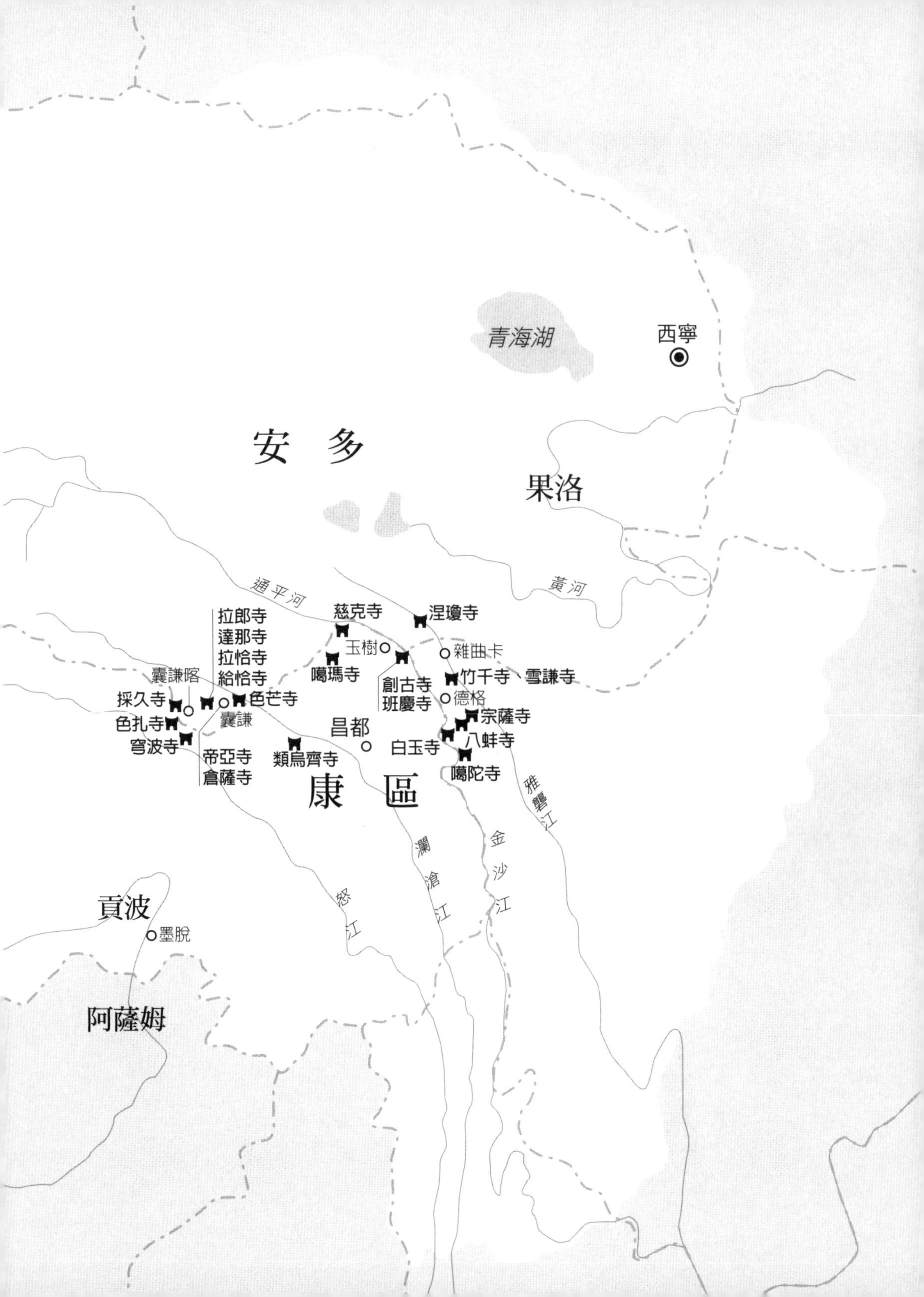

青海湖
西寧
安　多
果洛
黃河
通平河
慈克寺
涅瓊寺
拉郎寺
達那寺
拉恰寺
給恰寺
玉樹
雜曲卡
噶瑪寺
囊謙喀
創古寺
班慶寺
竹千寺、雪謙寺
德格
採久寺
色芒寺
囊謙
宗薩寺
色扎寺
昌都
八蚌寺
穹波寺
白玉寺
帝亞寺
類烏齊寺
噶陀寺
倉薩寺
康　區
雅礱江
瀾滄江
金沙江
怒江
貢波
墨脫
阿薩姆

大成就者之鄉
西藏

◎白色區域為歷史上的西藏範圍。

目錄

前言

文◇索甲仁波切 《西藏生死書》作者

在這本書中，你將讀到一位慈悲、領悟與氣度都超越凡人標準的卓越禪修大師與佛陀法教提倡者，還有一個與我們今日周遭所鼓吹的價值迥異，對於人類所能成就之事，看法也極為不同的世界。儘管如此，你卻無法在這些書頁中，知道太多關於這本回憶錄的作者，即西藏大師怙主❶・祖古・烏金仁波切（Kyabje Tulku Urgyen Rinpoche）的事蹟。這情況不足為奇，因為他總是謙遜而謹慎。然而，他卻是這本書的中心人物，不僅因為這些令人稱奇的事件是經由他的眼睛所目睹、透過他的聲音所訴說，並藉由他的心靈為我們抽絲剝繭，也由於他所具有的功德，正與他所描述的那些卓越的人們一模一樣；他完全繼承了他們的智慧，也體現了他們不可思議的德行。

事實上，祖古・烏金仁波切是廿世紀最偉大的禪修大師之一，也是藏傳佛教傳統核心——大圓滿與大手印教法最傑出且饒富創造性的上師之一。

我第一次見到祖古・烏金仁波切，是在我非常年幼的時候，因為就如他在書中所敘述的，他曾多次來向我的上師宗薩・欽哲，也就是蔣揚・欽哲・確吉・羅卓（Jamyang Khyentse Chökyi Lodrö）領受法教。多年之後，當我向祖古・烏金仁波切請求法教時，他回想起總是看到我待在蔣揚・欽哲身旁，也因為親近這位偉大上師，我們彼此之間產生了一種深厚的親密感。

在藏傳佛教的寧瑪派與噶舉派中，祖古・烏金仁波切是一位極具重要性的傳承上師，他也是第十六世大寶法王（Gyalwang Karmapa）的老師與代表，並將這個傳承傳給了寧瑪傳統偉大的喇嘛——怙主・敦珠仁波切（Kyabje Dudjom Rinpoche）與怙主・頂果・欽哲仁波切（Kyabje Dilgo Khyentse Rinpoche）。他們兩人，還有紐舒・堪布・蔣揚・多傑（Nyoshul Khenpo Jamyang Dorje），以及其他多位偉大的法教持有者，都對祖古・烏金仁波切致以最崇高的敬意，視他為完全了證竹巴千波（Dzogpachenpo，即大圓滿法）見地的修持人。

祖古・烏金仁波切是一位獨一無二，比大多數老師都出色的老師。有件事讓人印象深刻，那就是不論他教導的內容為何，都充滿了大圓滿的風味。他精熟佛法（Buddhadharma）的各個面向，尤其專精於極度精準且具確實性的金剛乘教法。他從四歲就開始禪修，一生當中，有超過二十年時間都在閉關。許多偉大的上師遇到法教上的困難疑點時，都會向他尋求極為珍貴的闡釋，他因此而著名。

談及根本、甚深的心性時，祖古・烏金仁波切更是無可匹敵。我記得在尼泊爾納吉貢巴時，每當有人請求開示，他總會給予直指心性的教授，將心性介紹給人們認識——無論他們是學習佛法的學生，或是探訪喜瑪拉雅山區的登山客。當人們請求直指心性的教授時，他總有辦法在一堂課中，就將完整教法的所有內容都授予他們。即使面對一大群人也是如此，他會滔滔不絕地引介心性，直到所有人都瞭解為止。這實在是不可思議！祖古．烏金仁波切將佛法介紹給數以千計的人們瞭解，就算只是靈光一閃，也讓他們得以經驗自己甚深的心性。當他們與他會面過後，離去時，都懷著對修持的熱切靈感，並踏上佛法之道，開始追尋內心新生萌發的這份領悟。

當祖古．烏金仁波切於一九八〇至一九八一年間巡迴世界期間，也給了我在倫敦的學生們珍貴的教授。而在一九八八年，對於遠行至尼泊爾，前來拜見他和怙主．頂果．欽哲仁波切的一個大型參訪團，他也給予了直指心性的教授。在那之後，我每年冬天都盡可能回到納吉貢巴向他領受教法。我認為自己是個超乎尋常有福報的人，才能夠這麼做。他那簡直令人歎為觀止的教授，直探我的心坎，並對我的教學風格產生了深刻而有力的影響。

我仍清楚記得他所給我的鼓舞。實際上，他也正是那位以多種方式向我指出，我打算如何在西方教導佛法這件事有多重要的人。在尼泊爾，每個認識他的人——從地位最崇高的喇嘛，到身分最平凡的民眾——都在談論祖古．烏金仁波切的仁慈、性格，以及他與人來往的情形，他確實不折不扣地實踐了《入菩薩行論》（*The Way of the Bodhisattvas*，藏文為*Bodhicaryavatara*）的精神。他具有一位卓越大圓滿瑜伽士自然不造作、簡樸與自在的所有特質，我相信稱他為「大成就者」（mahasiddha，即「當代聖者」之意），絕非誇大之辭。在他的茶毘大典上，天空一片晴朗，土地上方的空氣則完全靜止無風，大圓滿密續將此標示為某個具有最偉大了證次第之人圓寂時的特徵，而他的修持即是「無表徵」（without attributes），也就如密續上所說，其徵兆為「上方天空無雲影，下方地上無塵跡」。

祖古．烏金仁波切的教學風格清新、不矯柔造作，且具有影響力。人們會因為他的溫和、直率與誠懇，而卸下所有的防衛；似乎他在周遭所變幻出的氛圍，以及他用來勸誘你的方式，都能引領你一步步進入心的自性經驗；他會從每個可能的角度為你揭露心性，幾乎就是一再地向你灌輸，直到你瞥見它為止。由於他的話語都直接出自於他的體驗與智慧心，所以他每次給予的直指心性教授，都不會有所重複。

我經常思惟，當祖古．烏金仁波切這樣一位上師以他無比的人性慈愛與善意給予你直指心性的教授時，他向你引介的，已無異於諸佛的智慧心，他親自讓你與所有上師的智慧相連結。這也正是我們所說上師超凡入聖的「加持」，及其「無與倫比的慈悲」的涵意。所有該說的都說了，該做的也都做了，還有什麼比這樣更慈悲呢？上師將真理的人性樣貌轉向你，如同你甚深自性的體現一般。以祖古．烏金仁波切來說，明顯可以看出，他的存在傳達了教法精髓的一切。我覺得單只是遇見像他那樣的上師，就表示你的珍貴人身並未白白浪費，而且已經達成了它的意義與真正目的。

慈悲、智慧、虔誠心，以及心的甚深自性——所有的這一切，你都會在這本書中讀到。畢竟，佛法是由它們所組成，也是我們大家渴望能體會、掌握與領悟的一切。不過，它們在我們眼前展現得最完美、最人性、最直接的地方，就是在上師，在像祖古．烏金仁波切這樣的一位上師身上。每當我想起祖古．烏金仁波切的時候，就會讓我領悟到蔣揚．欽哲在他關於什麼是真正上師的動人描述中所言：

並非只在當下這一刻、在目前，嚓威喇嘛（tsawélama，即根本上師）才與我們同在。在他全然的仁慈裡，從我們無始以來的生生世世，他就未曾與我們分開過，因為他是我們的心的真實本性示現；他以各式各樣的裝扮現身於外，包括清淨的與不清淨的，就是為了要以直接或間接的方式來幫助我們。目前，由於我們過去生所累積的所有功德，他現身為我們的善知識，而且由於這股強而有力的業力連結，讓我們得以遇見他，而他給了我們既深奧又廣博的教授之甘露，並以他無比的仁慈包容我們。也從此刻開始，直至成佛為止，他連須臾之時都不會與我們分離。

偉大的上師祖古・烏金仁波切已經離世，我們或許會感到難以言喻的哀傷，然而，我們卻也愈來愈感到喜悅，不只因為他仍活在我們心中，深刻地存在我們內心深處，「連須臾之時，都不會與我們分離」，也由於他成功確保了他的遺產，也就是他體現得如此完整的教法能連綿不絕。他的兒子確吉・尼瑪仁波切、慈克・秋林仁波切、珠旺・措尼仁波切，以及詠給・明就・多傑仁波切，都是他的傳承與願景的全然具格持有者；每一位都展現了各自獨特的德行，各不相同，卻又超凡入聖；每一位也都具有祖古・烏金仁波切的特質；就像他一樣，他們對心性的熟悉度猶如水面下不斷蔓延的沸騰氣泡，隨時會湧現而出。祖古・烏金仁波切還有多位傑出的西方學生，包括科學家與佛學老師，全都積極地要將佛法呈現給現代世界。他摯愛的學生艾瑞克與馬西亞，多年來一直以撰寫書籍——譬如本書——帶給許多人源源不絕的喜樂泉源，我祈禱他們能毫無障礙地繼續下去。

最後，你將於本書中發現的所有故事與回憶，到底意味著什麼呢？兩件事——第一件，只要我們懷著毅力與熱誠，全心全意地投入，靈性上的了證，或者說成佛，事實上真的可能發生；第二件，這本書不純粹只是發生於過去印度與西藏的古代歷史現象。感謝像祖古．烏金仁波切這樣的上師與其弟子們，此一智慧與靈性覺醒的活生生傳統此刻仍持續不墜；也感謝他們以珍貴的口訣指引，讓各地人們隨手可得這些佛陀的教法。

我祈求祖古．烏金仁波切所有的抱負都能實現，願他的化身到來，即使沒能更出色，也能像他一樣令人讚歎，並且強而有力，以迎接這個時代的挑戰；願他的兒子與弟子們都能繼續推動他的佛行事業，絲毫沒有障礙；願他想要喚醒無量眾生，並指引他們認出自己真實自性，亦即心的根本自性的恢弘願景能夠實現！

❶…怙主，藏文「Kyabje」，音譯「洽傑」，意指能夠給予我們依怙的偉大對象，常作為上師或諸佛菩薩的尊稱。

導讀

文◇丹尼爾‧高曼《EQ》作者

祖古‧烏金仁波切是廿世紀藏傳佛教最偉大的上師之一。《大成就者之歌》邀請我們來到他身旁，和他一同回顧以他為中心，富涵無比靈性的生平故事。經由他敏銳透徹的雙眼，我們遇見了古老西藏中，以老師和朋友身分出現的奇特思惟冥想高手；透過他醒覺的覺性鏡頭，我們也得以一種清新、眼界大開的觀點來看世界。

如同達賴喇嘛是位祖古，或說轉世上師，祖古‧烏金是竹千（即大圓滿）傳統最著名且最具影響力的當代導師之一，他也是首先將這個目前受到歡迎的修持帶到西方的重要人物。

本書英文書名「Blazing Splendor」，意指「一位了證大師的功德」，也是祖古‧烏金名字的英文直譯，而這名字是由藏傳佛教噶舉派領袖噶瑪巴所賜予的。本書是祖古‧烏金的靈修回憶錄，讓我們得以親近地一瞥他一生奇妙的經歷；全書也是一趟令人目眩神迷的旅程，帶我們走進一個消失了的文化。在這些篇章中，我們也對囊謙變得熟稔了起來，那是他的家鄉，是一個富饒靈性的王國，從牧羊人到國王，每個人都全心奉獻的行者之鄉。

祖古．烏金所知的世界，是個顛覆了現今傳統價值的世界；取代聲望、財富與名氣這些「功成名就」的標記，內在了證才是重要的；在那個世界裡，為他人留下靈性的遺產，才是圓滿一生的印記。祖古．烏金具有獨一無二的身分，他知道，並和我們分享那些繼承那片土地莊嚴價值的人們。然而他給讀者們的信息卻是，了證並非保留給特定的少數人，而是我們每個人；不論從何處起步，也都能邁向的境地。

本書的中心主題伏藏，是千年前，來源神祕的一種神聖教法，它豐富了與它有所連結的人的生命與靈性。祖古．烏金的故事為這些設計來轉化我們生命的伏藏寶藏映照出獨特的光芒。伏藏是人類遺產的珠寶，但迄今仍不為西方世界所瞭解。祖古．烏金是伏藏寶藏的持有者，他將它們放在他的心靈與意海裡，帶著它們橫越喜瑪拉雅山區，將它們傳播給另一邊世界裡來自各行各業的數千人。

這本書所涵蓋的歲月，遠遠超出祖古．烏金從一九二〇年出生，到一九九六年圓寂為止的一生；這本書以他的家族故事與他所持有的冥思傳承為起頭，編織了一幅精彩的織錦；全書所呈現的內容，不只是他個人的回憶錄，更是一部西藏的靈性史；我們聽到了第九世紀時，將佛陀法教帶至西藏的導師們的故事，還有一代又一代，直到祖古烏金本人為止，不斷將傳承的秘密傳授下來的上師們的事蹟。

藉由祖古．烏金的眼睛，我們與廿世紀西藏最具證量且名副其實的靈修者們相遇。不只因為祖古．烏金是多位當代西藏偉大宗教人士的朋友與知己，也由於他的親戚與祖先在過去幾世紀以來，都是東藏最具影響力的人物。

祖古．烏金的生平跨越了西藏歷史上的一段特殊時期，由背景所傳來的不祥鼓聲貫穿了整個故事，預告著東方的共產黨即將到臨，而西藏文化及其所擁有的豐富內涵也隨之遭到蹂躪。當祖古．烏金訴說著他在西藏政府奄奄一息之際，擔任噶瑪巴駐西藏政府代表的歲月時，我們得以用一種生動、巨細靡遺的角度，窺見在這段終局期間，發生在拉薩政壇的諸多變節行為。到最後，由於祖古．烏金解讀到即將發生的惡兆，於是，他比達賴喇嘛早一年逃出了西藏，也讓我們見到西藏昔日偉大的靈性傳統如何成功地在世界的另一端復甦。

全書以祖古．烏金帶有鄉土氣息、坦率直言的說話語氣，且饒富興味的敘述風格，給予我們契入的途徑。但最引人注目的，也許是祖古．烏金自然不做作的謙遜態度，他不把焦點放在自己或名望上，而是以他直言不諱，又常令人莞爾一笑的真誠，帶領我們真實見識他眼中的那個世界，以及一座不同凡響的人物殿堂。

這本書的敘述口吻，也反映了最初訴說這則傳奇時的融洽氛圍，而這也是當祖古．烏金在與親近的西方弟子分享生命中的這些篇章時，坐在大師身旁的感受。在書中，這些篇章已整理成包羅萬象的故事，讓讀者們也能分享一個神蹟、奧秘與深刻洞悉力蔚然成風的日常世界，亦即透過祖古．烏金開放、清晰的心靈特質所反映出的世界。

他的學生艾瑞克與馬西亞．舒密特受到感動，著手撰寫這本書的部分原因，就是由於古老西藏獨特的生活方式與文化，在一九五九年中共佔領時，已無可挽回地被改變了。在藏傳佛教界裡，祖古．烏金被視為是中共佔領西藏悲劇中倖存的最卓越上師之一。由於歲月不饒人，在西藏傳統靈修系統下受過訓練的偉大上師們接二連三地凋零了。為了讓這個傳統的精神傳承下來，作者們覺得必須將這些即將消逝的故事，由這位末代大師以第一人稱口述的方式呈現出來。

無論這些篇章裡所陳述的事件看來有多麼不可思議，但近年來的科學研究卻指出，這類神蹟或許不是無稽之談。舉例來說，這些傳奇中最引人入勝的面向之一，就涉及到新近對長期禪修如何有利於活化人腦的研究發現。儘管這些研究仍在初步階段，科學家們卻已對祖古．烏金這些傳承大師們所運用的禪修法門，提出了數個令人大開眼界的結果，尤其是那些在經年密集閉關期間所進行的研究。

舉例來說，當喇嘛們在禪修「無量慈悲」時，利用核磁共振（Functional MRI）所做的大腦顯影（Brain imaging）顯示，他們腦部中有兩個區塊，即產生快樂與大樂（bliss）感受的區塊，和準備要採取行動的區塊，都表現出驚人的活化程度。有八位喇嘛已從事一萬小時，甚至高達六萬小時的修持時間，他們投入禪修的時間愈長，腦部的活躍程度就愈強。自告奮勇的一般人做了相同的禪修一個月之後，腦部這些區塊的活動力會增加百分之十，但這些喇嘛平均而言，卻增加了十倍之多的活動力，有些喇嘛激增的程度，甚至可高達八十倍之多。

就如現代心理學創始人威廉．詹姆斯（William James）在他的經典著作《宗教經驗之種種》（*The Variety of Religious Experience*）❶一書中所提到的，當我們身體界定的溫度為華氏九十八．六度時，我們的體驗也許並未給予我們真實環境的最完整報告。換句話說，腦部功能的變異狀態（alternate states）❷，也就是意識的變異狀態，或許能讓我們對平日無法覺察判辨的宇宙有所覺知。

世界各地的宗教傳統都曾提及具有深觀能力者，從神祕大師艾克哈特（Meister Eckhardt）❸、聖女大德蘭（St. Teresa of Avila）❹，到黑麋鹿（Black Elk）❺，他們都曾見過變異的現實狀態。當然，我們不知道是什麼樣變異的腦部活動或不尋常的狀態可能讓這樣的淨觀得以發生（我們必須承認，我們所抱持的科學偏見，竟然假設這需要涉及特別的腦部狀態），不過我們的確知道，在每個例子中，淨觀都出現在經年累月專注而努力的靈修之後。現代神經科學告訴我們，持續不斷地一再訓練，會讓腦部產生反應並重塑它自己的傳導系統。

我們仍未瞭解像注意力、觀想力與記憶力這類基本的心智功能，最終可能顯示的極限究竟為何，因為現代科學對於訓練心智何以能更新神經系統的研究仍在起步階段。相反的，古代的靈修傳統，像是西藏的佛教靈修傳統，已經有系統地敦促修行者花費數年時間，透過持續不斷的訓練，磨練他們的感受力。

這本書故事中尤其饒富趣味之處，就在於西藏大師們投入修持的時間長度。在現代實驗室裡參與研究的那些喇嘛們，至少都進行過三至六年的密集閉關，而對於祖古．烏金同輩的大師們來說，進行三至四次那麼長時間的密集閉關似乎是家常便飯。舉例來說，祖古．烏金自己顯然就花了超過二十年時間進行密集閉關，而他已故的同輩，偉大的頂果．欽哲也是如此。有些一輩子都住在西藏的大師們，甚至經常進行更長時間的閉關，祖古．烏金的父親一生就投注了卅三年時間進行禪修閉關。

科學現在已經證實，僅僅三年閉關就具有強大力量，能讓心智能力變得敏銳，至於二十年或三十年的歲月能有什麼作用，目前就只能推測了。從那樣的觀點來看，我們最好暫時先別對這些通常被認為具有看似「神幻」力量的昔日西藏大師下斷語。誰曉得一個受到如此高度且精細訓練的心靈，可能可以做到什麼樣的事情呢？

佛教傳統的另一項元素，也使得可能可以做到什麼樣的事情更加令人費解，但那是許多具有高度成就的行者所擁有的共同特徵，也就是他們對於自己的功績非常謙遜。因此，祖古．烏金雖然被許多同時代最受人崇敬的大師們（包括第十六世噶瑪巴）尊崇為老師，卻仍一再堅稱自己毫無特殊之處，只不過是個普通人罷了。

這種謙卑的態度還有另一個原因，那就是祖古．烏金的傳承恪守「秘密瑜伽士」傳統，他們習慣掩飾自己靈性上的成就。西方讀者們不習慣對自己靈修聲望表現出謙遜態度的這種堅實傳統，可能就會誤解它的訊息，反而將其推斷為缺乏成就，而忽視其含蓄的內涵。

讀者還會面臨另一項窘境，即如何看待許多據實以告，但從現代思維模式來看，卻是荒誕不經或不可能發生的事件，甚至是神蹟。有些讀者也許純粹將其視為加油添醋，不予理會；有些人則選擇照單全收，或暫時將輕蔑的批評擱置一旁，或單純地對它們的可能性敞開心胸，而不遽下任何堅決的斷語。

對於浸淫在理性假設當中的人來說，這些事件令人感到不解，引發許多讓人無法輕易解答的問題。這些描述僅僅是傳說或民間故事嗎？它們被當作隱喻或教誨故事來講述，其細節或真實性比起它們所要強調的重點就比較不具重要性嗎？這些看來似乎不可能發生的事，是否實際只發生在那些講述它們的人心中？抑或可能是他們參與了一種超越我們的念頭與幻想、記憶與白日夢，所創造出來的日常「恍神狀態」呢？

每個人都必須自己下判斷。儘管如此，大家都能夠在拓展自身靈性的熱切渴望上，得到豐盈的收穫。

給讀者的短箴：

我大力推薦認真的讀者，當你閱讀本書時，也能花時間仔細閱覽文後的附註；內容豐富的來龍去脈、詳細情況與說明，都可以在附註與名詞解釋中找到，它們本身就能充當佛教金剛乘傳統的部分輔助資料。閱讀附註，將使所描述的故事更加多采多姿。而對那些剛接觸這種視角的人，附註提供了極其重要的背景介紹，可以澄清原本可能產生的一些疑惑。

門多西諾郡（Mendocino），加州

二〇〇四年十一月

❶…《宗教經驗之種種》(The Variety of Religious Experience)，威廉・詹姆斯(William James)著，台灣版由蔡怡佳、劉宏信合譯，立緒文化二〇〇一年出版。

❷…Altered States源自於心理學名詞：「Altered State of Consciousness」意指「意識的轉換和變異狀態」，即不同於平常意識狀態的各種意識狀態。

❸…艾克・哈特為中世紀之時德國神學家和神祕主義哲學家。

❹…中世紀基督教聖人之一的聖女大德蘭(聖德蘭・亞維拉)，西班牙人，據傳曾和聖十字約翰(St. John of the Cross)一起凌空升至聖彼得大教堂的天頂。

❺…黑麋鹿，即尼古拉斯・黑麋鹿(Nicholas Black Elk，1863~1950)，北印第安奧格拉拉蘇族人，身兼獵人、戰士、藥師、先知多種角色。他九歲時，因病夢見如創世神話般偉大的淨觀景象，也因此獲得治病和預言的力量。一九三〇年起，他接受美國詩人約翰・內哈的特訪談，說出他一生偉大的淨觀經驗，即《巫士黑麋鹿的故事》──台灣中文版書名為《巫士、詩人、神話》，賓靜蓀譯，立緒文化二〇〇四年出版。

作者序

這並非一部傳統式藏傳金剛乘開悟大師生平口述故事。事實上，祖古．烏金很少談到自己或自身的成就，通常只在特定時刻，為了向特定人士傳達詳盡的要點，他才會偶爾說出一則他過去所經歷的「教誨故事」。也只有在他人力勸之下，他才會提到自己的生平細節，這部回憶錄就是在我們的懇求之下，祖古．烏金仁波切才講述了自己一生的故事，歷時十四年蒐集完成。

我們將他在不同時間所講述，猶如念珠珠粒般的故事片段，拼湊在一起，串聯成一系列故事情節。由這些故事所組成的鑲嵌圖案，對於祖古．烏金仁波切的傳統與祖先、他所認識或所聽說的大師傳奇，以及他的諸多生平細節都提供了精彩的描繪。我們不能宣稱是祖古．烏金仁波切寫了這本書，因為他不曾講述自傳，他只不過是回應我們的請求，才訴說了這些故事，並且是在我保證不會將重點放在他身上，而是放在他所遇見，或經由其他大師而有所連結的非凡人物之後，他才應允。

當我向他詢問關於內容的意見時，他答覆道：「只要忠於故事就好了，別用我的照片填滿它，在康區，我們稱這是自我膨脹。多收錄一些了證的喇嘛照片，一般人的照片則不需要。聖地的圖片也很好，如果人們尚未親自去過的話，讓他們看看菩提迦耶那樣的聖地是有益的。」

他對書名也提供了建議：「超凡大師生命例證的虔誠摘要。」

我覺得我們已忠實於那樣的精神。

在尋求將每件事串聯在一起的軸線過程中，有個主題顯得至關緊要，那就是傳承不可或缺的連續性。就如讀者將會發現，祖古．烏金仁波切的曾祖父所發掘出的《新伏藏》（*the New Treasures*），以及代代相傳的傳承，在本書中扮演了重要角色。到最後，所有傳承的溪流都將匯聚在無上化身的海洋之中①。這些故事的說書人就是這樣的一個具體化身。《大成就者之歌》是一則神祕的探險故事，進入一個年代、地點與情境，全都迥異於我們大多數人所經歷的一趟旅程；它同時也是個樸實、充滿人性的生動故事，有時卻也讓人心痛如絞。

祖古．烏金的口述故事描述了人類靈性的非凡成就，有時還會以神性力量的介入為佐證。《大成就者之歌》並非神仙故事，卻充滿了神妙宏偉的魔幻與壯麗史詩典範；他描繪了最美好的靈修成就，以及最差勁的人類愚行。西藏人將發現這本傳記迥異於其他大多數傳統題材的傳記，因為本書幾乎不曾提及這位大師的生平重要細節、神幻事蹟，以及他超凡入聖的證量。西方讀者們也許會認為許多故事看來似乎純粹是虛構的情節，或他們至少必須暫時收起批判的心態。書裡所呈現的內容，儘管偶爾挑戰了一般常理與認知，但大部分都是可證實的。

沒有人能像祖古．烏金仁波切般訴說趣聞軼事；他不只能巨細靡遺地憶起久遠以前的孩提時期，人家告訴他的故事，還能一字不漏地將之覆述出來；他能邀你進入他的記憶情景，彷如施展了魔法般，精確描述所發生的生動細節；他以扣人心弦的情感深度講述事件經過與對話內容，讓我們身歷其境。

儘管如此，這部回憶錄並非真正關於祖古．烏金仁波切令人難以置信的作為，或是他那傳奇得能夠激起聽者獲致解脫與全然證悟潛能的特殊教學風格。相反地，本書與讀者們分享了他所目睹的事情，或者最精彩豐富的，是他如何感知他的世界。

中共入侵之前，西藏是個何等美好的世界啊！在那個世界裡，宗教上的輝煌成就是成功的評判尺度；熱愛並激賞佛陀所賜予的偉大法教，以及那些護持法教的大師們，是最重要的。那是連中共都無法摧毀的遺產，它存在於文化遭受恣意毀滅與蹂躪而倖免於難的人們心中，而被帶到世界各個角落。

《大成就者之歌》敘述了他們的堅毅強韌的心靈在面對勢不可擋的困境時所得的勝利。瀰漫在祖古．烏金故事最重要的主題，就是對佛法的深厚崇敬、透過不間斷的法脈傳承所作的保存與宏揚、追隨老師教誡的堅貞勇氣、大師們對彼此所懷抱的無比尊崇，以及任何境況都無法逃避的無常。

對於發生在西藏難以想像的傷害，是不容否認或忽視的，歷史會見證所發生的一切。慶幸的是，許多珍貴的大師與法教從那場浩劫中倖存下來，而這些老師們被迫流亡的事實，意謂著我們這些生於物質主義文化的人，得以與這個極不尋常的傳統相遇。

因此，我們邀請您進入一個過去的世界，並細細品味那氛圍；讓你的心懷敞開，與崇高的事物相連。切勿迷失在時空的細節之中，只要體驗那靈修的情懷。無可否認的，交織於這些篇章中的深刻意涵，也就是發自內心的忠告與靈修教法，也許會激發你踏上個人的靈性探尋之路。懷著對我們令人讚歎的老師無法抵擋的愛與虔誠，同時衷心渴望你不僅能在短時間，也能長期因此而得到極大的利益，我們將這一切獻給你。

在陳述他的故事時，祖古．烏金仁波切最強調的，是人的樣貌，而非實際的地點；那些激勵他的人，大多成為本書出現的主要焦點；我們以他的靈性祖先與他生平事件的次序作為脈絡，貫穿這些絕妙的故事；每個故事都是具有永恆價值的珠寶，由仁波切的回憶串在一起。我們在此將此傳奇故事的花鬘呈現給您細心體會。

艾瑞克．貝瑪．昆桑與馬西亞．賓德．舒密特

納吉貢巴，二〇〇五年

①⋯藏傳佛教雖擁有大量的書面文獻，但仍非常仰賴口傳，亦即上師直接將知識授予弟子，橫跨數世紀，不間斷地代代相傳。這些教授不只傳授言教與智識，同要重要的是，還能直接表達個人經驗，而讓傳承得以繼續存在。依據傳統禮儀，當學生拜訪老師，請求特定禪坐修持的指引時，通常都會攜帶禮物與依據忠告來修持的誠摯心意。以祖古．烏金仁波切這樣的傳承持有人為例，他不只修持他所領受的教法，也具有在未來將這傳承傳授給值得的弟子的資格。〔英文口述紀錄者艾瑞克．貝瑪．昆桑說明〕

大圓滿瑜伽士祖古·烏金仁波切

序幕

既然你們已經請求了這麼多次，我就說一點關於我生平的事。在我們西藏傳統裡，要講述一個人的生平故事時，會先回溯他的家族根源。我的家族姓氏為「倉薩」，由於我被視為一位瑜伽士的轉世，因此我另外的名字是確旺・祖古。

我出生於中藏，卻被帶到康區，所以在這兩個地方來回好幾次①。我逃離中共之後，到了錫金，最後搬到尼泊爾，也就是我這個老頭現在居住的地方。這就是我簡單的一生，我還未成就任何豐功偉業，大部分只是一起接著一起的悲哀事件。

我講故事的時候，總是避免誇大與詆毀這兩項缺失，也就是既不增添某人所沒有的任何德行，也不拒絕承認那確實存在的德行。由於我並非那種記得確切日期的人，所以別期望這裡會有清楚的年代順序。

但是，我可以告訴你一些我所聽到的故事，其中許多都是從我祖母那兒聽來的。

①…從康巴人的觀點來看，西藏是位在西邊，路途遙遠的另一國家。為了顯示這個差異，我們使用「中藏」這個名稱。（英文口述紀錄者艾瑞克・貝瑪・昆桑說明）

第一部

靈性的源頭

第 1 章

祖母的任務

我祖母貢秋・巴炯（Kõnchok Paldrön）為了從康區（Kham）到拉薩（Lhasa）這趟長途跋涉的旅程，督促著將行李馱上她的犛牛，她急著要趕路。她已經是個老婦人了，距上次跟兒子見面，已過了好長一段時間。她的兒子住在兩個月路程外的中藏，她執意啟程去找尋他。

祖母非常明確地表達了她的感受，她悲歎道：「我父親秋吉・林巴（Chokgyur Lingpa）是位偉大的伏藏法發掘者①，不論他走到哪兒，人們都聚集在他身邊，就像鐵屑吸附在磁鐵上一樣。在我父親短暫的人生當中，他的名氣與光芒、影響力與弟子人數，似乎都超越了尊貴的噶瑪巴（Karmapa）。儘管如此，他仍拋下他的肉身，留下我一人。」

「接著我的母親與哥哥也過世了。我愛的每個人都離我而去，還有誰會比我這樣孤苦伶仃的人更悲慘呢？連我最小的孩子德喜祖古（Tersey Tulku）也棄我於不顧，到中藏追隨他德高望重的上師了。人們說，他正在拉薩的貴族間開展四種佛行事業②，連不丹（Bhutan）國王也對他唯命是從，還給了我的德喜很多禮物，需要五十匹馱獸才能載得動。他培養了八百名弟子，卻留下我——他的母親一人孤單地待在康區。」

「我父親秋吉．林巴所到之處，就像風浪席捲大地般，每個人都為之風靡而跟隨他，不管是多麼博學或有成就的人都一樣。不管哪個教派，跟他同時代的大師也都領受過他的教法。親眼見識過這些了不起的事蹟之後，我怎麼可能還會對最近發生的任何事大驚小怪呢？我聽到各式各樣關於所謂『德喜祖古的偉大行誼』，但跟他外祖父的佛行事業相較，那些似乎也不過是水上泡沫罷了！」

「現在，我——秋吉．林巴唯一還存活在世間的孩子——在這兒形單影隻。我終日以淚洗面，連枕頭都被淚水濡濕了。對我而言，所有美好與光明的事情，也不過如秋日草原的花朵般，雖然絢爛迷人，卻難以持久。」

是什麼事情導致我祖母情緒潰堤呢？德喜叔叔（Uncle Tersey）對她父親，也就是秋吉．林巴所發掘出的《新伏藏》（*New Treasures*）法四十部厚書的傳承知之甚詳。很年輕的時候，德喜就已經有過多次淨觀（vision）❸經驗，也獲得不少預示（prophecies），但身為一名絕不誇耀自己成就或證果的「秘密瑜伽士」（hidden yogi），他很少提及那些事情。

有一天，德喜叔叔離開康區去朝聖。他是個非常強壯的男人，不同於大部分行走在西藏陡峭山地的旅人，他將自己所需的物品扛在背上，沒有任何馱獸，只有兩名也背著自己背包的親信侍者。他們四處旅行，甚至遠行到印度聖地。就是在這趟朝聖旅途中，他成為德高望重的夏迦．師利（Shakya Shri）的弟子④。

流言傳回康區：「大鬍子德喜祖古過著喇嘛—瑜伽士（lama-yogi）無憂無慮的生活。」那些故事都相當令人神往，但這些可唬不了我祖母，她對這類消息總是回應說：「終究那會成為往事！」

她開始擔憂起她最小的兒子，「只要他仍在中藏輾轉閒晃，我就難以高枕無憂。」她說：「我必須把他找回來。他是我最小的兒子，也是我早逝哥哥的轉世（reincarnation）。德喜已經在中藏待太久了，如果他不回到秋吉．林巴的法座，繼承佛行事業，我就要自己去把他帶回來。」因為不放心讓年邁的母親獨自長途旅行到中藏，所以三名年長的兒子也準備行囊，陪她一起出發。

我們家人最後在基布（Kyipuk）找到德喜叔叔，夏迦．師利就住在那兒教學。當家人要德喜叔叔一起回康區的時候，他回答：「我一定會回去，不過我得先結束我的朝聖之旅。」五年之後，他們才終於回到康區的家。我就是在這趟旅程中出生的。

我祖母是個非常有自信的女性，我就是從她那兒聽到大部分我在此所要講述的故事。我的伯父桑天．嘉措（Samten Gyatso）曾經說過好幾次這樣的話：「母親有非常多的故事可以說。」她真的說了很多故事！

這位不可思議的女士從不曾忘記任何事情，她能討論久遠以前的事情，宛如才剛剛發生一般。大家都常感到疑惑，年紀這麼大的老太太，頭腦何以能這麼清楚?!任何引起我興趣的話題，她都能給予詳盡的解釋，而她所知引人入勝的傳奇故事，多到令人難以置信。

我非常喜歡和她一起消磨時間，尤其喜歡聽她說她父親秋吉．林巴的故事，很多故事從來都沒有寫入他正式的傳記中⑤。她陪著這位伏藏師（tertön）父親到過很多地方旅行，親眼看見所有發生的事情。她也知道他的許多淨觀經驗，並親眼目睹許多伏藏（termas）被發掘出來的過程。她近乎完美無瑕的記憶，讓她能對完整事件做出無懈可擊的見證說明。每當她講故事的時候，聽起來就好像她還在現場一樣。

①…原注，❸…譯注

①…就如我的老師之一宗薩・欽哲（Dzongsar Khyentse）告訴我的：「將密續教法封緘起來，是為了在以後的特定時期將它們發掘出來，而它們會以最適合於那個特定時期的形式被發掘出現。每位主要伏藏師都必須發掘至少三種主要法門的伏藏：蓮師儀軌（Guru Sadhana）、大圓滿、觀世音菩薩法門。在我們這個時代，老欽哲和秋林是被特別賦予七種傳承的人。」〔祖古・烏金仁波切說明〕

②…「四種佛行事業」是指佛或本尊利益眾生的方式，即息、增、懷、誅。〔英文口述紀錄者艾瑞克・貝瑪・昆桑說明〕

❸…證量高深的行者在深入三摩地後，由於高度禪定和虔誠信心的力量，可見到超越凡俗肉眼所見的存在體，例如菩薩或上師、本尊等。

④…夏迦・師利的傳記中提到「秋吉・林巴的兒子德喜祖古」是修持大圓滿的弟子之一。〔祖古・烏金仁波切說明〕

⑤…我伯父桑天・嘉措曾鼓勵第二世慈克・秋林（Tsikey Chokling）編纂秋吉・林巴的生平故事。這位秋林祖古極為博學多聞且談吐高雅，同時講話妙趣橫生，許多言談都引經據典。但最後的作品並未讓桑天・嘉措感到完全滿意，慈克・秋林也因為疏於徵詢貢秋・巴炯，只將先前噶美堪布（Karmey Khenpo）精心撰寫的生平故事加以濃縮，而遭到譴責。桑天・嘉措說：「你可以從我母親那裡聽到真實的故事。」我們除了有老欽哲與康楚（Kongtrul）撰寫的一個較簡短版本，這是根據《祈請偉大伏藏師的生平故事》（*Supplication to the Life Story*）所寫成的，還有另一個由涅瓊・秋林（Neten Chokling）撰寫的版本。〔祖古・烏金仁波切說明〕

第2章

旭日初昇佛國淨土

由於得到古代一個王室家族的護持，佛陀的教法得以傳播到西藏民間。據說，有一位來自邦嘉比（Punjabi）皇族的半人半神者，從天而降，且往北飛入喜瑪拉雅山。最後，出現在高山上，並進入西藏的雅魯區（Yarlung region）。當地人相信他是從天而降的神奇生命體，所以將牛軛扛在肩上，讓他坐在上面，且尊他為第一任國王。於是，他成為納崔王（King Nyatri），意即「在牛軛上加冕」的國王。

這些國王依著世襲制，毫無間斷地統治了卅五代之後，第一批佛教經典奇蹟似地來到了雪域。在當時，百姓全都不識字，國王為此滿懷憂傷。他熱切地祈禱能終止人民的無知。由於諸佛的加持，三本佛典從天而降，掉落在他皇宮的屋頂上。雖然沒有人能閱讀這些經典，但僅只是這些聖典的出現，就已經讓環境改變了，農作物豐收，王國裡邪惡的力量也多少平息了。似乎黎明的第一道曙光已經劃破了深沉的黑夜。

又歷經五代國王的統治，松贊．干布（Songtsen Gampo）繼位，並邀請了第一批佛學教師來到西藏。由於松贊功德廣大，因而成功求得了佇立於佛陀成道處的印度菩提迦耶（Bodhgaya）寺裡，三尊主要佛像的其中兩尊。這兩尊佛像是由與他成婚的兩位外邦公主帶至西藏的嫁妝，第一尊隨著中國皇帝的女兒❶一起來到，第二尊則由尼泊爾國王的女兒帶來。繼續打比喻的話，松贊．干布統治時期就好像旭日初昇時，照亮晨空的第一道光芒。佛法開始傳布於整個雪域。

赤松德贊王和桑耶寺的興建

又歷經了五代國王，到了赤松．德贊王（King Trisong Deutsen）的時候，他立下宏誓要讓整個西藏都信奉佛教，就像太陽最後高掛天空一樣。赤松．德贊王統治期間，從不同國家，主要是印度，邀集了一〇八位偉大的大師來到西藏。那時候，靈性導師、教師與大師都稱為「班智達」（panditas），意即「博學多聞的學者」。而那些領受了教法，並將之翻譯成藏文的人，則稱為「婁擦瓦」（lotsawa），意即「大譯師」。

這段期間，第一位被邀請到西藏的重量級大師就是著名的堪布菩薩（Khenpo Bodhisattva），也稱為寂護大師（Shantarakshita）。國王懷著要在中藏興建一群廟宇的宏偉計畫，而這群建築就是現今的桑耶寺（Samye）。但當時一位具有威力的龍眾（naga）憎惡菩薩卻說道：「如果這群印度人開始將佛教帶進這裡，我們將會受苦。讓我們團結起來，找他們麻煩！」天龍八部（eight classes of spirits）一致同意將用盡一切方法阻撓桑耶寺的興建，以阻止

偉大的法王赤松．德贊

早期佛法的城堡——桑耶寺

從桑耶寺上方洞穴遠眺的青埔（Chimphu）景觀

佛教在西藏傳布。因此，不論白天蓋了什麼東西，到了晚上，當地鬼神就會將其摧毀。

寂護大師是位擁有無比慈愛與祥和心胸的偉大菩薩，但正因為他本性平和，所以無法降伏桑耶寺附近的靈體。眼看著寂護大師似乎無法達成任務，不見進展的國王變得愈來愈沮喪。

寂護大師對國王說道：「我只是個菩薩，無法對付這地區所有威力強大的靈體，但不要絕望，有個方法。那就是在印度有位與眾不同的聖者，他甚至不是自母親的子宮出生，名叫蓮花生大士（Padmasambhava），意即『生於蓮花』。任何反對真實教法的鬼神，只要聽聞他的名字，就會極為畏懼而失去威力。把他請到西藏來，就可以解決我們的問題。」

「我們要如何邀請他來呢？」國王問道。

來自印度的寂護大師答道：「在前世的時候，你、蓮花生大士與我三人是兄弟，我們有著共同的誓願，曾協助建造位於尼泊爾博達（Boudha）的大白佛塔②。既然當時我們曾立誓要將佛教傳到北方，蓮花生大士一定會接受我們的邀請，我們只需開口請他來就行了。」

蓮師入藏與譯師傳法

蓮花生大士具有無與倫比的威力，足以降伏所有邪惡的力量；他是諸佛佛行事業的總集化身，能夠使西藏這個黑暗國家的弟子咸皆歸順，也能降伏所有敵對的勢力。由於他不可思議的神力，桑耶寺的整體建築終於興建完成了。

協助佛法在西藏確立的其他傳奇大師，包括了無垢友尊者（Vimalamitra），據說他已證得殊勝的「無死金剛虹身」，出離於生死。還有一位西藏譯師毗盧遮那（Vairotsana），他本身就是佛的化身。一〇八位班智達全都抵達西藏了[3]。

蓮花生大士是諸佛佛行事業的總集化身

由於這段期間有非常多西藏人都受教成為譯師，所以整體佛法教授，包括為數甚多、詳述全部靈修之道的儀軌（sad-hana）修持，也都譯成了藏文，且正確無誤地編纂成冊。

赤松．德贊統治期間，吉祥的因緣都發生在西藏。因為這位國王本身就是大菩薩文殊師利（Manjushri）的化身，而他的一些大臣、應邀到西藏的大師與班智達，甚至是當時的譯師，據說也都是神聖的化身。由於這些不可思議的善緣，這位國王得以實現在西藏確立佛教的誓言。

流傳自那個非凡時期的教法，就是現在所稱的「寧瑪」

（Nyingma），或稱「舊譯派」（the Old Schools of the Early Translations），相對於隨後幾世紀自印度引進的教法，後者稱為「薩瑪」（Sarma），或稱「新譯派」（the New Schools of the Later Translations）。

佛法廣弘於藏地

但並非一切都如此順利。赤松．德贊王過世後不久，邪惡的暴君朗達瑪（Langdarma）繼位為王，開始了一段宗教迫害時期，差一點就將佛教剷除殆盡。但隨後佛教又再度復興，並預告了薩瑪派的崛起。薩瑪派主要是由大譯師仁千．桀波（Rinchen Zangpo）與馬爾巴（Marpa）這兩位大譯師所引進。除了這兩位之外，還有許多偉大的導師，也都長途跋涉到印度，領受當地佛教上師的教導，並將那些教導帶回西藏。這期間初期的一位國王，同時也是偉大的宗教領袖，名叫惹巴千（Ralpachen），他是赤松．德贊的孫子，也邀請了多位大師到西藏來[4]。

當時有兩個僧團，一個是由剃度出家的僧人所組成，以剃髮與法袍作為辨識；另一個是由瑜伽士（ngakpa）所組成，他們是密續的（tantric）修行人，以長髮辮、白裙子，以及條紋披肩為標記。國王為了表達對這兩群僧眾深厚的感謝，會將自己的兩條長髮辮攤開在地上，讓受人敬重的修行人走過，並坐在他的頭髮上；他甚至會將修行人腳下的小石頭撿起來，放在頭頂的皇冠上，以表敬意。王室的贊助，加上國王對教法的尊崇，創造了佛教在西藏生根與繁盛的環境。

最後，佛法普及全國各地。幾世紀以來，由於這麼多虔誠國王的支持，以及所有大師與譯師的努力，譯自印度經典，八種不同傳承的教法全都興盛於西藏⑤。這八個教派無一不是佛陀的教法，每個教派都教授包含小乘（Hinayana）與大乘（Mahayana）的經部（Sutra system），以及續部（system of Tantra），也就是金剛乘（Vajrayana）⑥，無任何相互牴觸之處。

在佛法初次興盛於西藏的這兩個時期，上師與弟子，甚至弟子的弟子，都獲致深刻的了悟，有些人展現出他們成就的殊勝徵象，譬如像鳥一般，成群飛翔於空中。無論他們於何處起飛、何處降落，都會在堅硬的石頭上留下腳掌的痕跡。這不只是過去的傳說，這些印記到現在都還看得到，所以你可以自己去看看。

這就是我出生的國家。

---

❶…即中國唐太宗時的文成公主。

②…關於這座佛塔的詳細故事記載於《大白佛塔的傳說》（*The Legend of the Great Stupa*），由祖古．貝瑪．旺嘉（Tulku Pema Wangyal）與凱斯．道門（Keith Dowman）翻譯（柏克萊〔Berkeley〕：佛法出版社〔Dharma Publishing〕, 2003）

③…無垢友尊者的生平可以在祖古．東杜（Tulku Thondup）所著的《禪修與神蹟的大師們》（*Masters of Meditation and Miracles*）找到，而毗盧遮那詳細的傳記有英文版本，書名為《偉大行者》（*The Great Image*），由阿尼津芭．帕嫫（Ani Jinpa Palmo）翻譯，兩本書皆由香巴拉出版社（Shambhala Publications）出版。

❹…在時間順序上，九世紀中葉，惹巴千（Ralpachen）極尊佛教，但被反佛勢力者謀害。惹巴千之後，其兄朗達瑪繼位，滅佛斷法，在位雖然短暫，卻導

致藏地的佛寺、僧人幾近滅絕，國土分崩離析，西藏進入為期約一世紀之久的黑暗時期。直到十世紀末、十一世紀，佛法在藏地才又再度興盛。

⑤…這八個傳承全部在西藏興盛，後來也被稱為「八大修持傳承車乘」（Eight Chariots of the Practice Lineage）。一為㈠「寧瑪」，字面含意為「舊譯派」；其他為「薩瑪」，或稱「新譯派」；包括：㈡「馬爾巴噶舉」（Marpa Kagyü）、㈢「香巴噶舉」（Shangpa Kagyü）；以及㈣「道與果」（Lamdrey）（朗椎）——屬於「薩迦」傳統。另外還有㈤「噶當巴」（Kadampa），後來改革為「格魯派」（Gelug School）；以及㈥「息苦法與施身法」（Shijey and Chö），分別意指息與斷。㈦「久竹」（Jordruk），或稱為「六支合一」（Six Unions）；以及㈧「涅竹」（Nyendrub），或稱為「修持與成就之三金剛法要」（Three Vajra Practices of Approach and Accomplishment），也同樣出現於西藏眾多傳承之中。〔祖古・烏金仁波切說明〕

⑥…西藏史學家有時會這麼寫，印度就像佛陀教法的父親，尼泊爾就像母親，而傳到西藏的教法就像是他們的後代子孫。〔祖古・烏金仁波切說明〕

第3章

岡波巴與早期的巴戎噶舉上師

如同我先前提過的，依照西藏的說書傳統，一個人不該沒頭沒腦地冒出來，而故事也應該從一個人的出身講起。我們用兩種方式描述一個人的出身：家族系譜圖與靈修傳承。所以我將以適切的方式開始，先告訴你們關於我家族的一些故事。

我的家族向來被人幾分誇張地冠以崇高的頭銜：「倉薩（Tsangsar）神聖的血統」。幾百年間，我們家族一直都是倉薩與囊謙（Nangchen）這兩個王國的統治者。根據口述歷史的描述，我們的血統可回溯至印度。故事說，一位來自梵天界（Brahma realm）的天道眾生下凡至地球，與北印度黑檀木（Black Sandalwood）森林裡的一隻母老虎產下一子①。

這些都是非比尋常的祖先，但這並非我們的獨特之處。在傳統說法裡，止貢（Drigung）家族第一人的父親是位天神，而母親則是隻山羊。山羊生下兒子之後，身為天神的父親就從天上返回人間，要將孩子帶走。但當他抱起孩子的時候，山羊媽媽因為失去孩子而心碎，大

法身佛金剛總持

噶舉派大師的祖師——岡波巴

喊一聲「咩！」天神聽了於心不忍，就讓她留下孩子。

我的祖先與早期噶舉（Kagyu）教派分支之一的「巴戎」（Barom）靈修傳承，有著深厚的關係②。「噶舉」（Kagyu）的意思是「教法（噶，ka）的傳承（舉，gyu），從開始直到今天，從未間斷」。據說此一靈修傳承可以不斷往前回溯至天界的金剛總持（Vajradhara）；他將教法傳給了印度大師帝洛巴（Tilopa）與那洛巴（Naropa），然後再由這兩人傳給來自西藏的繼承人馬爾巴與密勒日巴（Milarepa）。著名的瑜伽士密勒日巴有許多弟子，其中有位弟子領先群倫，我們現在稱他為岡波巴（Gampopa），意即「來自岡波的人」，他就是巴戎傳承的始祖。

遇見密勒日巴之前，岡波巴已經研習、修持佛陀教法好長一段時間，而他的禪修也已臻至純熟，達到三摩地（samadhi）的境界。有一天，有位碰巧路過的乞丐在岡波巴家窗外談論起密勒日巴這位偉大上師的事蹟。岡波巴一聽見密勒日巴的名字，內心旋即激動不已，便把這名乞丐叫進屋內。

「這位密勒日巴住在哪兒？」他問道。

這名乞丐敘述了這位大師年幼時如何遭遇親戚不公平的對待並受苦、如何精通黑法（black magic）且用它來復仇，之後心境又如何轉變，從而成為一位出離者，現在是位令人讚歎的瑜伽大師的生平故事。

這名乞丐最後說道：「他目前住在阿里（Ngari），我是他的弟子之一。」

「我能見他一面嗎？」岡波巴問道。

「當然可以。」這名乞丐答道。

岡波巴熱切想要見到這名瑜伽士，於是，刻不容緩地，次日清晨隨即前往阿里。岡波巴在一處名為吉祥嶺（Auspicious Ridge）的地方見到了密勒日巴，僅僅見到這位大師的臉龐，就讓他馬上獲致大樂空性的溫熱覺受。密勒日巴囑咐他：「坐下來練習拙火（tummo）吧！」拙火即指內熱瑜伽。經過短期修持之後，就如你可以在《密勒日巴傳》（*Life of Milarepa*）中讀到的，岡波巴展現了氣入中脈之後，精進的深刻徵兆③。

當岡波巴證得大手印（Mahamudra），亦即心的覺醒狀態的精微體悟時，密勒日巴告訴他：「你已經跟著我夠久了，你現在必須去達波山（Mount Dakpo）獨自修行。但在你離開之前，我還有最後一課要教給你。」

啟程的那一天，密勒日巴陪著岡波巴走了一段路。兩人在一塊大石頭上稍做休息之後，也到了最後道別的時刻，密勒日巴站了起來，掀開自己瑜伽服的下擺，露出嚴重磨傷並已結痂成繭的臀部給岡波巴看，岡波巴幾乎看到骨頭了。

「聽我說，修鍊大手印的時候，千萬別讓自己忙於身和語的善行，」密勒日巴解釋道：「因為你可能會因此失去離於造作的覺醒狀態。我是藉著端坐在臀部上才獲致了悟，我在方便與解脫，也就是那洛六法（Naropa's Six Doctrines）與大手印這兩條修道上，一直努力不懈。簡單與舒適的修行是不會有所成就的！」

「摒棄此生的世俗目標，」他繼續說道：「堅忍不拔地修持，有一天，你將會視這位年邁的父親為佛陀的化現。這是當你真正了悟大手印之時，內心將生起的領悟，這也就是我最後的教授。」

岡波巴待在達波山上一間禪修小茅房裡，憑著無與倫比的韌性鍛鍊自己，毫不掛念生活所需或性命安危。透過這樣的努力，他的體驗日益加深，直到全然了悟虛空般無邊無際的覺醒狀態。逐漸地，他的追隨者愈來愈多，其中五百名弟子憑藉自身的努力成為大師，得以執持佛法的寶傘，這象徵著他們成為佛陀教法的尊貴法王地位。

岡波巴實現了那洛巴的預言：「我的弟子們會比老師更出色，但他們的弟子還會更加卓越。」毫無疑問地，源自岡波巴傳承的修行者不計其數，就像成群的鳥兒振翅飛翔，布滿了天空④。

巴戎傳承之祖

岡波巴最主要的弟子當中，有一位名叫達摩．汪秋（Darma Wangchuk），被視為巴戎傳承的第一位祖師。達摩．汪秋從年幼開始，除了修持佛陀神聖的教法之外，對其他事情都不感興趣；長大之後，唯一的目標就是找尋最好的老師並隨之學習。

最後，年輕的達摩．汪秋遇到了一位瑜伽士，並問他要往哪裡去。

「我正要到達波山去，殊勝的岡波巴就住在那兒。」

「帶我一起去，我也想要見他！」達摩．汪秋大聲說道。就在那一刻，他已下定決心要去見岡波巴。於是他們一起出發了。一見到岡波巴，達摩．汪秋立即成為他的弟子。

在我家鄉，「弟子」這個字眼是不能輕易使用的，它意指某個人放棄一切，全心全意投注於即身、即世證悟成佛的修持。僅僅只是領受幾個灌頂，或偶爾接受簡短教授的人，並不一定會被視為弟子。

達摩．汪秋成為一位在身、語、意上全然師事上師的傑出弟子典範，他甚至還救了岡波巴好幾次。

我們西藏人表現宗教熱忱的習慣是推開其他人，以便接近喇嘛而得到加持。而這常會演變成爭吵，因為大家幾乎都爭先恐後。有一次，在一處大型市集裡，傳聞岡波巴就在現場，市集裡的每個人都想得到他的加持，因此大家同時湧向他，差點兒就把這位大師壓死了。達摩．汪秋一定是個相當強壯的人，因為傳說他把岡波巴扛在背上，帶到了安全的地方。

另一次，岡波巴與其隨眾走在高山裡一條陡峭狹小的山徑上。岡波巴騎的那頭犛牛滑倒並跌下深淵。但因為達摩．汪秋動作夠迅速，一把抓住了岡波巴，才救了他一命。

有一天，岡波巴跟達摩．汪秋說：「你已經服侍我很長一段時間了，也對我懷有極大的虔誠心。現在該是你利益其他眾生的時候了。到北方神聖的岡薩山（Mount Kangsar，即桑丹康桑雪山）上，找個洞穴，專心致力於禪修。」岡波巴並描述了山的樣貌，以及如何抵達那裡。達摩．汪秋懇求他，說自己寧願繼續當個卑微的侍者，但岡波巴還是把他送走了。

達摩．汪秋到達岡波巴要他去的地方，並且精進不懈地修持，完全放棄對食物、衣著、名聲的追求。山裡的神與靈體為他帶來了生活必需品，他在那裡待了十三年之久。到了閉關末期，他已經能夠飛越天空，且能夠自由自在地穿過堅硬的石頭，具有大成就者的徵象。

達摩．汪秋在中藏，位於拉薩（Lhasa）東北方的岡薩山附近，建立了第一個中心⑤，並在此停留了好幾年。愈來愈多信仰虔誠的民眾帶著供養品來到這裡，有些甚至從中國遠道而來，在此開展自我探索的旅程。然而一場山崩將他的寺廟掩埋了，於是他接受了東藏囊謙（Nangchen）國王的邀請，並在那裡建立了他的第二座寺院。經過數代之後，這個王國也逐漸遍滿禪修者與瑜伽士。

在我的家鄉囊謙，「禪修者」這個字眼與巴戎傳承最深奧的教法——大手印直指心性的教授有著密切關聯。幾乎每個住在囊謙的人都領受了這個直指了悟狀態的教法，所以全都成為禪修者；每座山坡上、每個山谷裡的每戶人家，都把家裡變成了禪修中心。到最後，連最單純的挑水伕也把扁擔上的皮帶當成禪修的皮帶（meditation belt）❻，就像牧人也會把彈弓上的帶子拿來當成禪修皮帶一樣。據說，幾乎每個人都是修行人，因此，這個王國博得了「貢德」（Gomde），意即「禪修者之鄉」的美名，而這正是佛陀教法在當地穩固生根的象徵⑦。

修行者的利生事業

在現代，人們經常好奇為何這麼多修行人年復一年居住在偏遠山區？答案其實很簡單，因為他們敏銳覺察到生命嚴肅而沉重的實相——我們終究難逃一死，每個人的生命隨時都在消逝當中，但我們可以善用寶貴的生命，獲取永垂不朽的解脫與了悟。

即使在夜晚睡夢中，修行人也將世俗成就與社會認同視若無睹，這些都不過是魔鬼想要誘惑人們遠離了悟佛果的把戲罷了。由於將世俗的追求視同追逐海市蜃樓般徒勞無益，所以他們像受傷的鹿需要讓傷口復原般，遠離塵世，直至獲得堅定的悟境為止。當獲致無瑕而堅定的證悟之後，他們之中的大師就會透過設立道場來修持與傳布佛陀教法，以渡化眾生。

一位真正的靈性導師所能成就的利生事業是很了不起的。如果你有機會的話，試著閱讀早期佛教大師與西藏主要寺院創建者的傳記，看看他們當初如何步上靈修之路，然後全心全意獻身修行，以及之後他們又如何創建宏偉的寺廟，利益其他眾生。如果你能親眼看見遭中國共產黨破壞之前，屹立超過千年，以精緻手工所打造，綴滿虔誠信眾供養物品的美麗佛像數量，你將會讚歎不已。然而每位創建這些精緻藝術品的人，都是真實無欺的出離者，將世俗榮耀與成就視為邪魔勢力的攻擊。

一位成佛者的心靈感染力可以散播至人類文明的每個角落，而且幾世紀以來，已有無數這類的例子。舉例來說，第一世噶瑪巴在佛法興盛了數世紀之久的中藏楚布（Tsurphu）建立寺廟群之前，他僅以懸垂而出的峭壁做為遮蔽，進行了數十年禪修。但當他達到極為高深的了悟時，隨處可見證這種高度心靈成就所具有的徵兆⑧。

跟噶瑪巴一樣，以密勒日巴為榜樣的修行人前仆後繼；他們待在人煙稀少的山谷或荒僻的巖穴中，放棄了徒勞無益的世俗活動，因而有時間喚醒心靈，臻至真實的了悟——那樣的作為，真令我印象深刻！

帝師・瑞巴與中國

我的家族是透過達摩・汪秋的主要弟子之一——帝師・瑞巴（Tishi Repa）大師，而與這些早期的巴戎噶舉上師產生關聯。帝師・瑞巴另外還有四位上師，為了表示對這些上師的敬意，他製作了一頂具有五個尖端的著名帽子，一個尖端位在中央，其餘四個方位各一個⑨。

中國與西藏之間的靈性交流傳統，從帝師・瑞巴那個時代就已經開始，中國皇帝會挑選並邀請西藏最殊勝的大師成為皇室的上師。每隔一段時間，中國會派出尋訪團遊遍西藏，找尋當時最偉大的上師。由於帝師・瑞巴的聲名遠播，於是這位戴著五角帽的喇嘛受到皇帝的邀請，這也是他被稱為「帝師・瑞巴」的由來——「帝師」是皇帝親教師的中文頭銜，宗教地位最高；「帝師」之下是兩位「帕師」（pakshi）職位的大師；在每位「帕師」之下，又各有兩位稱為「國師」（goshir）的要職。「帝師」一職，還擁有四十名隨行的宗教官，開銷全部由皇帝支付。

停留楚布寺（噶瑪巴主要駐錫地）期間，我沉迷於檔案室，因而無意中發現了古代西藏跟中國之間的往返信函。有封來自朝廷，類似邀請擔任「帝師」的信函，也曾送達第三世噶瑪巴。但在那個年代，邀請聽起來比較像是命令。

其中有一信寫道：「在西方，找不到任何喇嘛的心靈成就凌駕在你之上。皇帝透過許多特使的探查，已經確立了這項事實。別無其他人選，你現在必須成為帝師。如果你實現皇帝的願望到中國來，皇帝將會授予你包括宗教與世俗的一切名聞利養。如果你無法實現皇帝的願望，你將永無寧日。」

兩位高階官員親自將這份邀請函送至楚布寺，伴隨這份文件一起送來的，還有一枚象徵顯赫地位的純金大印璽。信中最後寫道：「即刻啟程，跟這兩位官員一起到中國來。若無充分理由延誤出發，即使只是一天，後果將不堪設想。」

就是這樣的一封「邀請函」要求帝師．瑞巴到中國去，他實在別無選擇，但他卻以極不尋常的方式處理這件事。也許是他直覺上知道，以藏傳佛教尊貴大師的派頭旅行的話，會讓他惹上殺身之禍，但也可能純粹只是他個人的抉擇，總之他決定裝扮成一位流浪的乞丐。

來自中國的官員卻反對：「那種穿著完全不恰當！奉皇帝詔諭旅行，就必須以符合尊貴喇嘛地位的莊重儀態進行，要有合乎體統、盛大隆重的場面才行。」

他們為此事反覆協商，最後同意這位尊貴喇嘛的旅隊，包括四十名隨行宗教官，必須以傳統方式一路旅行至中國，但帝師．瑞巴可以身著簡樸的衣袍、帶著一根木製拐杖的乞丐裝束，隨著旅隊徒步前進。除了他之外，每個人都騎在馬上，從康區到遙遠的中國首都，他全程步行。

帝師．瑞巴在朝廷所展現的神蹟與成就徵兆，都有書面記載。他也預見了這位蒙族帝王的朝代無法維持超過十三年，所以，當十年光陰過去，帝師．瑞巴心想，當王朝崩落的時候，最好不要待在首都，因此找藉口要離開，但皇室斷然拒絕讓他回康區。

帝師．瑞巴心想，「時機每下愈況了，皇帝的壽命來日無多，如果我待下來，將會身陷戰爭衝突與內部鬥爭之中。我必須秘密逃離此地。」

所以他悄悄地離開了。當皇帝發現帝師．瑞巴已經逃走，便派出搜索隊四處搜尋。兩、三天後，帝師．瑞巴被抓到了，並在嚴密防護下送回宮廷，皇帝就將他監禁起來。

「把我囚禁起來對您有何好處呢？」帝師．瑞巴問道，「您們才是有麻煩的人！從現在起三年之間，王朝與皇太子都將遭逢不測。您有何辦法嗎？我不想親眼目睹這些事發生，所以決定離開。您不放我走，我只好逃跑。」

「喇嘛，不許用這種態度講話！」皇帝回覆道：「你說的話不可能成真。任何像你說這種話的人都該受懲罰！但因為你曾經是我的上師，所以我會原諒你。如果你真的想離開，我會讓你走，但你必須盡全力讓我長生不死，以作為報答。」

因此，皇帝改變了心意，賞賜帝師．瑞巴許多禮物，並派遣一批護衛隊護送他回康區。當隊伍行進至邊境時，帝師．瑞巴的坐騎蹲了下去，且拒絕再站起來。他告訴護衛人員：「這是個兆示，從現在起，我將再次當個流浪的乞丐。」說完，他就以步行的方式繼續前行。

途中，帝師．瑞巴遇到了正要前往中國的薩迦班智達（Sakya Pandita），他是藏傳佛教主要派別之一的領袖。薩迦班智達想要舉行一場豪華的歡迎宴會，以表答對帝師．瑞巴的敬意，但帝師．瑞巴卻回覆道：「不需要這麼大費周章，我是個乞丐，把我當個乞丐般對待就好了。」

帝師．瑞巴繼續踏上他朝聖的旅程，繞遠路先探訪拉薩，再回到家鄉。當他終於回到康區的家後，過沒幾天就圓寂了。

由於帝師．瑞巴曾是皇帝的上師，他的圓寂引起世人關注，並為他舉辦了很多場追思儀式，而這消息也很快就傳到了中國。新皇帝派遣特使前來獻供，同時尋找合適的繼任者。他們帶了帝師．瑞巴的大弟子，名叫瑞巴．卡波（Repa Karpo）的大師回到中國。依照文獻記載，這位大師的偉大之處不可思議，甚至超越了帝師．瑞巴的成就，許多人都看見了他散發出的萬丈光芒。新皇帝賜予他鉅額財富，他則將這些財富用來興建許多廟宇。他特別在囊謙興建了一座規模宏偉的寺廟，裡面擁有難以計數的佛像，其中主要的一尊，就是拉薩久沃佛像（Jowo Buddha statue）的複製品。最後，他也被皇帝冊封為相當於帝師．瑞巴的精神領袖地位。

盧美．多傑——無身金剛

我倉薩家族的祖先盧美．多傑（Lumey Dorje），是瑞巴．卡波的弟子之一。早年，在一場人數眾多的灌頂法會當中，瑞巴．卡波在人群中看到了盧美．多傑，就大聲問道：「喂，你！想不想跟隨我？」

盧美．多傑走近他，回覆道：「當然！您真仁慈，讓事情變得如此容易——我連提出要求都不需要。」當場就成為瑞巴．卡波的弟子。

不久，盧美．多傑就獲致高深的了悟。他興建了一座名為囊索．謙摩（Nangso Chenmo）的寺院，囊謙就是因這座寺院而得名。由一百一十五根柱子所支撐的囊索．謙摩寺，顯得龐大壯觀。當寺院開光的時刻來臨時，盧美．多傑搭起了一個小帳篷，開始修持他從上師那兒領受的教法。

慶典期間，有些功德主供養他卓瑪（Droma），這是傳統上象徵吉祥，但浸泡在提煉過的牛油裡，非常油膩的一種根莖類甜點。盧美．多傑享用了一鍋又一鍋，總共十大鍋的卓瑪。於是謠言四起，說這位大師做了件瘋狂的事，將會死掉，沒死的話，也會病得很重。但當人群聚集過來時，盧美．多傑卻將牛油從全身毛細孔排出，讓自己比以前更加光芒四射。有人說：「這不可能是尋常人的身體！」也有人說：「看！他的身體甚至連影子都沒有！你可以直接看穿他的身體。他應該被稱作『無身金剛』。」這也就是「盧美．多傑」這個名字的含意。這位大師是真正的聖者，彷彿人中之獅。

當盧美．多傑的上師瑞巴．卡波圓寂時，葬禮成為一個重大事件，因為瑞巴．卡波的所有弟子們會在這個特殊場合隆重獻供，以表達他們對上師肉身的敬意。不久之後，正在前往中國途中⑩的薩迦（Sakya）傳承大師確賈．八思巴（Chögyal Pakpa）⓫行經這個地區，於是造訪了位在囊索．謙摩的寺院。瑞巴．卡波的追隨者告訴他：「我們的上師已經離我們而去了，我們就像缺了頭的身體一樣。您是位聖者，也是皇帝的上師和西藏的統治者，我們想將這座寺院與囊謙王國奉獻給您。」

確賈．八思巴回答：「這樣做不太恰當，因為這個頭不適合這個身體。我是薩迦派，而你們是噶舉派。這樣做，就像把綿羊的頭放在山羊的身體上，我寧願選擇瑞巴．卡波最優秀的弟子。我受託保管十三個權力的徽章，要將它們交給十三個人。第一個徽章我會交給瑞巴．卡波的大弟子，賜給他『拉千』（lachen，「大師」之意）的地位。所以，從你們之中選出最傑出的弟子，我要將這個頭銜賜予他，讓他接管你們這個王國。」

其中一個弟子回覆道：「我們師兄弟都一樣，並沒有差別，很難選出誰是最優秀的。」

「難道沒有比其他人稍微優秀的人嗎？」

「哦，有一個盧美．多傑，他的身相近似於一盞金黃色的供燈，但他已經到中藏去了，我們其他人就都一樣了。」

「我也正要到中藏去。派一個人去找他，告訴他在那兒跟我會面。」

使者在拉薩附近找到了住在馬爾巴一位親近弟子駐錫地[12]的盧美．多傑，並護送他到確賈．八思巴那裡。確賈．八思巴為他陞座，給了他一枚黃金印璽與珍貴錦緞做成的標章，以象徵「拉千」的地位，也成為十三位皇族教師之一。盧美．多傑領受了這些榮耀後，馬上說道：「我內心除了想要成為一位出離的禪修者之外，沒有其他目標，最不想要的，就是當法王，但我不會違抗您的命令。不過，您必須指派一位有用的護法給我。」

確賈．八思巴將薩迦傳承的四面護法（Four-Faced Guardian），以及相關的灌頂與教授一起交給了他，並且告訴他：「你儘管放心，這個護法會跟隨你到每個角落，就像影子跟著身體一樣。」

這並非盧美．多傑唯一的護法。後來，盧美．多傑在一次淨觀中見到了女性護法度松瑪（Dusölma）。她問他：「你需要什麼嗎？」

「我不需要任何東西！」盧美．多傑答道。

她說道：「儘管如此，我將宛若血肉之軀現身一樣，保護你的佛法傳承十三個世代。」

盧美．多傑也從噶當派（Kadam）一位偉大的喇嘛，也就是著名印度大師阿底峽尊者（Atisha）的弟子那兒，接受了許多灌頂和教授⑬。當阿底峽尊者第一次從尼泊爾來到西藏時，有一位名叫猴面嘎納巴提（Monkey-Faced Ganapati）的護法跟隨著他。後來，阿底峽尊者就將這護法託付給這位喇嘛，而這位喇嘛之後又將它交給了盧美．多傑：「這名護法半是智慧，半是凡夫，很愛調皮搗蛋。」⑭因此，當盧美．多傑以法王之尊回到康區時，不只一個，而是有三個肉眼看不見的護法跟著他回來。

倉薩與囊謙

有件值得一提的趣事，那就是盧美．多傑與其後代，也就是我的祖先，並不想要世俗的權力和名聲，比較想要的是出離者簡單的生活。也許就是因為這樣，我父系祖先最後將倉薩王的地位，喪失給了囊謙的統治者。

盧美．多傑讓佛法興盛於整個囊謙，並以他靈性上的影響力，讓整個王國以「禪修者之鄉」著稱。盧美．多傑執持了黃金法座十八年才圓寂，或者，以佛教徒的說法，他「展現了超越這苦難世界的姿態」。有七天時間，大家都看到天空中出現了彩虹般的奇妙圖像，人們也在他的骨頭上發現了十三個象徵吉祥的白海螺圖案。直到今天，人們都還會一再講述關於他荼毘時的故事，以及所有令人驚歎不已，卻又著實讓人難以置信的徵兆。

盧美．多傑圓寂之際，囊謙還是個小國家，因此必須選出他的繼任者。於是大家選定了由盧美·多傑的姪輩，同樣也是個喇嘛的蔣雀·修努（Jangchub Shönnu）來繼承。

蔣雀·修努是盧美·多傑的弟子，也是當地一位出離的禪修者。當使者找到他時，告訴他：「你比須離開你隱修的地方回去當國王。在佛法的黃金寶座上，您還是可以繼續進行靈修。」

「除了閉關禪修之外，我什麼事都不想做。」蔣雀·修努答覆道。

「如果您不顧王國裡人民的福祉，那您禪修有什麼用處呢？」使者如此爭論，因此蔣雀·修努接受成為寶座繼承人。

繼任法座之後，蔣雀·修努受中國皇帝冊封崇高的宗教地位，也收到許多王室的供養。他決定拿這些獲贈的財富在囊謙興建一座富麗堂皇，如城堡般的宮殿。當他搬進宮殿時，把三位護法也一起請過去，但猴面護法卻斷然拒絕，寧願留在囊索·謙摩寺。

每天早上，蔣雀·修努都會繞行兩座城堡以及寺廟。一天早上，當他正沿著囊索·謙摩寺步行的時候，被一隻狗攻擊，而且被咬。人們開始閒言閒語，新城堡裡的人說：「他們怎麼能放任惡犬隨處亂跑？難道他們不餵狗吃東西嗎？那裡的寺廟總管這麼驕傲自負，以為可以拿我們的喇嘛當他雜種狗的食物啊?!」

另一陣營的侍者反駁道：「他或許是個偉大的喇嘛，但他每天早上獨自沿著這地方跑做什麼呢？」從此爭執日益加劇。雙方你一言我一語，互不相讓，這也使得雙方嚴重不和。但我們用不著為此感到吃驚，人類社會到處充斥著因忌妒而引起的敵對。

最後，繼任確賈·八思巴在中藏法座的那位薩迦大喇嘛受新城堡總管請求，為此事進行斡旋。這位總管必定有著圓融的政治手腕，因為當他回來時，帶著皇室給予兩座城堡同等地位的敕令，這也表示王國必須一分為二。蔣雀．修努不介意，說他可以接受這種作法⑮。

從那時起，就有兩座城堡，一座稱為囊索．謙摩，另一座稱為倉薩，兩座城堡遲早也都會有自己的國王。當時，法座在位者同時也是主要地區的統治者，負責監督世俗與宗教兩方面的事務。幾世紀以來，周圍地區都併入了這兩個王國，這兩個王國最後是由一萬個散布於人煙稀少地區的家族莊園所組成。接下來幾代，許多大師受中國皇帝冊封而身居高位，包括帝師一次、帕師兩次、國師十三次。

蒙古人入主中原之後，也賜予囊謙國王官銜與地位。囊謙國王被授予的頭銜為「慶古」（chinghu），是比「國師」低一級，但高於「王」（wang）的位階。整個西域也劃分由四個「慶古」與八個「王」管轄。

從我們藏人的觀點來看，「慶古」可以等同於有隸屬關係，但具獨立地位的統治者，而「王」比較接近區首長的地位。但倉薩家族的國王，也就是我的祖先，從未受封過這些職務，他們一直都是喇嘛的身分⑯。之後幾個世紀，宮廷習慣在西藏不同地區派駐自己的代表，就像中國在拉薩的高階官員稱為「安邦」（amban），在囊謙與鄰近的德格（Derge）王國也有類似的代表。

在我之前十二或十三代，即身兼禪修大師與詩人身分的噶瑪．恰美（Karma Chagmey）時代，從北邊西寧（Ziling）過來的中國人，強迫倉薩釋出大部分的權力給囊謙。接著，大約在我之前三代，來自囊謙王室一位舉足輕重的大臣，成功強迫倉薩接受囊謙國王統治，並強制課徵稅賦。到最後，我們倉薩完全喪失了獨立地位。

當我在倉薩莊園成長時，雖然我們家族仍繼續持有靈修傳承，但已經不再插手政治事務了。我的父系家族出了一個又一個的瑜伽士喇嘛。倉薩家族仍是巴戎噶舉的傳承持有人，而國家所有政治事務則歸囊謙王室處理。

幾世紀以來，囊謙掌管國政，而倉薩專注靈修的狀態和諧並行，但有一位國王當政時期卻例外。

有時候，世俗的權力會讓人沖昏頭。就在一個美好的早晨，囊謙國王朝東眺望，看見和煦的陽光因鄰近一座山頭的緣故，無法直射他的皇宮。

他大叫道：「我是國王！我想要早晨的陽光，去把那座山頭砍掉！」因此動員了龐大的勞力，開始將石頭鑿下來。

這並不是一座小山，但他們仍成功地將山頂削掉了一大塊。即使到了今天，如果你攀登這座山，仍可以看見他們當時賣力的結果。

但這份差事卻讓人難以承擔。終於，有一名工人開口道：「這樣做不好，我們這樣處理事情是不對的。」

「什麼意思？」一位同伴問道。

「砍掉一個國王的頭比切掉一座山頭容易。」第一個人答覆道。

「你在說什麼啊？」

「即使我們持續做一萬年，仍舊無法完成這項工作。我們被指派的，是件驚人而永無止境的任務。讓我們號召大家來終止這位無理國王的統治吧！」

因此，他們真的這樣做了——砍掉了國王的頭！

金文甘珠爾

囊謙分裂成十八個區域，每一區都有一座主要的寺院[17]。早期，這十八座寺院都屬巴戎噶舉。但幾世紀以來，噶瑪巴的影響力逐漸壯大，巴戎噶舉傳承的影響力卻日漸式微，許多寺院開始跟隨噶瑪巴的噶舉支派。我離開西藏的時候，只有少數幾座小寺院仍屬於巴戎噶舉，其中一座就是我的上師位於拉恰（Lachab）的寺院[18]。

再多談一些我那享有著名（但也許有點矯飾）姓氏「倉薩神聖血統」父系祖先的事。我們家族傳承屬於在家的金剛乘大師，好幾個世代以來都享有政治獨立地位，不受囊謙國王統治。經過幾世代，他們的財產與莊園雖已不再像過去那麼龐大，不過也不小了。

如同我先前提過的，我的祖先關注靈修，而非政治事務。倉薩家族曾經有十八個兄弟，大家一起製作了十八套以純金書寫的《甘珠爾》（*Kangyur*），也就是經藏，是釋迦牟尼佛所說法教的翻譯。其中一套供養給薩迦傳承的大喇嘛，一套供養給噶瑪巴，還有一套供養給噶瑪巴在康區主要的駐錫地噶瑪寺（Karma Gön）。我在拉恰的時候，我們仍擁有一套，而由倉薩家族資助的一座小寺廟裡也有一套。整套《甘珠爾》的內頁是手工製造的黑色厚紙，內文則是以純金書寫的優美書法。

這十八個兄弟的妻子與姊妹們，為數共廿五人，決心要製作廿五套講述般若智慧的「般若經」（Prajnaparamita sutras）來累積功德，每一套都以純金書寫在由藍銅礦粉末製成的深藍紙上。在我那個時代，仍有一套保存在倉薩寺廟裡。幾世紀以來，許多人都曾看過女性護法度松瑪繞行這些典籍並對其致敬。眾多藝術家也與我家族有血緣關係，有一次噶瑪巴行經西藏與中國之間，收到了一千幅獻給他的唐卡（tangka）。

這些倉薩祖先，一直到我的曾曾祖父，都是已經了悟的大師。包括我父親在內，幾乎沒有人不曾顯現過神蹟或偉大證悟的徵示⑲。我聽說有位祖先是囊謙軍隊的領袖，遭到一群來自德格士兵的攻擊，但他們的火槍卻無法置他於死地⑳。

從巴戎噶舉到新伏藏

倉薩家族中更為近期且非常重要的關鍵人物，就是我的祖父烏金·確波（Orgyen Chö-pel）。身為一位在家的金剛乘大師，他的穿著就跟尋常人一樣。他娶了貢秋·巴炯——即我的祖母，也是我那位出類拔萃的先祖，偉大伏藏師秋吉·林巴唯一的女兒——並跟她生了四個兒子（都當喇嘛）與兩個女兒㉑。他們都是我家族故事的主要人物。記住，我就是在我祖母前往找尋德喜祖古的旅途中出生的。

當我祖母婚配給烏金·確波的時候，他家族基本的佛法傳承是巴戎噶舉，但只是名義上如此。當時，他們都追隨秋吉·林巴《新伏藏》法的寧瑪派修持，也就是秋吉·林巴為這時代所發掘出的四十部教法。所以，巴戎的法座似乎已經轉變為以寧瑪派為主導了。

但這並不意味著他們已經完全放棄巴戎教法。由印度大師那洛巴所傳，曾經盛極一時的那洛六法早已衰微，現在只有幾個地方還持續修持。但結合那洛六法與大手印禪修的解脫教授，讓許多早期的巴戎噶舉行者獲致成就，包括十三位能跑得像馬那樣快，另外十三位可以像風一樣疾馳，還有許許多多其他人也都有所成就，而他們的弟子遍布整個囊謙。

另一方面，大手印的訓練大部分採納了竹千（Dzogchen），即大圓滿（Great Perfection）教法的風格，唯一仍留下的純粹巴戎修持方法，是一種召喚佛陀教法護法的特殊儀式。這個儀式極度受到重視，有些僧人累積持誦這咒語，甚至超過了他們持誦的本尊（yidam）咒語。在我度過年幼歲月的倉薩莊園裡，有一間專為傳承護法所設的特殊佛堂，裡面所有的牆壁都滿布巨大的面具。每天早上，都要在每個面具之前進行特別的祈請與供養。幾世紀以來，流傳著許多關於面具的保護力量的故事。我還記得，其中有個面具據說幾乎可以立即應驗。

我必須遺憾地說，近來巴戎已經接近式微了，因為只剩下極少數的喇嘛仍護持這個傳承。我也應該要盡力而為才對，但顯然地，我並沒有盡到多少力。我並未修持巴戎傳承中巴戎風格的六法，只有護法的唸誦文是屬於巴戎傳承。反倒我從孩提時期，就浸淫在秋吉·林巴的伏藏寶藏當中，我根本沒有機會修持巴戎噶舉主要本尊（deity）勝樂金剛（Chakrasamvara）相關的法㉒。所以這絕對是我的錯，我實在慚愧！我沉浸在秋吉·林巴的伏藏法中，卻讓我先祖的佛法傳承逐漸消失。實際上，在我們家，大部分巴戎噶舉的法都是由我父親和一位叔叔修持，他們為了護法而做這些修持。但我另一位叔叔德喜，甚至連巴戎噶舉傳承的一個音節都沒唸誦過，他百分之百地跟隨《新伏藏》法。

根據康巴人（Khampas）的傳統，既然偉大伏藏師秋吉・林巴的兒子沒有小孩，他女兒的子孫就被視為他的後裔與傳承代表。我們談的是兩種類型的「孫兒」，即「骨親」與「血親」；骨親表示由兒子所生的孩子，血親指的是由女兒所生的孩子。

秋吉・林巴的伏藏法之所以能夠延續，主要是因為我祖母生了四個兒子，而每個兒子對於這個傳承的傳播都居功厥偉。我父親在四個兒子中排行老二，名字是吉美・多傑（Chimey Dorje），我母親的名字則是噶薩・玉蕊（Karsa Yuri）。

這是關於倉薩傳承在靈修與世俗兩方面的簡短故事，別具重要性的是，當秋吉・林巴的女兒，也就是我祖母婚配給倉薩家族的烏金・確波時，這個傳承是如何與秋吉・林巴產生關聯。現在，你也許想知道秋吉・林巴到底是誰？他的《新伏藏》是什麼？而伏藏法又到底是什麼呢？同時，為什麼法教傳承的廣播是如此重要？所有這些問題都將是我接下來要講的故事主題。由於我祖母的仁慈，讓我能夠得知許多傳奇故事。

①…最早提到倉薩家族的，是造訪印度的偉大譯師嘎·婁擦瓦（Ga Lotsawa），他也是一位偉大的成就者。另一個出處是林國格薩爾王（King Gesar of Ling）的傳說故事，相傳他的上師也是倉薩家族的一位成員。〔祖古·烏金仁波切說明〕

②…噶舉傳承的起源被形容為「四大八小」支派，每一支派都有各自獨特的傳承方式。有一支派是由伯、叔、舅傳給侄兒或外甥，有一支派是透過「骨親」，即由父親傳給兒子，還有一支派上師與弟子皆為僧侶。巴戎噶舉的延續是同時透過世襲與僧侶傳承，而我祖先的出身可回溯至這個傳承的大師。〔祖古·烏金仁波切說明〕

欲瞭解更多不同噶舉傳承的詳細內容，可參閱《智慧之雨》（*The Rain of Wisdom*），由那瀾陀翻譯委員會（Nalanda Translation Committee）翻譯（波士頓：香巴拉出版社，1989），以及藏紐赫魯加（Tsang Nyön Heruka）所著《馬爾巴譯師的一生》（*The Life of Marpa the Translator*，波士頓：香巴拉出版社，1995）。〔英文口述紀錄者艾瑞克·貝瑪·昆桑說明〕

③…依據佛教密續的深奧系統所言，每種經驗，不論是粗鄙或崇高的，都與內在精微的脈、氣與明點結構有關聯。〔英文口述紀錄者艾瑞克·貝瑪·昆桑說明〕

④…岡波巴被稱為「來自達波的世界知名大師」（即達波·贓林·札巴〔Dakpa Dzamling Drakpa〕，因此該傳承被稱為「達波噶舉」〔Dakpo Kagyü〕）。岡波巴的主要弟子之一帕竹·多傑·嘉波（Phadru Dorje Gyalpo）是位不可思議的了證大師，他的心就如天空般開闊，而他的每位弟子也都創立了一支獨特的傳承，就是所謂的「八小噶舉支派」。帕竹死於痲瘋病肆虐之際，因為他為了解救眾生，獨自將眾人的病苦承擔下來，因而過世。當他的遺體被運往火葬途中，人們先將遺體暫時安置在一塊大石頭上。他的遺體卻溶入石頭，所以當人們將他抬起時，石頭上清楚留下了他的腳印。偉大的薩迦班智達聽到這個故事後，就以看似嘲諷，實際上卻是隱喻讚賞的方式寫道：「帕竹遺體所留下的腳印絕對是不可或缺的，但它們來得太遲了。」意思是，如果能趁著還活在世上時就留下腳印，會更恰當些。〔祖古·烏金仁波切說明〕

⑤…這座巴戎寺院被稱為「上道場」，位於拉薩東北方那曲（Nakchu）省的桑雄（Sangzhung）。〔祖古·烏金仁波切說明〕

⑥…禪修皮帶（Tib. sgom thags）被用於長期禪坐時，協助固定行者雙腳體位的皮帶。

⑦…直到今日，囊謙仍被稱為「貢德」。當地民謠歌手甚至譜了一首優美的歌謠，來說明這片禪修者之鄉何以是個真正的家鄉。〔英文口述紀錄者馬西亞·賓

確賈・八思巴受邀至中國，成為蒙古帝王的上師。他們兩人因一句諺語而廣為天下所知：「天空中有太陽與月亮，在地上有上師與功德主。」確賈・八思巴為薩迦班智達的侄子。有趣而值得一提的是，薩迦班智達有一次在淨觀中，見到女性本尊咕嚕咕列佛母（Kurukulle），即蓮花空行母；她告訴他：「在你有生之年，我為你效力的機緣將不會來臨，但我將圓滿你侄子的每個願望。」

第二世噶瑪巴噶瑪・帕師（Karma Pakshi）陪同確賈・八思巴一起到中國。就在旅途中，林王國爆發了戰爭，路途變得寸步難行。為了避開動亂，旅隊轉而往南經過下康區（Lower Kham），而暫留在那裡的第一座寧瑪派寺院「噶陀的金剛座」（Vajra Throne of Katok）。參訪的喇嘛們受邀為新的佛像開光，正當確賈・八思巴唸誦祝禱文時，噶瑪・帕師在一瞬間將寺廟內部完全翻轉朝外。一位在場的成就大師說：「我們不能放任這個樣子不管！」並逕行將寺廟回復原狀。

之後，確賈・八思巴與噶瑪・帕師繼續前往中國。人們說，到了中國之後，噶瑪・帕師接二連三展現了令人驚歎的神蹟。有一天，王后跟確賈・八思巴說：「您讓您的弟子表演神蹟並沒有問題，但皇帝已經開始偏愛他多於您了。到目前為止，您尚未展現任何特異能力，所以，如果您有一些成就的兆

德・舒密特說明〕

⑧…人們甚至可以在他的尿液與糞便中找到舍利子，這是具有極高深心靈成就才有的徵兆。第一世噶瑪巴杜松・虔巴（Dusum Khyenpa）是帕竹的師兄之一，他在一塊懸垂的平滑石頭下，蓋了一片簡陋的石牆，並在裡面修持多年。偶然間，人們發現他的糞便中出現了微小的舍利子，藏文稱為「靈色」（ringsel）。薩迦班智達寫道：「杜松糞便中的舍利子絕對是不可或缺的，但它們來得太快了。」意指它們應該在他死後的遺骸中找到才對。據說，即使經過幾百年，人們仍然會在同一地點發現舍利子。〔祖古・烏金仁波切說明〕

⑨…眾所周知，帝師・瑞巴曾經說過：「達摩・汪秋將無誤的、心之自性狀態介紹給我；喇嘛湘・紮巴（Lama Shang Tsalpa）則為我介紹了無礙的相依緣起性；覺巴・吉天・桑貢（Kyobpa Jigten Sumgön）教導我永無止境的虔誠心；塔隆（Taklung）確保我可以拋棄對一切世俗事務的關切，視之為不過是灰飛煙滅，所以我絕不會遺忘。」因此，四個外在的帽尖象徵了他的老師。〔祖古・烏金仁波切說明〕

⑩…確賈・八思巴造訪中國的故事，說明了傳統上西藏與中國的關係，被大部分西藏人接受為「大師與功德主」的關係。〔英文口述紀錄者馬西亞・賓德・舒密特說明〕

示，最好趕緊表現。」隔天早上，當皇帝過來見他的時候，確賈·八思巴就將自己的頭砍下來，任由它盤旋在他仍然端坐著的身體上方半空中。皇帝因傷心欲絕，嚎啕大哭道：「我的喇嘛已經死了！我的喇嘛已經死了！」並俯伏在確賈·八思巴面前。最後，確賈·八思巴將頭降下，回到原來的位置上，並宣說：「究竟實相是超越生死的。」親眼目睹此景之後，皇帝對確賈·八思巴的信心就變得無法撼動了。確賈·八思巴與噶瑪·帕師都受封了最崇高的宗教地位——確賈·八思巴居於至高無上的地位，而噶瑪·帕師則低他一個位階。

前幾任皇帝在灌頂法會中，都是以拇指來接受，而非以頂冠來接引灌頂寶瓶與其他法器的加持。確賈·八思巴一開始也依循同樣的作法，不習慣向任何人低頭的皇帝只要把頭抬得高高地端坐在位子上，由確賈·八思巴舉起灌頂寶瓶就可以了。然而，噶瑪·帕師一派成就者性格的作風，不容許無意義的行為，有一次他就說：「灌頂與河流都不會朝山上流動，你必須低下你的頭！」並以實際行動「幫助」皇帝低下頭來，因而導致了嚴厲的懲罰。如果你讀噶瑪·帕師祈請文的話，就會發現一連串這些懲罰，以及他應對每一項懲罰所展現的神蹟。不論施刑者如何嘗試，他們都無法處決他，所以最後朝廷放棄了處決他的嘗試。也有一個關於噶瑪·帕師如何將一件銅製屋頂的獻禮投入中國境內的河流，並於中藏將它拾起，運送至楚布寺的故事。〔祖古·烏金仁波切說明〕

⓫…即薩迦五祖八思巴（1235～1280），也就是被元世祖忽必烈封為國師的八思巴。他創制蒙古文字，稱「八思巴文」；一領天下，獨尊釋教。

⑫…馬爾巴的弟子挪格·確古·多傑（Ngog Chöku Dor-je，1036～1106）是位精通闡釋密續的傑出學生。創古仁波切（Thrangu Rinpoche）被視為這位大師的轉世。〔英文口述紀錄者艾瑞克·貝瑪·昆桑說明〕

⑬…這位喇嘛就是格西恰由瓦（Geshe Chayulwa，1075～1138），是舊噶當派的一位大師。舊噶當派強調「修心」（lojong），是一種藉由珍視他人更甚於自己，開展菩薩覺醒態度的大乘法門。〔英文口述紀錄者艾瑞克·貝瑪·昆桑說明〕

⑭…「半是智慧，半是凡夫」是指並非完全成道的佛教護法。護法通常是非人的靈體，誓言保護並守衛佛陀的教法及其追隨者。他們可以是「凡夫」，即有德行的輪迴眾生，或佛與菩薩化現的「智慧護法」。〔英文口述紀錄者艾瑞克·貝瑪·昆桑說明〕

⑮…盧美·多傑搬進瑞巴·卡波仿照拉薩大昭寺（Jokhang）所建的囊索·謙摩皇宮。〔祖古·烏金仁

波切說明〕

⑯…幾世紀以來，囊謙寺院的領袖都成為止貢噶舉傳承的信徒，但近代以來，國王的上師則來自竹巴噶舉派。國王主要的道場採久寺是竹巴噶舉派，這座寺院的首席喇嘛是阿杜（Adeu）仁波切。其他主要的寺院中有幾個是屬於止貢噶舉傳承。〔祖古．烏金仁波切說明〕

⑰…這些主要的寺院包括了覺札寺（Kyodrak）、色芒寺（Surmang）等。〔祖古．烏金仁波切說明〕

⑱…納克汀（Ngaktrin）、索南．耶喜（Sönam Yeshe）與南嘉祖古（Namgyal Tulku）是生於倉薩傳承的三兄弟。索南．耶喜被暱稱為「倉薩的鳥語」，不只因為他的聲音聽起來像鳥囀，也因為他的頭能以異於常人的方式扭轉。三兄弟長大後全都成為喇嘛，每位也都興建了一座寺院。納克汀創立了拉恰寺，索南．耶喜創立的寺院現稱為倉薩寺，而南嘉祖古則興設了德摩寺（Demo Gompa）。〔祖古．烏金仁波切說明〕

⑲…祖古．烏金仁波切的每位祖先在荼毘後，都留下了舍利子，包括祖古．烏金仁波切本人也是如此。〔英文口述紀錄者艾瑞克．貝瑪．昆桑說明〕

⑳…我也想提一下我祖先中最重要的大師之一——拉松（Lhasung），是全都成為成就者的五兄弟之一，而他圓寂時示現了虹光身（rainbow body）。這件事發生於偉大的孩童伏藏師南確．明珠．多傑（Namchö Mingyur Dorje）及其弟子噶瑪．恰美在世之時。明珠．多傑領受到一部有關拉松的心意伏藏（mind treasure），長達卅七頁，裡面包括了一部儀軌，以及關於各種不同成道事業的其他修持。在淨觀中，年輕的明珠．多傑見到拉松自佛教護法大黑天（Mahakala）的臍心間現起。伏藏師把典籍交給拉松的弟子，並告訴他們：「如果你們能夠修這些法的話，將確保你們傳承的許多世代都能受到保護。」我有一些拉松在身體消失轉為虹光後所遺留下來的頭髮，我將它們置於我的一只護身盒裡。〔祖古．烏金仁波切說明〕

㉑…他們四個兒子，從長至幼依序為：桑天．嘉措、吉美．多傑、桑拿仁波切（Sang-Ngak Rinpoche）、德喜祖古；兩個女兒則為札西．吉美（Tashi Chimey）與利津．巴炯（Rigdzin Paldrön）。〔祖古．烏金仁波切說明〕

㉒…大黑天是最主要的男性護法，而度松瑪是最主要的女性護法，還有另一位重要的本尊叫辛吉．卓曲（Shinje Trochu）。這些護法的唱誦文我已經唸誦了許多遍，那是我的修持中，屬於巴戎噶舉傳承的唯一部分了。〔祖古．烏金仁波切說明〕

第4章

蓮師伏藏

第八世紀末時，蓮花生大士來到西藏。身為金剛乘最重要的大師，他與本劫千佛的每一尊佛同時到臨①。他有廿五位主要弟子，每位弟子後來都轉世為伏藏師，將蓮花生大士為利益後代眾生所埋藏的教法發掘出來。

我的根本上師桑天．嘉措對蓮師懷有不可思議的信心，他告訴我，他是多麼地欽佩蓮師的言教。雖然桑天．嘉措極為博學多聞，並且博覽群書，但他仍持續在蓮師的教授中發現許多合時合宜的新涵意。

「沒有比蓮花生大士更偉大的人了，」他常常這麼說：「當然，釋迦牟尼佛（Buddha Shakyamuni）是根源，但蓮花生大士讓金剛乘教法遍傳並興盛於整個印度，尤其是在西藏。如果你仔細看，就可以發現他的伏藏法是多麼令人讚歎！而如果你將發掘出來的伏藏法與其他經論做比較的話，就可以發現它們獨特的優點，原因就在於它們源自蓮師本身。」

「那些散文超乎尋常的優美！對任何一個人來說，要寫出像伏藏法那樣優美又有深度的東西是很困難的。不同於經論只是由博學之士所寫成，在伏藏法中，每個字都有一層層更高深的涵意可以理解。蓮師金剛語殊勝的功德，就是指每當你讀他的教法的時候，就會不由自主地生起信仰與虔誠心、信任與全然的信心！」

「我們可以在幾位伏藏師所發掘的伏藏中看到辭語相似的教授，因為它們全都是從空行母（dakinis，密續的女性本尊）的象徵文字翻譯過來，且正確無誤的蓮師言教。」②他說，「我們不應該懷有任何疑惑，舉例來說，《七句祈請文》（*Seven-Line Supplication*）的開頭『烏底亞那（Uddiyana，位於北印度）西北隅』，就出現在許多不同的伏藏法中，不同的伏藏師都取自同樣的來源。」

「離開西藏之前，蓮師封藏了為數極多的伏藏，包含了讓後代修行者有所依循的教法、寶石與聖物。由於無限的慈悲，蓮花生大士將利益未來眾生的伏藏法封藏在堅硬的岩石中、湖中，甚至天空中。一想到這無比的慈悲，就讓我生起敬畏之心。」

然而，卻有人無法對這樣的慈悲生起感激之心。近來，有些懷疑者就說：「伏藏師也許並未持有這未曾間斷的傳承，因為他們並未自蓮師處獲得所傳教法的灌頂與口傳，他們只是挖出了幾樣自己藏起來的東西！」

殊勝合時的伏藏

事實上，這些過去世曾為蓮花生大士弟子，後來發掘出寶藏的伏藏師，都得到蓮師的加持，領受了那些伏藏法的灌頂與口傳；每位伏藏師都領受了完整的傳承，且具有正統權威性，遠比現在大多以膚淺的方式，只有加持表象的灌頂更為殊勝。

所有偉大的伏藏師在身、語、意方面，都受到蓮花生大士的親自加持與灌頂，聲稱他們並未得到傳承的說法是幼稚的，這些言論也凸顯出說話者對於七種傳統傳承方式一無所知③。伏藏法的教授極為深奧，而且都封藏在四式（four modes）和六法（six limits）❹的寶藏箱中，每個密續的經文也都可以用涵意漸次深奧的十個次第來解釋。這是桑天・嘉措向我介紹的蓮師教法。

「伏藏法意涵的層次浩瀚無垠，如果你有興趣再深入探索它們。」我的上師繼續說道：「偉大的伏藏師從孩提時代開始，就迥異於其他孩子，他們可以清楚淨觀到本尊；伏藏師並不像我們這些必須循序漸進學習與修持的一般人，了悟自會從他們內心傾流而出。普通人是無法即刻了悟的！」⑤

就如同我另一位上師宗薩・欽哲（Dzongsar Khyentse）跟我說的：「伏藏法就像秋日成熟的莊稼。每年都會有新莊稼，每季也都會有新鮮的莊稼可以播種並享用，因為那就是當季可用的莊稼。伏藏法是為了在往後歷史上的特定時期被發掘，所以才被封緘起來，它們會在特定時期，以最適切的形式被發掘出現。」

當不同伏藏法被發掘的時機來臨時，偉大的伏藏師就會出現在這個世界；他們能夠潛入湖裡，或飛上人跡無法到達的洞穴中，從堅硬的岩石中取出物件。

我的曾祖父秋吉・林巴就是發掘蓮師伏藏的大師之一。

①…在《賢劫經》（*Bhadrakalpa Sutra*）中，佛陀敘述他是一千位來到我們這個世界系統，真正全然覺者中的第四位。〔英文口述紀錄者艾瑞克・貝瑪・昆桑說明〕

②…空行母文字（dakini script）是一種編成密碼的神奇的文字，將蓮花生大士的教法紀錄在卷軸上，並藏在岩石中、湖中或盒子裡。〔英文口述紀錄者艾瑞克・貝瑪・昆桑說明〕

③…七種傳承是：㊀口傳（喀瑪Kahma），早期翻譯的藏經（Tripitaka）與密續，由上師毫不間斷地傳給弟子；㊁巖伏藏（earth treasure），由伏藏師發掘出來；㊂重掘伏藏（rediscovered treasure），第二次被發掘出來的過往寶藏；㊃心意伏藏（mind treasure），從上師的心意間發掘出來；㊄口耳傳承（hearing lineage），直接自了證者處領受；㊅清淨靈視（pure vision），自清淨的體驗中領受；以及㊆憶伏藏（recollection），來自前世的回憶。〔英文口述紀錄者艾瑞克・貝瑪・昆桑說明〕

❹…四式（four modes）就是四種模式，指文字、一般、隱藏、究竟；六法（six limits）則是六種範疇，指了義與不了義、暗示與非暗示、文字與非文字。四式六法是解釋密續意義不可或缺的鎖鑰。

⑤…最早的兩位伏藏大師釀惹（Nyang-Ral）與咕如・確旺（Guru Chöwang）被稱為「兩大伏藏王」，其餘一百位伏藏師則被描述為他們的侍者。還有「伏藏師三傑」、「八林巴」、廿五位主要伏藏師等，都具有相同的重要性。但在一〇八位伏藏師當中，最主要的，就是傑出的「兩大伏藏王」釀惹・尼瑪・歐色（Nyang-Ral Nyima Özer）與咕如・確旺。第一位為人所知的伏藏師是桑傑喇嘛（Sangye Lama），但他與桑傑・林巴（Sangye Lingpa）並非同一個人。〔祖古・烏金仁波切說明〕

第5章

我的曾祖父——伏藏大師

秋吉．林巴出生於囊謙皇宮附近，長大後成為採久（Tsechu）寺的單純僧侶。有一次在年度密續舞蹈中，他沒有跟上節奏，脫離了其他人而獨自跳舞。這情形惹毛了舞蹈老師，想責打他一頓。囊謙國王的上師阿杜仁波切（Adeu Rinpoche）也在那個集會現場，他恰巧也是前任國王的兒子，所以在王國裡是個舉足輕重的要人，當時囊謙沒有比他地位更高的喇嘛了。阿杜仁波切具有神通力，看見了這位年輕的伏藏師正在參與淨觀所見的蓮師淨土中天道眾生的一場舞蹈——秋吉．林巴只不過是加入了那場舞蹈。

阿杜仁波切替秋吉．林巴解圍：「別處罰他！他有自己的作風，就隨他去吧。」

不久之後，秋吉．林巴請求准許離開寺院，阿杜仁波切同意了，說道：「好，你可以離開，自由地旅行到任何你喜歡的地方去利益眾生！」

離開之前，秋吉．林巴供養了囊謙國王一尊佛像，並請求一頭坐騎和糧食。但國王是個固執死板的人，對於秋吉．林巴即將離開感到不悅。

伏藏的發掘者秋吉・林巴

秋吉・林巴的蓮花冠

「那位瘋癲的僧侶給了我一尊既非陶土，亦非石雕的蓮師像。」國王不知道這是秋吉・林巴已經發掘出的極為珍貴的伏藏物之一，「給他一匹老馬與一具馬鞍就好了。」由於國王缺乏識人之明，所以秋吉・林巴從未在囊謙落腳過。

我曾祖父從未接受過正式的教育，但老康楚（Old Kongtrul）後來稱他為真正的班智達，意思是「偉大的學者」①。這樣的轉變發生於秋吉・林巴仍在康區噶瑪寺上方住處，進行持續了三年又四十二天嚴格的傳統閉關期間。在這段閉關期間，借用他自己的說法：「對密續、口傳、口訣❷的真實意涵有了一點領悟。」他所指的，是深奧的三內密，即瑪哈、阿努與阿底瑜伽（Maha, Anu, and Ati Yoga）③。

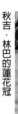

秋吉・林巴不只是位真正的伏藏大師，所發掘出的伏藏對我們的傳承極具重要性，他也是在西藏建立佛教信仰的赤松・德贊王次子沐如王子（Prince Murub）的轉世，而他的另一個前世則是桑傑・林巴（Sangye Lingpa）④。秋吉・林巴是七種傳承的「持有人」，而且常被視為極具重要性的百伏藏師的最後一位。

秋吉・林巴也被視為「伏藏師之王尊」，部分是因為沒有任何伏藏師像他一樣，發掘出包含了大圓滿界部（Space Section）的教法。有幾部被發掘出的伏藏屬於心部（Mind Section），而所有重要的伏藏師也都發掘出口訣部（Instruction Section）的伏藏法，只有秋吉・林巴傳承了界部，這也是為什麼他的《大圓滿三部》(*Three Sections of the Great Perfection*)被認為是他所發掘出的伏藏法中最殊勝者[5]。

公開取出的伏藏

我所知關於秋吉・林巴如何發掘出伏藏法的故事，大部分是從祖母那邊聽來的。身為秋吉・林巴的女兒，祖母在孩提時就親眼目睹了這些事件。我祖母從未被人說過說謊或誇大其實，她是個極為誠實的人，從未自吹自擂或誹謗他人。

她告訴我，秋吉・林巴有次如何在眾人面前發掘出一部伏藏法[6]，「我父親通常會在超過千人的場合取出伏藏，他不得不這麼做，因為西藏人，尤其是康區東部的人，非常不易信服他人。他們不會盲目地相信每個宣稱是伏藏師的人，但秋吉・林巴卻是無庸置疑的，因為他一再地在無數人見證下取出伏藏。」

她繼續說道：「在眾人面前取出伏藏的目的，是為了徹底取信於人，避免任何疑惑和懷疑。伏藏是在現場眾目睽睽之下取出的，過程中沒有動任何手腳。如果只是一場魔術把戲，之後將無法拿出任何真正實體的伏藏讓大家看，沒有代表成道者身或語的信物存在。」[7]

「除此之外，要讓大家信服秋吉・林巴真的是蓮花生大士的使者，可不是件輕而易舉的事。康巴人甚至比中藏人還要理智，抱持著更強烈的懷疑態

《三部》的聖地——蓮花水晶巖穴(Lotus Crystal Cave)

度。康巴人之中，尤以來自德格的人的懷疑態度最為強烈，他們絕不可能輕易相信一位妄稱自己是伏藏師的騙子！他們只相信自己親眼所見公開將伏藏取出的人。」

「我們稱這種伏藏為『公取伏藏（tromter）』，意思是『公開取出的伏藏』，也就是在許多人目睹下發掘出的伏藏。當伏藏寶藏即將以公取伏藏之姿被取出時，一定會先預告：『一部伏藏法將要被公開取出！』當話傳開時，就會有很多人聚集觀看。」

「伏藏師也會神奇地收到宛若伏藏確切埋藏地點鑰匙的『地點明細』，這是一份找到伏藏，將之取出的不可或缺指示。收到這樣一份神祕的指引手冊之後，伏藏師可以用自己的心靈之眼看到地理景觀的輪廓，以及山群、谷地、岩石、洞穴等的地點。這份明細還包含了『伏藏標記』的描述，這是蓮花生大士或耶喜．措嘉（Yeshe Tsogyal）所放置的某種記號，比如『吽』（HUNG）字。伏藏地點可能是某塊岩石或某個山洞，而這地點會被描述為看來像隻張開口的獅子、烏龜，或某種形狀的動物，以顯示該地點的特色。伏藏標記可能在喉間、雙眼間、心間，或在該特定動物的其他類似部位找到。」

發掘出《圖珠》的卡拉戎果（Khala Rong-go）

「地點明細也會指示發掘伏藏的適當時機，以及守護它的靈體狀況。有時候會有三種不同的守護靈體：地王（zhidag）、地主神（neydag）與伏藏護法（terdag）。『地王』即地域之王，譬如守護整個加德滿都山谷（Kathmandu valley）的大自在天王（Maheshvara）；『地主神』則是當地神祇，就像塔拉畢兒（Tarabhir）在納吉貢巴（Nagi Gompa）附近聖地守護著女性成佛者度母（Tara）；『伏藏護法』⑧是伏藏持有者，也就是伏藏封藏時，受託保管伏藏的特殊靈體。」

「怎麼可能有人偷得了伏藏呢？或許當蓮師（Guru Rinpoche）在封緘伏藏時，被鳥兒或其他動物看見了。它們知道伏藏被藏在何處，在往後其中一世就可能變成伏藏賊。所以蓮師的指令可能是：『別讓伏藏賊拿走它！別讓它落入違犯三昧耶（samaya）的人手裡！只能將它交給我——蓮花生大士——的代表！』」

「也就是說，護法已經受到蓮師指示，要將伏藏交給命中注定的伏藏師。然而，寶藏發掘者必須獻給護法供養品，當作收買它的一種手段，以為回報。除此之外，寶藏發掘者也必須放置某種教法或珍貴物品，譬如一個聖物，當作替代品，不能只是拿走伏藏，像小偷帶著掠奪物就溜掉那樣。」

「一旦神奇的事即將發生的消息傳開之後，當然就會有很多人跑來湊熱鬧——有什麼理由不來呢！有時候會有五百至六百人出現，有一次甚至高達一千人。但其他時候，當伏藏要以公取伏藏之姿被取出時，只有七個或廿一個一小群人，或再多一點人在現場。」

「在一次這樣的場合裡，秋吉．林巴獻出祭祀酒給伏藏護法，同時要求它釋出伏藏。接著，他在岩石表面畫上圖案，岩石就像母牛的肛門般打開了，碎石崩落而出，露出一個窟窿，伏藏就在裡面。因為裡頭清晰可見，我們看見伏藏虹光閃耀。我們也注意到，整座山谷似乎瀰漫著一股好聞的香味，還有大量的橙紅色辛度羅（sindhura）粉末飄散而出。秋吉．林巴拿了一些粉末出來，大家就把這些粉末收起來保存。」

我祖母繼續說道：「每個人開始慢慢地唸誦蓮師祈請文《自然滿願文》（*Spontaneous Fulfillment of Wishes*）：

當命定的人發掘伏藏來利益眾生，
身懷清淨三昧耶的勇毅信心，
毫無遲疑與疑惑，我向您祈請；
賜予您的加持讓所有願望自然實現！

「已經有人在附近擺好桌子，上面還鋪了一塊錦緞桌巾要放置珍寶物品。當伏藏寶物被取出時，通常很燙而無法觸摸，而我父親是唯一有辦法捧著它們的人。事實上，有些伏藏寶物甚至燙到把錦緞桌巾燒焦了。」⑨我祖母將這些描述為「加持的熱度尚未褪盡的物品」。有時候，這種說法會被用來當作一種隱喻，但現實中，真的有人被燙傷了。有一次，我確實在一個盒子裡看見這些被燒焦的紅黃錦緞，盒子裡還有秋吉．林巴神聖的一些私人物品。

偉大的伏藏師取出伏藏之後，會為每個人加持。在這時候，他也會解說這部伏藏的歷史背景、蓮花生大士如何將它封緘、為何將它封緘、它埋藏時含有的特殊願望、為什麼在這時候被發掘出來，以及接受它加持的利益等。

她說：「我看見群眾因為信仰與虔誠心而流淚，空氣中縈繞著哭泣聲。即使你是個頑固的知識分子，所有的懷疑也會逐漸消失。每個人都滿懷讚歎之情。」

「發掘出伏藏之後，他在岩窟裡放置一個伏藏的替代品。舉例來說，如果有兩尊蓮師塑像的話，那麼秋吉．林巴會替換掉其中一尊；如果伏藏是一卷以空行母象徵性文字書寫的空行母信函，他則會在原處放置其他珍貴物品。結束時，他會再將窟窿封起來，有時是用石頭，有時甚至將岩石熔掉，如同用灰泥將它包起來一樣。如果秋吉．林巴只是在裂縫上放幾塊石頭，稍後再回去檢查的人會發現，裂縫表面已經自行『癒合了』。」

我祖母並不是我所知道唯一真正看過秋吉．林巴發掘伏藏的人。當我還住在倉薩家裡時，有一次，曾擔任過偉大伏藏師侍者的貝瑪．聽列（Pema Trinley）到家裡來住。他生命中的最後一年是跟我們一起度過的，當他過世時，已經年近九十歲了。當時我還很年輕，充滿了好奇心，所以問他關於他跟伏藏師相處的時光，而他也把記得的事全都告訴了我。以下是他所說的其中一則故事：

「有一次，當秋吉．林巴在景色優美的噶瑪山（Mount Karma）山腳下一個小村莊時，他得到發掘一部『牛伏藏』的機會。不管你信不信，他宣布他將會帶來真的動物！一聽到這個，很多人就聚集到他身邊，大家一路喧鬧地往噶瑪山邊陡峭的懸崖前進。」

「當時還沒有火柴，秋吉．林巴的廚師朗桑（Lhagsam）也忘記把生火的工具燧石、硬鋼一起帶來。沒有生火的工具就不能煮茶，所以朗桑就派他的助手下山到村莊拿一套上來。但所有村民都外出到山坡上採集野生的甜卓瑪地薯，所以這位助手只好空手而返。」

「當這名助手回返上山的時候，秋吉・林巴已經在他懸崖前的帳篷裡工作了。大家都已經聽到從山間深邃的地底下傳來牛隻的叫聲與低吼聲，那聲音聽起來就好像這些動物即將衝破岩石表面了。每個人都聽到了，有些人甚至被這聲音嚇到，覺得自己就快要被這些動物踩扁了。」

「就在那時候，廚師的助手大聲喊道：『喂，朗桑！我沒有找到生火工具！村子裡連個人都沒有！』偉大的伏藏師從帳篷裡聽到這些話，就問道：『他說什麼？它們消失了？它們走了？』你知道，康巴方言裡，生火工具是『昧薩』（mesa），而廚師的名字朗桑，發音聽起來也很像『消失了』、『走了』。當秋吉・林巴在問廚師助手說了些什麼時，動物的聲音就逐漸消失了。」

「秋吉・林巴隨即驚呼：『吉祥的因緣已經不再！廚師的助手把它搞砸了！我們不該待在這兒！讓我們收拾離開吧！』每個人就在一團慌亂中離開了，甚至沒有喝杯茶，因為沒辦法生火。」

秋林傳承的威力

祖母有一次跟我說，為什麼我們在秋吉・林巴的傳承下，用不著害怕像嘉波・佩哈（Gyalpo Pehar）⑩或桑天・岡薩（Samten Kangsar）這種當地靈體的原因。

有一次，秋吉．林巴經由北邊路線前往拉薩旅行，一行人被困在廣闊平原的一場可怕暴風雪之中。雖然主要的暴風雪已經平靜下來，但仍持續下了一星期左右的大雪，讓他們無法繼續前進。大家開始害怕會有生命危險，感到非常絕望，所以開始焚燒任何可以找得到的易燃物品，甚至把馬鞍的木頭支架也拿來燒。

在一場緊急會議中，有人說道：「前面還有一段很長的旅程要走，我們甚至都還沒穿過隘口。接下來還會遇到什麼麻煩呢？我最擔心的就是下雪了。讓我們請求伏藏師協助，這是我們唯一的選擇了。」

眾人將這危急狀況告訴了秋吉．林巴，他回應道：「山谷裡的地神及山靈聯合起來要考驗我們，它們在嘲弄我，影射我並非蓮師的傳承持有人。但別擔心，只要等待且觀望即將發生的事就好了。把所有的人分成兩群，瑜伽士跟著我待在我的帳篷裡，出家人仍由噶美堪布（Karmey Khenpo）帶領。你們做好鍛鍊拙火瑜伽（tummo yoga）的準備，因為今晚我們將用浸濕的棉衣來修法，這是唯一對治它們的辦法。」

這兩群人從當天下午就開始修持瑜伽，他們所產生的內熱，多到可以從外面看到有兩團像雲一般的蒸氣自兩個帳篷裡升起。午夜時分，厚重的雲層開始消散，到了清晨，天空已經放晴，連一縷雲絲也沒有。不僅如此，秋吉．林巴帳篷周圍的積雪也都融化了，可以看見石頭裸露在地面上。太陽自藍天升起，展露陽光燦爛的好天氣，整個平原的積雪持續融化，小溪流因為大片融雪而暴漲，河水已淹過了溪岸。

秋吉．林巴建議大家再多停留幾天。這期間，積雪仍持續融化。突然，他大聲宣告：

「我還沒有把這些傢伙處理好！桑天．岡薩、念青．唐古拉（Nyenchen Tanglha），還有其他一些靈體似乎仍決意要讓我們吃足苦頭。今天一定要讓桑天．岡薩得到教訓。請準備好一個大的白食子（torma），把它拿來給我。」

當天下午，向護法祈禱過後，秋吉．林巴將食子加熱到裝飾在上層的奶油融化流到下面為止。就在這時候，大家望向遠方的桑天．岡薩山——靈體就是因為那座山而得名，每個人都看到山巔上的積雪已經開始融化，並化為滾滾溪流，沿著山坡奔騰而下。隔天清晨，可以看見一大片又一大片的黑岩石裸露在地表上⑪。

秋吉．林巴制伏了桑天．岡薩之後，整整三天都是陽光普照的晴朗天氣，天空不見絲毫雲蹤，融化的積雪還導致了低窪地區氾濫成災。

懾服靈體與解救弟子的故事

不論秋吉．林巴身在何處，都有許多學識淵博且修行有成的大師伴隨他身邊。他恢弘的氣度與影響力，可與偉大的噶瑪巴相比擬，所以即使是靈性導師，也如同侍者般服侍他。其中有一位就是精通那洛六法，在疾走方面尤有特殊成就的瑜伽士噶波．薩曲（Karpo Sab-chu）。據說他可以在一天之內從康區走到拉薩，將新鮮的蔬菜帶回來，這通常需要花費兩個月行程。

當我祖母還是個小女孩時，有一回，她跟她母親德嘉佛母（Lady Degah）一起坐在偉大伏藏師的帳篷外[12]。她們看見遠方有一名男子騎在馬上，朝她們的方向過來。當他愈來愈靠近時，她們認出他來自北方，是個結著髮辮、雙眼炯炯有神，身上穿著罕見短山羊皮衣的禿頭老游牧人；他的座騎是匹雙眼充血的白子，這樣的馬很少見，牠們在雪地裡的視力很差。

為了表示對主人的尊敬，訪客通常會在距離主帳篷好一段路程之外就會先下馬。但這名男子嚇了我祖母一跳，因為他直接騎馬到秋吉・林巴的帳篷外。下馬之後，也沒有先左右張望一下，就走了進去。

德嘉佛母說：「你有沒有看見那位厚臉皮的北方佬直接就往伏藏師的帳篷走去？他差點兒就把馬騎進去了。」

「他目光直瞪著前方，連往左邊或右邊稍微瞄一下都沒有。」我祖母批評說：「難道他不知道應該先會見負責接待客人的侍者準尼兒（Drönyer）嗎？」

因為秋吉・林巴總會有親近弟子陪侍在身旁，所以這兩位女士並不擔憂秋吉・林巴的安危，也沒有多想這位怪異訪客的行徑，只繼續忙著自己的事。

帳篷裡，偉大的伏藏師就坐在由營地周圍撿來的石子與木頭臨時架起來的法座上[13]。這位訪客撲的一聲，重重地坐在伏藏師正前方，不發一語。

侍者噶波・薩曲沒有起半點疑心，倒了杯茶給他，心裡想：「這些北方佬就像大家所知道的，一點禮貌都不懂。看看這個莽撞的老頭子，這麼咄咄逼人，甚至連等候人家請他進來都沒有。」

除了是個瑜伽士之外，噶波・薩曲其實相當活潑好玩。他坐在這位老男人旁邊，溫柔地摩擦他的膝蓋，並且說它們顯得好冷之類的話。這名陌生人腰帶上繫了一支看起來很普通的彎曲棍杖，噶波．薩曲一時興起，想要把它搶過來，逗弄一下這名老牧人。

不知何時，這名老人與秋吉．林巴似乎面對面在比手勢。突然之間，偉大的伏藏師高舉右手，擺出令人畏懼而頗具威嚴的姿勢。這名陌生人發出一聲尖銳的咆哮聲後，倏地不見蹤影，完全消失在空氣中。噶波．薩曲看了看外面，想確定這並非他的幻覺，但他發現馬匹也消失了，連個足跡都沒有留下。

當這天慢慢過去，噶波．薩曲開始感覺肚子不舒服。秋吉．林巴的親近弟子都知道，只能跟他報告最重大的事情，所以噶波．薩曲緊閉嘴巴不敢說，安靜地在廚房準備餐點。但不久之後，噶波．薩曲開始感到錐心刺骨的疼痛，好像有蟲在他的肚子裡蠕動，要吃掉他的肚子。雖然身體已經非常難受，他仍然不讓任何人去告訴秋吉．林巴這件事。然而，隨著時間流逝，噶波．薩曲的病況變得非常嚴重，他確信自己就快要死了。最後，他叫人通知偉大的伏藏師這件事。

我祖母聽到了噶波．薩曲痛苦的叫聲，不一會兒，她看見秋吉．林巴與準尼兒前往噶波．薩曲的帳篷，所以她也跟過去看到底發生了什麼事。她把頭輕輕靠在門上，看到噶波．薩曲痛苦地蜷曲在床上打滾。她看見秋吉．林巴皺著眉頭說：「他一定會死，誰會傻到去碰觸，甚至作弄一個惡魔呢？他甚至還抓著那個惡魔的棍杖，所以他已經失去生命力了[14]。不用懷疑，他已經來日無多了。」

其他人聽了之後，就哀求偉大的上師想辦法救救這位可憐的瑜伽士一命。眾人懇求了好一會兒之後，秋吉．林巴終於怒氣沖沖地低聲說道：「到外頭去準備火供，其他事交給我處理。」

當秋吉．林巴走出帳篷時，丟了一些糌粑（tsampa）到火堆裡，並對著它吹氣，旋即噶波．薩曲的呻吟聲就逐漸平息了。當噶波．薩曲身體好轉到可以起身時，就悄悄走回伏藏師的帳篷，「突然間，我就感覺愈來愈痛，痛到連站都站不起來。之後，又很突然地，痛苦消失了。到底發生了什麼事？」

秋吉．林巴解釋道：「今天來看我的這個老男人，實際上是個惡名昭彰、威力兇猛的靈體喬裝而成的人類模樣。當你觸碰它的手杖時，你就已經來日無多了。那個靈體問我：『你不是蓮花生大士的使者嗎？在西藏雪域中，沒有任何東西是我所需要的，我也不尋求任何忠言。我的威力非常強大，但我還是有個小麻煩，因為有兩個靈體不斷來煩我，伺機騷擾我。如果不是因為這兩個靈體，我會成為全西藏最強大的靈體之一。我要如何制伏它們呢？如果你能為我指點一些迷津，我保證不會傷害或打擾屬於你傳承的任何一個人』。」

「我回覆它，『你願意以一切顯象與存在征服者的尊榮之姿，在你頭上不斷觀想一吋大小的蓮師嗎？』我告訴它，如果答案是肯定的，我就會給它指引。」

「但是那個靈體回覆道：『不，我絕不會這麼做！』」

「所以我就說，如果是這樣的話，那麼，這就是一切顯象與存在的征服者以完整宏偉之姿看起來的模樣！』」

「但你只見到我把手舉起來。就在那時候，那個老男人大叫了一聲，然後就消失無蹤。但在嚇跑它之前，我取得了它的保證，絕不騷擾我的子孫、傳承持有人或追隨者。」

有一天，秋吉・林巴受邀到桑耶的大寺院去。寺院大前庭精心布置了錦緞和旗幟，大師則被邀請坐在崇高的法座上。前庭擠滿了人，身著紅褐色與黃色僧袍的眾多僧侶形成了色彩繽紛的隊伍，場面就像拉薩著名的祈福法會一樣。

這是一場盛大的活動，幾乎持續進行了七天，在世俗與宗教上都具有很重大的意義。不知何時，有位精心裝扮，身穿好幾層錦緞衣服的僧侶靠近法座，並跟大師交談起來。秋吉・林巴的私人茶僕與廚師是偉大伏藏師明就・多傑（Mingyur Dorje）的轉世。這並非不尋常的事，因為他的侍者通常都是轉世祖古（tulku）[15]。

明就・多傑看見這位精心裝扮的僧侶跟上師在講話，心想：「那位佔用我們上師時間的驕傲老傢伙是誰？也許是個顯貴，他們全都很傲慢，但他已經待在這兒夠久了，我得奉茶了。」所以他以奉茶給大師為託辭，用手臂將這位老僧人推開。但是，這位陌生人不但沒有讓路，反而站住不動，於是兩人扭打了起來。

過了一會兒，這個人終於轉身走開了。當他離開的時候，秋吉・林巴還命人護送他通過擁擠的人群，讓這個人很有尊嚴地走開，進入了主寺。

這個意外發生後不久，明就・多傑感覺肚子劇烈疼痛，沒多久，就痛到站不起來。當然，除非有重大事情，否則不能接近秋吉・林巴。所以明就・多傑只告訴準尼兒：「我覺得不舒服，必須暫停工作。請幫我請示上師，是否可以給我加持。」

一聽到這件事，秋吉．林巴大聲說道：「斗膽跟嘉波．佩哈扭打之後，他還要指望些什麼呢？他難道不知道不該讓影子落在威力強大的靈體之上嗎？他不只把自己的影子疊在佩哈上，還試著粗暴地推開它，就只是為了一杯茶！大家都知道，任何人只要碰觸了靈體就會喪命。」所以，明就．多傑雖然疼痛難耐，但是，不但得不到安慰，反而還被臭罵了一頓，下場就跟噶波．薩曲戲弄偽裝成老北方佬的靈體一樣，而且還被告知很快就會死掉！

準尼兒為明就．多傑扮演中間人角色，請示秋吉．林巴是否有補救之道。態度軟化了的秋吉．林巴告訴他，去拿某部法本來，唸誦其中關於「鬆網」與「解結」的特定四行，並且同時到嘉波．佩哈的寺廟做供養。他們遵照了上師的指示去做，當然毫無疑問地，明就．多傑就康復了。

祖母告訴我這個故事的時候，我還是個小孩子。她補充說道，秋吉．林巴並沒有跟人吹噓自己看到超自然靈體的習慣，只有在罕見的情況下，也就是當別人特別問起的時候，他才會提到。的確如此，他鮮少主動談及自己的特殊能力，譬如神通力這類的事。然而，也有少數幾個例外，就像以下所要講述的故事。

神通無限

在一個天氣晴朗的日子裡，正在前往楚布途中的伏藏師與隨眾們騎馬上了堆龍山谷

（Tölung valley）。我祖母騎在伏藏師後面，所以聽到了他講述發生在第五世達賴喇嘛的兩位可能繼任人選：桑傑・嘉措（Sangye Gyamtso）與拉桑（Lhabsang）兩派人馬之間的政治內鬥與衝突故事。

這兩人是非常要好的朋友，不想相互爭權奪利，所以都堅持應由對方來統治國家。最後，兩人同意以擲骰子的方式來解決權力移轉的問題。精通占星術的桑傑・嘉措挑了一個好日子來舉行這場盛事，但星象顯示，所有事情必須在同一天內解決並完成。於是他告訴拉桑：「如果我贏，你就必須打包，帶著全部的隨眾與私人物品離開。如果你贏，我保證也馬上做同樣的事。」

擲骰子的結果是桑傑・嘉措佔了上風，拉桑於是回去準備離開。但不久之後，拉桑又跑回來，說道：「我妻子懷孕了，看起來很快就要生了。」

所以拉桑繼續待了下來。就在那段期間，政治密謀的情形開始惡化。大家都知道，政治權力的欲望會緊緊抓住人們的心，不大容易鬆手。接下來所發生的，是一則冗長且錯綜複雜的故事，言簡意賅地說，就是在某個時候，羽翼未豐的攝政王桑傑・嘉措發覺自己獨自騎在馬上，試著逃離一群拉桑士兵的追擊。

「他們就在道路轉彎處抓到他，」對著驚愕不已的眾人，秋吉・林巴指著路邊說道：「我是現在唯一知道發生了什麼事的人，因為桑傑・嘉措是我的前世之一。在那個時代，重要的戰俘不會被帶回去，而是立刻就地砍頭。有沒有看到那排瑪尼（mani）堆？我的身體就倒在那裡，我的頭則一路滾到那邊去。」

騎馬經過當年事發現場，繼續往楚布前進的祖母，眼睛睜得大大的，對於她的父親可以看到前世的神通力感到無比驚訝。

噶美堪布告訴我祖母接下來的這則故事。

秋吉・林巴決定要到拉薩的市集去。那裡有一條街，所有肉販都會將所販售的肉成排放在桌上，他們會當場切下動物的屍肉並賣掉。你眼睛所見，全都是血跟內臟。

「路邊有位大眼珠、眼神怪異的高大女子。我覺得她臉色發青，手上還揮舞著一把大刀。她以精湛的刀法切下一塊塊的肉，賣給排隊的顧客。」

「接下來發生的事，真的讓我們大吃一驚。在我們搞清楚發生什麼事之前，伏藏師不僅已經走向她，還向她頂禮，而她的大手則覆蓋在伏藏師的頭頂上。這是前所未見的事，我們很好奇他接下來要做什麼。不只因為他請求一名女子的加持，而且竟然是跟一名屠夫請求！」

「天呀！真是不吉利啊！」我心裡這樣想著。我們全都看得目瞪口呆，一直到我們繼續往前走的時候，我才有機會問伏藏師那名女子是誰。

「她是誰？為什麼這麼問？」伏藏師問道。

「看來，我們之中沒有人像我這麼幸運，因為我是唯一受到以人身出現的女性成佛者金剛亥母（ajra Varahi）加持的人。你們原本也可以輕易得到她的加持，但你們卻沒有人想到要提出請求。」

噶美堪布是個非常嚴謹的出家人，持戒非常嚴格，包括不能碰觸女人的這條戒律。就像他之後跟我祖母說的：「我絕不可能要求一名女性給我加持！」

曾祖母──金剛手菩薩的化身

我的曾祖母德千・雀準（Dechen Chödrön）被稱之為「德嘉佛母」，是秋吉・林巴的佛母（consort）。她是德格廿一區其中一位區首長的女兒，也被視為蓮花生大士親近弟子耶喜・措嘉的化身。

我不喜歡說這件事，因為聽起來好像我在吹噓自己的家族，但蓮花生大士在經典中曾經預言，秋吉・林巴的三個孩子會是三位大菩薩：觀世音菩薩（Avalokiteshvara）、文殊師利，以及金剛手菩薩（Vajrapani）的化身。據說文殊師利的化身應當是他的兒子旺秋・多傑（Wangchok Dorje），觀世音菩薩的化身是他與另一位佛母所生的兒子哲旺・諾布（Tsewang Norbu），而金剛手菩薩的化身就是我祖母。

德嘉佛母的脾氣有時蠻火爆的。在好幾個場合裡，她與偉大的伏藏師意見相左，不是太嚴重，但有時她會頑固得引發口角。她是個堅持己見的人，而且有時候喜歡喝點酒，但秋吉・林巴不會為這些事感到困擾。可是，他不欣賞她從他掘取伏藏時所發現的大鵬金翅鳥（ga-

偉大的空行母耶喜・措嘉，為蓮花生大士的弟子

ruda）爪子裡取酒喝。有一天，他說：「我費力找出罕見的大鵬金翅鳥爪子，並不是要讓妳當酒杯！我不能忍受妳把酒倒進裡面，它只能用來裝盛聖物！」

德嘉佛母反駁道：「不管是由大鵬金翅鳥爪子或由犛牛角做成，拿來裝酒都很好用！我就是要拿它來裝酒！」說完，她馬上又為自己斟了一杯酒。

秋吉．林巴反擊道：「妳以為要取得真正的大鵬金翅鳥爪子很容易嗎？這種鳥只住在巨大的須彌山（Mount Sumeru）山頂，蓮師把它封在一部伏藏裡，是為了要利益這個時代。它真正的用途是為了治癒由龍眾所引起的傳染病，但你卻日以繼夜、厚顏無恥地只會把它拿來盛酒喝。」

後來有人說，就因為德嘉佛母的頑固，才導致他們生出的第二個孩子是個女孩，也就是我的祖母。但我卻認為，不管是男性或女性，我祖母的一生實現了蓮師說她是金剛手菩薩化身的預言。這都要歸功於她生了四兒子，他們為延續秋吉．林巴的伏藏教法貢獻了極大的心力，所以這些教法今日才得以廣傳於世。這都是因為她是個菩薩的化身。

她實在令人讚歎！

護法驅難

噶美堪布也跟貢秋．巴炯講了以下這則故事：

「在一次旅途中，秋吉．林巴行經位於拉薩與康區之間的道路上，一處盛傳強盜與竊賊最喜歡搶奪旅人與朝聖者的地區。就在這裡，道路叉開到安多（Amdo），通往另一個強盜橫行的地方。」

「來自各地區的惡棍集團首腦召開了一個會議，因為他們有個很好的理由。『我們接到情報說，有個大約七百到八百名康巴人的旅隊正朝我們的地盤過來。他們有些人很富有，而且有許多馱獸。我們必須團結武力，將他們的貴重物品洗劫一空。』其中一位首腦這樣提議。」

「因此，我們看見一群強盜跟隨著我們，但都沒有靠得太近。每天，大約十二個人左右會出現在山丘頂上監視我們，我們覺得自己就像被雪豹暗中盯上的山羊。而定期會有人向秋吉．林巴報告最新的發展情況。」

「秋吉．林巴所發掘出的伏藏中，有個源自於他曾身為努布之桑傑．耶喜（Sangye Yeshe of Nub）大弟子過去世的特別法，那是某種召喚護法的特別法。所以秋吉．林巴傳喚我到他的帳篷裡，說道：『拿起你的筆，寫下我所說的東西。我們必須給那些搶匪一個教訓，讓他們永遠記得！』然後秋吉．林巴口授他過去生從桑傑．耶喜那兒學來的完整修持，內容包括那位偉大的努布千（Nubchen）大師如何指揮佛法的守護者，以及如何以特定方式吹奏它們的骨號的指引。當我寫完修法的內容時，秋吉．林巴要求我們一起修持這個儀式，並做食子供養。」

「那天晚上，搶匪採取行動了，但他們發現營區被一群餓壞了的狼群包圍了！掠奪者與獵物的角色突然逆轉了，他們發現自己必須從狼群的血盆大口裡逃命。兩、三個強盜來不及逃生，被撕成碎片的故事傳遍各地。」

「但有些強盜仍不死心，決定隔天晚上再試一次。那天晚上我們又修了一次這個法。盜匪接近營區之前，我們還未完成儀式，事實上骨號只響了幾次。其中一名盜匪大叫：『看吧，沒什麼好怕的！』

「然後，突然之間，那些強盜看見秋吉．林巴的三叉戟著火了，他的帳篷陷入火海之中。讓他們詫異的是，火勢不斷蔓延，直到整個營區都被熊熊烈火吞噬了。」

「沒有一個強盜膽敢走進火海，他們只好坐下來等待。他們後來宣稱火勢持續延燒了整個晚上。大部分盜匪都躺下來睡覺，當他們早晨醒來的時候，大吃一驚，因為他們看到營區完好如初，人們隨處走來走去，打包行李。」

「搶匪首腦跟他的副手說：『我們對付不了這些康巴喇嘛！傳話出去，讓他們回去原來的地方，愈快愈好！』話傳得比旅隊還快，所以秋吉．林巴一行人前往拉薩的接下來旅途中，不曾再遇見任何一名強盜。」

噶美堪布補充說道：「當我們在拉薩的時候，盜匪所經歷之事的消息開始傳到拉薩，包括有些人如何被狼群吃掉，而其他人又是如何被大火吞噬。有了那些消息，盜匪們對佛法的信心開始增加，一個接一個地來到秋吉．林巴跟前，接受他的加持。」

◎

伏藏的預言曾描述到，秋吉．林巴圓寂後，他的遺骸應該放在一座黃金佛塔裡，而老欽哲（Old Khyentse）親自監督了整個奉祀的過程，佛塔鍍上了偉大伏藏師從伏藏裡所發掘出的黃金。這是一座非常大型的佛塔，我記得它非比尋常地高聳，著實有三層樓高。秋吉・林巴的遺體就當作主要的聖物安置在裡面。

①…在他詳盡的傳記中，可以找到他驚人變化的詳細內容（《新伏藏》第卅八部）。〔祖古・烏金仁波切說明〕

❷…「tantras, statements, and instructions」，是舊譯對西藏傳承系統的分類，說法不一。根據英文口述紀錄者艾瑞克・貝瑪・昆桑的說法：The words under Wylie（Wylie拼音法）are: "rgyud lung man ngag", pronounced "gyu lung mengag". 其中，「rgyud」是密續，「lung」是口傳（不是口耳傳承「oral instruction」的簡稱「口傳」，是灌頂與口傳「empowerment and lung」的口傳），「man ngag」是口訣。

③…秋吉・林巴某次淨觀到蓮花生大士時，收到了這樣的忠告，它包含在以伏藏寶藏《圖珠巴切昆色》（*Tukdrub Barchey Kunsel*）為依據的著名《拿索》（*Ngakso*）經文裡：「在末法時期期間，幾乎沒有西藏人未曾領受過金剛乘的灌頂。神聖的三昧耶關係維繫著灌頂的生命力。不遵守三昧耶，灌頂的生命力就會如風中被吹散的羽毛般消逝，也不會帶給你任何利益。」因為這個緣故，秋吉・林巴請求一種能夠定期恢復三昧耶，即密法承諾的方便法門，然後他就領受到以《圖珠巴切昆色》為依據的教法，這項修持現在被廣稱為《拿索》。〔祖古・烏金仁波切說明〕

④…桑傑・林巴就是發掘出《喇嘛貢度》（*Lama Gongdü*）系列教法的偉大伏藏師。〔英文口述紀錄者艾瑞克・貝瑪・昆桑說明〕

⑤…西藏喇嘛稱《大圓滿三部》為《竹千德松》（*Dzogchen Desum*）。我們在後面會聽到更多關於它們的故事。〔英文口述紀錄者艾瑞克・貝瑪・昆桑說明〕

⑥…關於在群眾面前發掘伏藏法的更多細節，請參閱《蔣貢・康楚自傳：多彩珠寶》（*Autobiography of Jamgön Kongtrul: Gem of Many Colors*）第112頁，由理察・巴倫（Richard Barron）翻譯編輯（以色佳

Ithaca，紐約州：雪獅出版社（Snow Lion Publications, 2003）

⑦…這類發掘出的伏藏，是能代表成道者身或語的信物，包括雕像，以及上面有空行母秘密象徵文字的黃色羊皮紙。〔英文口述紀錄者艾瑞克・貝瑪・昆桑說明〕

⑧…這樣的護法通常也稱為「卡松」（Kasung），意指「法教的護法」。最高階的護法稱為印祈・卡松（yingkyi kasung），即「法界教授的護法」，包含了像一髮母（Ekajati）與丹千・多傑・雷巴（Damchen Dorje Lekpa）這樣的男性與女性護法。也有半是智慧、半是凡夫的護法，例如策琳・切拿（Tsering Chenga）、長壽五姊妹（Five Sisters of Long Life），或保護西藏的十二天瑪女神（Twelve Tenma Goddesses）。世間護法包括天龍八部。〔祖古・烏金仁波切說明〕

⑨…每部伏藏中也有伏藏師的預言，包括秋吉・林巴何以是當津王子（Prince Damdzin）的轉世，以及伏藏託付給哪位護法保管。〔祖古・烏金仁波切說明〕

⑩…「嘉波」（Gyalpo）這個字，意指特定的一種靈體。〔祖古・烏金仁波切說明〕

⑪…烏金・多傑仁波切（Orgyen Tobgyal Rinpoche）在他的著作《秋吉・林巴的一生》（*Life of Chokgyur Lingpa*）中，為這段前往拉薩的旅程加進了許多細節。〔英文口述紀錄者艾瑞克・貝瑪・昆桑說明〕

⑫…德嘉佛母（瑪詠・德嘉，Mayum Degah）是對我曾祖母德千・雀準（Dechen Chödrön）的暱稱。〔祖古・烏金仁波切說明〕

⑬…經過幾個世代，我在往拉薩的山徑上旅行時經過那一帶，在平原中央見到了伏藏師曾坐過的法座遺跡。〔祖古・烏金仁波切說明〕

⑭…「生命力」（Life force）是讓我們存活至關重要的能量，了悟者能見到這股力量。如果它遭到破壞或衰退的話，有時候能透過儀式或加持將它聚集回來。它也會消失，在這種情況下，此人就一定會死亡。〔英文口述紀錄者馬西亞・賓德・舒密特說明〕

⑮…根據烏金・多傑仁波切的描述：「第一世措尼仁波切通常擔任秋吉・林巴的廚師。他提水並照料牲畜，是個工作勤奮的人。」〔英文口述紀錄者艾瑞克・貝瑪・昆桑說明〕

第6章

兩位卓越的大師：欽哲與康楚

讓我來告訴你們關於兩位出類拔萃的大師的故事，他們在《新伏藏》法中所扮演的角色，與我曾祖父秋吉．林巴的角色密不可分。他們彼此間的關係，要回溯到一千年前，佛法傳到西藏的時候。當西藏第一座主要寺院，宏偉的桑耶寺正在興建的時候，包括蓮花生大士、無垢友尊者、佛密（Buddhaguhya），以及其他多位卓越的大師們，都相繼從印度被邀請過來，包含譯師毗盧遮那與玉札．寧波（Yudra Nyingpo）在內，都是他們主要的西藏弟子。所有這些大師、弟子與譯師們，都促使佛陀的教法如旭日東昇般蒸蒸日上。

就在欽哲、康楚與秋吉．林巴的時代，將近千年前圍繞在桑耶寺蓮花生大士身旁的廿五位傑出弟子，一起轉世回到這個世界。如同我的老師之一宗薩．欽哲所說：「蓮師的廿五位弟子一起回到這個世界，就好像一群綿羊與山羊一起從牲口棚中跑出來一樣；這些弟子再度現身為大師，有著不可思議的體驗與了悟、學養與成就。他們各自的弟子，以及再傳弟子也都同樣讓人讚歎。」

事實上，這廿五位轉世祖古遍及康區與西藏所有地方，而且都被認證出來了。但弔詭的是，這樣的榮景卻也預示了西藏發揮影響且利益眾生的時機即將接近尾聲。

蓮花生大士曾經對其中兩位大師作過這樣預言：「你們具有父子的業力關係。」父親指的是偉大的欽哲，兒子就是秋吉·林巴。預言中還說：「他們的心將合而為一。」意思就是，他們的體驗與了悟層次無二無別，「如同夏日傾瀉如注的河流般。」這個意象指的是他們相遇、交換心髓教授，以及喚醒他們業緣的潛藏力。

由欽哲與秋林為其坐床昇座的偉大康楚，是西藏譯師毗盧遮那的真實化身，或者說心識的轉世。當你將秋吉、欽哲與康楚這三位大師相提並論時，會發現秋吉·林巴視偉大的欽哲與康楚為他的上師，但欽哲從秋吉·林巴那兒領受了完整的《新伏藏》傳承，就這點來看，秋吉·林巴是欽哲的上師之一。而偉大的康楚毫無疑問地，絕對接受欽哲為他的導師，就如同他也接受秋吉·林巴為他的導師一樣。

所以，這三位大師事實上互為上師與弟子的關係，他們以「合而為一的心」彼此相連，也藉由這樣的方式，這三位大師互相協助。他們彼此在佛陀教法與利生事業的助益，就好像佛法的太陽又再度高掛天空。

秋林巖伏藏與欽哲意伏藏的匯流為一

秋吉．林巴年輕的時候旅行至德格王國，在那兒遇見了康楚。康楚對這位年輕伏藏師與其所寫下的伏藏法，展現了極大的興致。康楚在一封信上提到：「當你見到這位連自己語法都不懂的男子所寫下的伏藏教法，這才是最叫人吃驚的！真的很不可思議，這麼棒的文字竟然出自一位連拼字都不會的人！」

當時，需要有介紹信才能會見地位崇高的喇嘛，所以秋吉．林巴要求康楚幫他寫一封介紹信：「我想要去見蔣揚．欽哲．旺波（Jamyang Khyentse Wangpo），請給我一封請願書。」偉大的欽哲當時被稱為「尊者夏仲（Venerable Shabdrung）」；「夏仲」地位相當於負責密續儀式的金剛上師（vajra master），是薩迦派裡第三高的宗教位階。

康楚回答：「沒問題，我會寫一封信把你介紹給尊者夏仲！」有了這封信在手上，秋吉．林巴就前往欽哲的住所。

在此之前，欽哲已經寫下了包含著名的伏藏《圖珠巴切昆色》（*Tukdrub Barchey Kunsel*，蓮師心要修法——遣除一切障礙者）全部教授的心意伏藏（mind treasure）。現在，秋吉．林巴前來，也帶來在聖地卡拉．戎果（Khala Rong-go）所發掘出來，且已經保密了八年的《圖珠》（*Tukdrub*）的另一個版本。

秋吉．林巴向欽哲說明取出伏藏的故事，包括被發現的時間與地點，以及伏藏教授的本質。他們比較這兩個伏藏版本時，發現兩個版本完全一模一樣，一字不差。再詳細檢閱過這兩個版本之後，欽哲就把自己的版本燒掉了，說道：「既然文字與涵意都相同，要兩部做什麼呢！你取出的是巖伏藏（earth terma），比我的心意伏藏更深奧，而且更有效果。」巖伏藏是伏藏師發掘出的實體伏藏，心意伏藏則是從伏藏師心意中顯露而出的伏藏。

從此，巖伏藏與心意伏藏這兩個傳承的加持匯流為一，而這個神奇的巧合是使他們彼此深切信賴對方為真正伏藏師的主要原因。第一次會面過後，他們倆人都有許多吉祥的夢境與淨觀。偉大的欽哲收秋吉．林巴為弟子，並授予他數個重要的灌頂。

之後，秋吉．林巴回到康區八蚌（Palpung）寺上方斜坡著名的札里般寶石岩（Tsari-like Jewel Rock），探望住在此地的康楚。此時，康楚已經病得很嚴重，眼睛也看不見了。秋吉．林巴給予康楚金剛手菩薩本尊的灌頂，這是擷取自秋吉．林巴名為《密主金剛部》（*Vajra Club of the Lord of Secrets*）的伏藏寶藏，並要求康楚持誦一些咒語。那是他們之間第一次結法緣。

秋吉．林巴堅持說：「你必須進行這項修持，沒有任何方法可以恢復你的視力！」康楚閉關完成持誦密續本尊咒語之後，病痛就完全痊癒了。

當康楚講述病痛痊癒的故事時，秋吉．林巴回覆道：「你的身體確實康復了。你過去世身為偉大譯師毗盧遮那的時候，詛咒了聲名狼藉的瑪珍瑪女士（Lady Margyenma），也就是赤松．德贊王那位愛惹麻煩的皇后①。所以現在你必須承受業行成熟的後果。為了符合你過去作為的嚴重程度，所以業果的成熟與你視網膜病變的嚴重性是一致的。這個疾病受到龍眾影響，因此，蓮花生大士為了治療你的病痛，安排了這個特別的金剛手菩薩儀軌。這是我給予你這個特定灌頂的原因。」

從那時開始，康楚與秋吉．林巴對彼此更有信心，且因為幾個吉祥的夢境與淨觀而更加堅定不移。

欽哲、康楚與秋吉·林巴一起旅行過幾次，在旅途中發掘了許多伏藏教法，其中最著名的就是《智慧之光》（*Light of Wisdom*）。這部教法後來在我的教育中扮演了很重要的角色②。

德格印經院

欽哲出生於康區的德格王國。「德格」的意思是「美德與快樂」，傳統上，這地區的歷代國王遵循靈性的準則來統治王國。對佛法而言，這是個良善且完美的地方，處處洋溢著佛法的實踐。幾世紀以來，這些國王創造了傳布佛陀教法最有利的條件，譬如，他們雕刻木刻印版來印製為數龐大的全部佛學作品，包括好幾百部佛陀所傳法教的翻譯《甘珠爾》，以及論典的翻譯《丹珠爾》（*Tengyur*）。這在當時，即使對中藏政府來說，都是一項難以完成的艱鉅任務。

這項龐大的工程是這樣開始的。有一天，當德格國王天巴·策林（Tenpa Tsering）走進盥洗室時，頓時靈光乍現：「也許我可以將全部的佛陀教法刻成木刻印版。」

隨後，當國王探視他的上師錫度·確吉·炯涅（Situ Chökyi Jungney）時，他覺得應該把他的新想法提出來，所以他說道：「我今天有個想法。」

「什麼想法？」上師問道。

「我有一個心願，就是想把《甘珠爾》和《丹珠爾》刻成印經版。您覺得這主意如何呢？會成功嗎？」

錫度・確吉・炯涅答道：「千萬不要放棄這個想法！」

「太好了！」國王同意道：「如果我負責安排雕刻事宜，您可以擔任校對的工作嗎？」

「我會負責校對。」偉大的錫度承諾道。

此後就再沒有更多的對話了。最後，國王也確實將全部的佛典經論都製成木刻印版並付梓。錫度這位著名的偉大學者也校對了印經刻版十三次，這本身就是一項浩大的工程。這也是為何直到今天，我們仍視德格版的佛學著作全集為最高的標準。

偉大的欽哲就是出生在這樣一個靈修環境之中。

偉大的大圓滿上師——龍欽巴

老欽哲是無垢友尊者、赤松・德贊王、龍欽巴（Longchenpa），以及全知的大師吉美・林巴（Jigmey Lingpa）等人合一的轉世。跟秋吉・林巴一樣，也是以七傳承之王著稱。然而，欽哲並非一開始就是大寺院的領袖，而是德格薩迦寺院裡的一個普通出家人③。

早年的時候，欽哲到中藏去，並從許多大師那兒領受了為數眾多的教授。逐漸地，他的才能使他成為一位老師，後來是金剛上師，然後成為夏仲，最後升任為住持。在他第二次探訪中藏期間，他將這些教授的大部分傳給了其他人，所以大家說：「他以前是位弟子，現在成為一位大師了。」

有一次，欽哲在淨觀中見到了偉大的大師傑尊・森給・旺秋（Chetsun Senge Wangchuk）的深刻靈修體驗，在這之後，他寫下了名為《傑尊心髓》（*Heart Essence of Chetsun*）的珍貴教授。在中藏主要的薩迦寺院中，他做了一次文殊菩薩的閉關，經驗到融入自己本尊的心中，「無畏辯說口才的偉大寶礦」自內心證悟的狀態流瀉而出。從此，他宛如成為所有博學之士與成就大師的領袖了。

老欽哲後來建了一座隱修處所，並取了一個優美的名稱「善逝之聚宮」（Gathering Palace of Sugatas），而他後半生都住在那裡。

老欽哲的神通力

老欽哲已經發展出毫無窒礙的神通力。八蚌寺的傑出學者札西・歐色（Tashi Özer）是他的主要弟子之一，向我一位老師講了許多偉大欽哲的故事。以下是札西・歐色所講的其中一則故事：

「有一天，欽哲大聲跟我說道：『哦，我的天啊！堪布，你怎麼有這許多麻煩！從早到晚必須做所有這些工作。』他開始提及我必須做的各項事情；他知道每件事、每個小細節，甚至除了我之外，其他人都不知道的事，『你真的被這些要求壓得喘不過氣來，連一點空閒時間都沒有。』這是真的，我從早忙到晚。」

「又有一天，欽哲．旺波——當時大家都這麼稱呼他——忽然大叫道：『哦，不，太可怕了！』我問他發生了什麼事，『遠處有位禿頭僧人剛才從懸崖掉下去。當他掉下去時，我聽到他呼喊我的名字。當我正在想這件事的時候，不知怎麼地，他被卡在一棵樹的樹枝上。現在，其他出家人正設法用繩子將他拉上來。好了……現在他們把他拉上來了。』

「隔天早上，一位禿頭僧人前來拜訪欽哲，『昨天晚上，我發生了一件奇怪的意外事故。』他繼續解釋說，當他帶著手杖與行囊走在路上時，突然掉落懸崖下，這時他大叫：『欽哲．旺波！欽哲．旺波！』結果就沒有一直往下墜落，而是被卡在一些樹枝上，然後被人用繩子拉了上來。」

「有天晚上，我想要親眼瞧瞧老欽哲是怎麼睡覺的，所以整晚都在他的門外逗留，伺機窺視。但欽哲似乎沒有要上床睡覺的樣子，到了深夜，他鬆開腰帶，放鬆地坐在位子上吐氣。他就只是坐在那兒，眼睛睜得大大地，依然在深呼吸。他也許已經睡著了，也許並未睡著，反正就是張著雙眼，一動也不動地坐了一個小時。之後，他大聲地清了清喉嚨，回到正常呼吸，而清喉嚨的聲音大到足以提示侍者來替他準備早茶。老欽哲就是這麼度過他的夜晚。」

◎

偉大欽哲的住處附近有座薩迦寺院，剛好他們有一位喇嘛圓寂了。那座寺院的喇嘛們相信，欽哲確實可以像看見放在自己掌心上的東西一樣，能夠清楚看見過去、現在與未來，沒有絲毫錯誤或疑惑。所以，他們向他徵詢那位喇嘛轉世的相關事宜。

那些出家人一直堅持說道：「我們必須用盡所有方法找到他，找到他的轉世祖古！」

欽哲答覆他們：「你們不妨忘了這件事吧。我保證，知道了這事對你們沒有幫助。」

「我們絕不會放棄找尋他！」寺院的代表反駁說，沒有獲得答案，他絕不罷休，「我們的老師非常珍貴，請給我們一些關於他下落的明確細節。」

「好吧！到德格某某地方，那裡有戶富裕人家養了非常多頭牛。站在他們屋子附近，以最大的音量呼喊你們喇嘛的名字，你們就會清楚知道你們的『祖古』在哪兒了。」欽哲回答。

那群人往指示的方向出發，抵達了那戶有錢人家的莊園後。他們開始扯開喉嚨，大喊喇嘛的名字。當他們大喊時，一頭犛牛與乳牛混種的小牛放開了母親的乳頭，低吼著：「哞！」並朝他們跑過去，並繞著他們走來走去，不肯離去，讓那群出家人茫然不知所措。回程時，他們中途再去拜訪偉大的欽哲。

「我之前跟你們說什麼？我不是說過一點幫助都沒有嗎？儘管如此，你們的確找到你們的『祖古』了。」

老欽哲習慣詢問每位訪客一個特定的問題。我從囊謙老一輩的人那裡知道這件事，因為在囊謙，每個有時間到德格朝聖的人，無一例外，都會去拜訪老欽哲，向他頂禮。當我還是個孩子時，我母親的伯父已經是位年邁的喇嘛了，他告訴了我這則他去拜訪欽哲的故事。

「那，那，你是從哪裡來的呢？」欽哲首先會這麼說，接著問道：「你為什麼來這裡呢？」

「仁波切，我來看您。」這位老喇嘛回覆道。

「我沒什麼好看的。」欽哲說道，「你見過拉薩的久沃佛像了嗎？」

「沒有，我還沒見過。」這位老喇嘛答道。

「真可惜！實在浪費人身啊！那麼，你接受過《甘珠爾》的口傳了嗎？」

「沒有，我還沒有領受過，仁波切！」

「哦！那實在太遺憾了！在這個時代，久沃佛像與《甘珠爾》就是佛陀的象徵，那是他遺留給後世的東西。一個人如果在死之前沒有見過這兩樣東西的話，我認為就像入寶山卻空手而返。一個即使已經殺了十八個人的大罪人，領受了佛陀的《甘珠爾》口傳之後，你眼前這個老人發誓，這樣的人絕不會墮入下三道。」

欽哲幾乎向每個前來見他的人都這麼說。

◎

欽哲晚年的時候，有一次被一個來自東藏、不懷好意的老人在酸奶酪裡下了毒。他接過了那碗酸奶酪，並且當場把它喝下去。當這個人正要離去時，欽哲叫住他：「喂，我已經吞下你有毒的飲料了，你現在滿意了嗎？」

那個老人驚慌得開始懊悔地放聲大哭。

「請您馬上將它吐出來！」這個老人嚎啕大哭：「我不知道是被什麼邪靈附身了，突然之間我生起了在您食物裡下毒的念頭，而且似乎無法抗拒它。當您喝下那碗飲料時，我才好像從一場夢中醒來。求求您，把毒藥排出來！」

「不，我已經償還了欠你的業債，所以我不會把它吐出來，毒藥的量還不足以置我於死地。我喝下它是為了幫助你。」欽哲說道。

欽哲年輕的時候，一直是個英俊瀟灑、體格壯碩的男子，人們都說他看起來像龍欽巴。但被下毒之後，他就開始生病了，而且未曾完全康復，膚色變得有點暗沉。毒藥也傷了他的喉嚨，常要發出很大的乾咳聲來清喉嚨，授課時也不例外，「這是因為被下毒的緣故，但我並沒有被毒死。」他會對好奇的人解釋道。

欽哲風範

我祖母在孩提時曾見過這兩位大師，有一次她告訴我：「偉大的康楚既不高也不胖，但有個突出的鼻子，非常挺直且方正。老欽哲則長得很高大，還有著一雙大眼睛。」

我父親稍後補充說道：「秋吉·林巴與其子旺秋·多傑雙雙過世後，我也跟著德嘉佛母、我母親，以及一些兄弟去探訪老欽哲。當我們接近他的住處時，我們發現這位偉大的大師已經來到外面，手持傳統的香與白圍巾[4]迎接德嘉佛母，這是表達深切敬意的不尋常表現。老欽哲拿著香帶頭，護送我們走進他那間非常小的房間。桑天·嘉措和你德喜叔叔也都在那兒。我記得在那小房間裡，欽哲看起來比實際還要高大，還具有威儀。」

我父親繼續說道：「欽哲正在為我祖母進行灌頂。他旁邊有一具可攜式的暖爐，上頭有個水壺正在煮茶，還有一個由獸皮製成的康巴式風箱。當欽哲進行灌頂的時候，每隔一段時間，他就會伸出手煽一煽火。他有個大碗，灌頂中途，他放了兩湯匙的糌粑（曬乾的大麥粉）與乾乳酪到碗裡，接著倒了一些熱茶進去，然後當場就用他的大骨匙用起餐來。他不喝酥油茶，只喝紅茶。」大家也許知道，西藏的傳統習慣是，當一位喇嘛在慶典中喝茶的時候，一定會脫下帽子，但老欽哲是個瑜伽士，當他吃東西的時候，帽子還留在他頭上。

「在那間小房間裡，他是個氣勢宏偉的人物。」我父親補充說：「爐火讓整個房間變得非常溫暖，我就坐在暖爐附近。他只忙著自己該做的事，空閒的時候就吃東西、喝茶，看起來非常安適。」

欽哲是個偉大的成就者（siddha），有著不可思議的高深證悟層次。然而，也許就因為他身居「法王」地位，統理的靈修活動範圍廣大，所以當他離開人世時，並未示現虹光身（rainbow body）⑤。

接下來要說的，就是他圓寂時的情況。

終其一生，老欽哲從來沒有空閒過，最起碼，他通常會左手拿著念珠，持誦不同的咒語。有一天，他跟侍者說道：「一個人臨終的遺言應該要像敏珠林寺（Mindrolling）偉大的大師德達・林巴（Terdag Lingpa）一樣。」

「那是什麼呢？」老欽哲的侍者問道。

所見、所聞、所知——天眾、咒語、法身——
三身、智慧的遊戲，它們無礙地相融了。
在此深奧而秘密的偉大瑜伽修持中，
讓它們成為心的一味、無二之境！

當持誦至最後一句時，老欽哲將念珠收起來，放在合適的地方，然後將背挺直，就停止呼吸了。

康楚經常這麼形容老欽哲：「蔣揚．欽哲．旺波是唯一能夠真正分辨何者為佛法，何者不是佛法的人。」所有重大事情，康楚都會徵詢他的意見，稱他為「究竟的班智達」。就這方面而言，欽哲、康楚，與秋吉．林巴這三位了不起的大師，欽哲是其中最重要的一個。

所以當欽哲圓寂時，康楚驚呼欽哲的另一個名字：「全知全能的多傑．日吉（Dorje Ziji）已經離開我們了！現在我們被遺留在一片漆黑之中，無法知曉對與錯！」

欽哲先前已清楚交代過，圓寂後不要任何人保存他的遺體。他解釋說：「不要保留我的遺體，我要火化，因為在這個末法時代，不應再保留整具遺軀作為法體（Kudung，即聖骸）。的確，這是早期處理一些大師遺體的習俗。但從現在開始，我認為所有的喇嘛都應該要火化。」

比老欽哲先圓寂的秋吉．林巴的遺體則是經過特別處理，那是因為蓮花生大士曾在伏藏預言中，描述秋吉．林巴的遺體應該如何防腐處理，並奉祀於一座黃金佛塔裡，所以完全依照指示去做。

然而，欽哲與康楚兩位都是火化，噶美堪布、札西．歐色、偉大的米龐（Mipham），還有康區當代所有偉大的喇嘛都是如此。我相信這種轉變是中國共產黨很快就要摧毀一切的早期跡象。但欽哲並未提及此事，他只說絕不要保存法體。

佛教典籍的偉大譯師——毗盧遮那

結合三位大師心力的《伏藏珍寶》

康楚被視為蓮師來到西藏時的傑出譯師⑥毗盧遮那的轉世，而毗盧遮那則被認為是大日如來（Buddha Vairochana）的化身。

康楚具有發掘大量伏藏寶藏的能力。有次他找到了一部蓮師的預言書，裡面預示他——康楚——將會著作五部偉大的寶藏教法。依他的看法，較古老的伏藏具有至高的價值，所以他希望可以全部收錄成為一部集要，稱為《伏藏珍寶》（*Treasury of Precious Termas*），內容涵蓋瑪哈、阿努與阿底瑜伽⑦三內密續。

所以康楚託人送信給秋吉．林巴：「你時常親見蓮師本人，可否請你請示他，我是否可以編纂《伏藏珍寶》？」

秋吉．林巴很快就回覆道：「我問了蓮花生大士，他說：『太棒了！』既然他這麼說，你就務必要進行這項工作。」

當康楚進行這些伏藏典籍的收錄工作時，許多前代伏藏師的伏藏傳承已經失傳，有些甚至在幾世紀以前就已經消聲匿跡了。欽哲振興了這些伏藏教法，稱為「重掘伏藏」（rediscovered treasure），並透過這種方式為《伏藏珍寶》補足了散佚的重要部分，而秋吉．林巴則是向蓮花生大士請求准許的人。因此，現在這部極為重要且著名的《伏藏珍寶》集要，是結合了這三位大師的心力⑧。

老康楚的轉世噶瑟．康楚（Karsey Kongtrul）是第十五世噶瑪巴馳名的兒子，也是我的老師之一，負責管理位於札里般寶石岩的圖書館。他仍保有康楚請求秋吉．林巴徵詢蓮花生大士關於《珍寶》一事的往來信函。有一次，當噶瑟．康楚口傳這部《伏藏珍寶》的時候，他當著第十六世噶瑪巴的面前，告訴了我上面這則故事。

米龐與康楚

就如有一則關於康楚與博學之士米龐之間的故事所顯示，在學識這方面，康楚幾乎是無人能及。

就在米龐著作完成了《因明摘要》（*Summary of Logic*）這部複雜難懂的哲學作品後，將

著名的學者米龐

之帶到康楚面前，想聽聽他的意見。

康楚評論道：「它看起來像是部極為精確且清晰的作品，但說實在的，我不是該下斷語的人，我不太懂佛教因明學，因為我從來沒有研讀過這個科目。你是個深諳實證學識之道的專家，但我確信它是一部非常好的作品。」

米龐可不接受康楚的這種謙遜之詞，所以請求道：「求求您，仁波切！請給我這本書的口傳。」

「我怎麼可能那麼做？你才是這本書的作者。如果是我寫的書，我可以給你口傳，但應該是你口傳給我才對。」康楚如此答覆。

所以，米龐順從地大聲唸出這本書的內容，最後，康楚突然大聲喊道：「哈哈！讓我試著解釋它的內容。」

「請您解釋吧，仁波切！」米龐回答說：「也許您並沒有讀過很多因明的東西，但您一定知道它的涵意。」

「不！不！」康楚堅持：「我既不知曉文字，亦不通曉意涵。但今天天氣很好，我心情也很愉快，所以讓我試著闡釋它的內涵。」

當康楚解釋完之後，米龐目瞪口呆，「仁波切，您如何能在未曾研讀過因明的情況下，給予如此精妙的闡釋呢？」米龐問道。

康楚說道：「其實，我並非完全未曾研讀過因明，因為我前世是薩迦班智達，曾深入而廣泛地研讀過它。實際上，當你讀這本書的時候，它全部湧上我的心頭。我並不常有這樣的能力，所以想在我驚鴻一瞥尚存之際，跟你解釋這些內容。」

經過這次會面之後，米龐開始以嶄新的眼光看待康楚，對康楚的讚賞與信任也增長了。正如米龐所解釋：「我們在智識上的理解力是全然不同的，那個人的學識延伸至過去好幾世，完全不同於一般學者只在這一世零散地研讀過幾本書。」

學者札西．歐色跟隨著名的巴楚（Paltrul）學習之後，評論道：「這世上怎麼可能會再有像巴楚這樣的喇嘛存在呢？他的學養與成就令人不可思議！」後來，跟隨欽哲學習之後，札西．歐色又說道：「不可能有人比欽哲更殊勝的了！」最後，當他跟從康楚學習後說：「太棒了！這個人真是舉世無雙！」

有一天，札西．歐色逮到機會問欽哲：「仁波切，我是您們三位喇嘛的弟子，我在您們三人身上察覺到的，全都是偉大的品德。請告訴我，如果真要做比較的話，您們之中誰最博學多聞呢？」

「無庸置疑，巴楚最博學多聞。」欽哲答道。

「您們三人之中，誰帶給眾生最大的利益呢？」

欽哲回答：「康楚身為譯師毗盧遮那的人身化現，沒有人像他一樣帶給眾生那麼大的利益了。」

這名學者又再問道：「那您們三人之中，誰具有最高的證量呢？」欽哲挺起胸膛、揚起頭，不帶一絲矯飾或一點自鳴得意的神情宣布道：「嘿！證量最高的人？就是我！我是最棒的。」

多位轉世化身，利益無量眾生

當老欽哲圓寂時，第十五世噶瑪巴在淨觀中見到老欽哲不僅只有一位轉世，而是會出現廿五位化身，每位化身都體現了廿五面證果的其中一面，也就是在身、語、意、功德與事業上，都會有五個化身。而在這些化身當中，有五位主要的轉世會被認證出來並陞座。這也是為何現在我們看到很多轉世祖古都叫「欽哲」的原因。

據說這些令人讚歎的欽哲轉世，事業連綿不絕，亦即當一位欽哲圓寂後，另一位欽哲就接替住世，就像日落之後，月亮隨即升起。當欽哲離世之後，好幾位轉世祖古接手他的佛行事業。從我們的角度來看，當他們其中一位融入並回到佛國淨土時，另一位化身就出現了，有時甚至比上一位化身更加出色。偉大的欽哲圓寂之後，同樣令人崇敬的宗薩．欽哲住世；當宗薩．欽哲離去之後，頂果．欽哲（Dilgo Khyentse）接著便現身於世。

卡恰．多傑（Khakyab Dorje）也在淨觀中見到，康楚圓寂之後，也將有廿五位轉世。這些轉世祖古，即現身於世來利益眾生的「神奇化現」人數，是無法思議的。

對於康楚與欽哲，我只知道這些故事。大家可以在他們兩位的傳記中找到他們詳細的生平事蹟⑨。我並未捏造這些故事，我只是重述從我珍貴的老師們那兒聽到的事情。

①……這則故事在《偉大行者》書中有詳細記載。〔英文編輯麥可・特威德說明〕

②……這部佛法寶藏的藏文原名為《智慧心要道次第》（*Lamrim Yeshe Nyingpo*）。〔祖古・烏金仁波切說明〕

③……位於德格的貢千寺（Gönchen）是座屬於薩迦傳統的寺院。〔祖古・烏金仁波切說明〕

❹……藏文稱「哈達」，傳統藏族弟子迎送上師時，呈上白色絲質的長巾以表敬意。

⑤……超凡入聖的了悟境界可能會讓行者的身體化入虹光中，並以這種形式離開人道。但對一位有許多弟子的上師來說，這種情況並不一定會發生。〔英文口述紀錄者艾瑞克・貝瑪・昆桑說明〕

⑥……在典籍中，康楚常被敬稱為「蔣貢・康楚・羅卓・泰耶」（Jamgön Kongtrul Lodrö Thaye）。想更瞭解這位不可思議大師的生平故事，請參閱《蔣貢・康楚自傳：多彩珠寶》，雪獅出版社。

⑦……這本書我們引用《仁千德左》（*Rinchen Terdzö*）的英文譯名《伏藏珍寶》（*Treasury of Precious Termas*）。〔英文口述紀錄者艾瑞克・貝瑪・昆桑說明〕

⑧……蔣揚・欽哲・旺波以「重掘伏藏」，即再度將伏藏法寫下來、授予灌頂與闡釋教法的方式，「振興」了一部分這些珍貴的教法。由於他傑出的了悟境界，且身為一位伏藏師，他能取得昔日伏藏師的所有伏藏，並隨心所欲地將它們寫下來。康楚將大部分的重掘伏藏（揚忒，yangter）都收納在《伏藏珍寶》裡。〔英文口述紀錄者艾瑞克・貝瑪・昆桑說明〕

⑨……前面已經提過《蔣貢・康楚自傳：多彩珠寶》這本傳記，而蔣揚・欽哲・旺波中等長度的傳記，則收納在敦珠仁波切（Dudjom Rinpoche）的著作《寧瑪傳承史記與根基》（*The Nyingma School, Its Fundamentals and History*），由吉美・多傑（Gyurme Dorje）翻譯，智慧出版社（Wisdom Publications）出版。〔英文口述紀錄者艾瑞克・貝瑪・昆桑說明〕

第7章

佛行事業之主——第十五世噶瑪巴

欽哲與康楚圓寂之後，沒有人像第十五世噶瑪巴卡恰．多傑那樣，不遺餘力地傳布秋吉．林巴的《新伏藏》。

傳統上，噶瑪巴圓寂之前，都會寫下描述下一位轉世將出生於何處的預言信。所以，在上一世噶瑪巴所寫的預言信指引下，卡恰．多傑年幼時就在中藏的藏省（Tsang Province）被一群喇嘛所組成的尋訪團尋獲。秋吉．林巴在一份獨立的預言書中，也指向了同一個孩子，進一步確證了卡恰．多傑的身分。

卡恰．多傑從年幼時開始，就顯得卓越不群。當他還很年輕的時候，有人請他為家鄉附近的一座寺院開光。「我會在十二月的第一天為它開光。」他答覆道。

當時，他駐錫在楚布寺，距離他受邀開光的寺院有相當長的一段路程。但他並沒有親至該地，而在選定開光日的當天早上，要了一個有蓋子的盆子。他告訴侍者說：「我今天要為遠處的一座寺院開光！」侍者當時以為他在開玩笑。

當他堅持要兩名侍者拿著盆子繞行楚布寺時，他們還漫不經心地跟他胡鬧。年輕的噶瑪巴沿著楚布寺行走，並將穀粒丟進盆子裡。後來，住在遠處那座寺院附近的一些人旅行至楚布寺時表示，就在那一天，有穀粒自天空落下，彷彿下了一陣小雨一樣。

伏藏物的神奇顯現

卡恰．多傑長大後，不但成為學問淵博的人，也展現了許多神蹟。他也是能夠同時取掘巖伏藏與心意伏藏的伏藏師。

有時候，伏藏物會突然熱騰騰地出現在噶瑪巴手上，有時候還會自行移動，這現象在他前往阿尼（Amnye）地區的旅途中，就曾發生過一次。他從當地一個靈體那兒收到一部伏藏，當他拿著它的時候，它仍然相當燙手，燙到當噶瑪巴將它擺在桌上的時候，其他碰觸到它的人都被燙到。當我在楚布寺時，所有這些伏藏物都還保存在那裡。

噶瑪巴不需要到外面某處，譬如洞穴中尋找伏藏，而是那些保管伏藏物的靈體會拿到噶瑪巴面前。楚布寺裡的護法會將存放伏藏物的盒子，放在噶瑪巴正前方的桌上。

我看過一件存放在神聖珍寶箱裡的伏藏物：一尊極不尋常的蓮花生大士雕像，一半的身體由青銅材質做成，另一半身體則由純水晶製成。我從未見過類似的雕像。我還看過許多神聖的普巴杵（Kilaya dagger），以及其他蓮師雕像，我也得知噶瑪巴取得這些物品的時間，以及從什麼人那裡拿到的。有一支普巴杵是由隕鐵所製成，頂部則是水晶，也都非比尋常。還有許許多多像這樣，我從未曾在別處見過的精美寶物。

噶瑪巴有時候會在淨觀之中，突然看見裝有伏藏的盒子出現在空中，朝他飄過來，其他人偶爾也會看見這些飄浮在空中的盒子。這情況曾經在噶瑪巴前往距離楚布寺幾天路程的雅魯朝聖途中發生過一次。當他正騎在馬上的時候，裝有伏藏的盒子開始在半空中繞著他打轉，好幾位侍者也都看見了這些盒子。

「今天有邪靈惡意攻擊我們。」其中一位侍者事後議論道。

「我不確定它有多惡意。」噶瑪巴回覆道。

噶瑪巴與伏藏師的神聖聯繫

噶瑪巴是佛行事業的化身，所以當一位伏藏師與他產生連繫的時候，這樣的行為本身就會增強伏藏教法的傳布。縱覽伏藏師的歷史，一再顯示的是，如果有位噶瑪巴對一位伏藏師表示敬意，那麼噶瑪巴的影響力與加持就會讓這位伏藏師及其教法，毫無疑惑且無爭議地被每個人接受。這就是為什麼重要的伏藏師都必須與噶瑪巴有所連繫，不然的話，這位伏藏師就有可能被人稱為瘋子或騙子。

但是，儘管噶瑪巴發掘了許多伏藏，他本身卻似乎從未寫下與那些伏藏教法相關的典籍。噶瑪巴有一次解釋說：「有欽哲、康楚與秋林發掘出為數豐富的伏藏教法，我就沒有必要再增添任何新伏藏了。」

楚布寺的內堂裡有四十個箱子，裡面裝有許多不同伏藏守護者交給噶瑪巴的神奇物品，它們都代表了佛的身、語、意。當噶瑪巴展示這些靈性寶藏給我伯父桑天・嘉措看的時候，他再次強調：「有些教法是可以寫下來的，但我並沒有這麼做，因為我不需要跟這三位偉大的伏藏師相比較，我認為他們的伏藏法並沒有不完整或需要修正的地方。」

桑天・嘉措告訴我：「卡恰・多傑是位不可思議的偉大大師。我確定他能夠了知三世，就像置於他掌心上的東西一樣清晰。」這種殊勝的神通力讓噶瑪巴在有生之年，辨識出了將近一千位轉世祖古。

因為桑天・嘉措與卡恰・多傑私交甚篤，所以我伯父即使要問非常私人的問題，也不會感到不安，有一次他問噶瑪巴如何知道轉世祖古投生於何處。噶瑪巴解釋說，雖然具有了無窒礙的神通力，但他也不是一直能夠完全掌握。有時候還沒有任何人請示訊息之前，他就已經事先知道某位喇嘛即將圓寂，並且將在何處轉世。之後，當負責找尋祖古的弟子來到他面前，請示關於喇嘛的事情時，他早已將祖古圓寂與轉世的細節都寫下來了。

有時候卻是，當有特別的請求，並透過數個修持中的任一個以生起吉祥的緣境時，他就只能看見投生的狀況。而在少數狀況下，即使人們請求他協助，他也無法看見任何東西。他仍會嘗試，但至關緊要的實際情況卻是「遮蔽在一團迷霧中」。他說，這是過世的喇嘛與弟子之間有問題的徵兆，譬如，如果這位喇嘛的追隨者之間有爭鬥或不合的情形，他下一世的下落就會模糊不清，籠罩在一片霧氣當中。

他解釋道：「認證祖古最糟的障礙，就是上師與弟子間不合。在這種狀況下，沒有解決辦法，下一世祖古的投生情況就無法預見。」

迎請佛母

噶瑪巴被認為是重要的伏藏師，為了「揭開伏藏寶箱」，他有正當理由迎納佛母①。但是，噶瑪巴通常是出家人，所以對於迎納佛母一事，一時間無法接受；事實上，還認為這件事非常不恰當。由於噶瑪巴不願意發掘伏藏或迎納佛母，因而陷入重病。有些人說，這是空行母對沒有履行任務的潛在伏藏師所施予的懲罰。

不管原因為何，到最後，許多傑出的大師都勸噶瑪巴要迎納佛母。他們乞求道，如果不這麼做的話，他將英年早逝。他的第一位佛母是位來自中藏貴族世家的長女。蓮花生大士曾在預言中說道，她是噶瑪巴為了發掘伏藏而迎納的佛母。後來，他也娶了這位佛母的妹妹。

到了更後來，當噶瑪巴再次生病的時候，在一位來自色芒（Surmang）的伏藏師所發掘出的一部伏藏法中②，出現了一份蓮花生大士的預言書，內容提到，如果噶瑪巴接納某位空行母示現人身的年輕女子，他的壽命將可延長三年。

噶瑪巴派遣了一個尋訪團去探訪這名年輕女子，辨認出她之後，邀請她一起回到楚布寺。她被稱為康卓·千嫫（Khandro Chenmo），意思是「偉大的空行母」③。噶瑪巴將她迎納為佛母，而她也的確延長了他將近三年的壽命；只要噶瑪巴一生病，她就會受邀探視他，而

楚布寺的「偉大空行母」康卓．千嫫。

幾天之內，他就會康復。這種情況持續了整整三年。延長噶瑪巴壽命的利益是難以思量的。

康卓．千嫫長得非常漂亮，而且也成為一位令人讚歎的修行人；她是個慈愛與慈悲的人，對佛法充滿了虔誠心，並具有難以一窺究竟的靈修深度。當她晚年的時候，我與她頗為熟識。我廿六歲時與她初次在楚布寺相遇。三年後，還有更後來，我都在隆德寺（Rumtek）見到她。她逃離西藏兩年後，在隆德寺離開人世，前往肉眼無法看見的世界。她是個非常特殊的生命體，一位真正的空行母；她的一生幾乎都在閉關修持儀軌、持誦咒語，達到極其深刻的體驗與了悟層次。這絕非道聽塗說，我可以為此事做見證。

桑天．嘉措對她懷著崇高的敬意，他有一次跟我說：「當我去拜訪噶瑪巴的時候，她時常也在那裡。見到她的感覺，就像親見女性成佛者度母一樣；她是化現為人身的尊貴度母，是真正的空行母。」她也非常喜歡我伯父，每年都會請人送禮物到康區給他。

大家都對康卓．千嫫都極為恭敬，好似她是位偉大的喇嘛；不論她前往何處，消息都會散播開來，然後有數以千計的人會前去見她。她曾應不丹（Bhutan）皇室的邀請前往不丹旅行，當她到甘托克（Gangtok）探訪宗薩．欽哲的時候，宗薩．欽哲還親自出來迎接她。在特殊慶典中，她通常會被安排坐在和欽哲以及康楚同樣高的法座上，但她自己從不聲張這種事。

康楚投生

傑出的學者札西．歐色曾經是康楚的侍者，他告訴我噶瑪巴最後一次跟他老師康楚見面的情形。會面的地點就在康楚位於八蚌寺上方的閉關處④。

「離開之前，我來此跟您致意。」噶瑪巴說道。

「哦！如果您要離開的話，我或許會到你的房子裡住上一段時間。」康楚回覆道。噶瑪巴心想，康楚雖然並沒有說什麼，但他或許是在暗示，他將以噶瑪巴之子的身分再度住世。

就像我之前提過的，依照傳統，往生喇嘛的寺院會派遣一位地位較高的僧侶前去徵詢噶瑪巴（或另一位獲得高深證悟的大師），要到何處尋找轉世祖古。康楚圓寂之後，這個任務碰巧落在札西．歐色身上；他一路遠行到楚布寺，請示噶瑪巴關於康楚的轉世下落。

「請您給我們關於祖古出生於何處的指引。」他請求道。

卡恰．多傑沉默不語，所以札西．歐色又問了一次：「我是他的主要弟子之一，您必須告訴我，我確信您知道。」

噶瑪巴仍然不發一語，但這並未讓這位傑出的學者就此放棄。他堅持噶瑪巴一定要告訴他答案，最後噶瑪巴承認道：「好吧，偉大的康楚已經轉世為我兒子，但我無法也不敢把我根本上師轉世為我孩子的訊息傳回去！」

札西．歐色反對道：「難道您不記得了嗎？我們偉大的金剛持有者（vajra holder）明確地說他會『到你家住』時，我也在場。難道您沒有用耳朵聽他說話嗎？難道您並非真心稱康楚為您的根本上師嗎？所以告訴我，您要直接違抗他說的話嗎？」

這是札西・歐色說服別人的典型論調，讓人難以辯駁。我不知道他們持續爭論了多久，但札西・歐色最後成功地把噶瑪巴的兒子帶回康區的八蚌寺，以老康楚轉世的身分陞座。

桑天・嘉措將《新伏藏》傳授給噶瑪巴，包括完整的灌頂、口傳與教授，或者以我伯父的說法，「以曼達供養的方式呈現給他」[5]。此時，為了儀軌本身，也為了灌頂儀式，必須作幾項必要的安排，因為這個法既非由秋吉・林巴或其子哲旺・札巴（Tsewang Drakpa），也不是由欽哲或康楚所編集成典。

因為這些安排對極具重要性且深奧的伏藏教法是不可或缺的，所以桑天・嘉措請求噶瑪巴將這些經文寫下來。噶瑪巴仁慈地同意了這件事，並將這工作指派給其親近弟子，即傑出的喇嘛蔣巴・簇清（Jampal Tsultrim）來完成。

當噶瑪巴進行灌頂的時候，每個人都寄宿在築於楚布寺上方，高處於懸崖上的閉關中心蓮花大鵬金翅鳥堡壘（Lotus Garuda Fortress）。他們通常會徹夜長談至午夜時分，德喜叔叔與桑天・嘉措才會回到各自的房間。

當時，噶瑪巴早已寫下了他未來轉世的預言信。不過，因為他的壽命已藉由第三任佛母的協助而延長了三年，所以他必須另寫一封預言信。

一天晚上，當他們正在談話的時候，桑天・嘉措突然問道：「您曾在您的下 一個轉世的預言書中說到，您會轉世於丹豁（Denkhog）地區的頂果家族。當時您是在病榻中，但您後來並沒有死，而且也康復了。然而，您終究有一天會往生，屆時您仍會出生在同樣的地方嗎？如果不會的話，您將出生於何處呢？」

坐在桑天．嘉措旁邊的德喜叔叔對這個問題感到很生氣。德喜叔叔後來告訴我說：「他真的那樣問！問這樣不吉利的問題！我真的很生氣，心想：『為什麼一定要在噶瑪巴還活得好好時問那樣的問題呢？他心裡在想什麼？他中了什麼邪？實在是很不得體。』

「噶瑪巴完全緘默不語，靜默的時間愈來愈長。我想他是在生氣，怎麼會不生氣呢？那時我真的很害怕。我們只是坐在那兒，噶瑪巴不再跟我們說話。他坐在那兒好一會兒，一句話都不說。」

「最後，噶瑪巴打破沉默：『之前所緣的時間和地點已經消失不見了，我不會出生在頂果家族。』」

桑天．嘉措聽到這席話後的反應就只是合掌說道：「是的，我知道了。」然後也沉默了一段時間。但接著他又發問了：「那麼，如果是這樣的話，您將投生於何處呢？」

德喜叔叔試著用手肘輕推桑天．嘉措的大腿，想阻止他再度問這麼無禮的問題，但已經太遲了。「問噶瑪巴關於他自己死亡的問題，真是不吉利啊！」德喜叔叔心裡這樣想著。

但噶瑪巴似乎處之泰然，就事論事地答道：「我將轉世於離那裡不遠處的東方。如果你熟悉丹豁地區的話，一定也知道頂果莊園往東，就坐落著具有影響力的阿多（Ado）家族。我將會出生在那個家族。」

德喜叔叔只是保持他一貫的沉默，但將這個訊息牢記在心上。

噶瑪巴就是這樣的一位大師。

轉世祖古的紛爭

桑天・嘉措離開楚布寺之後，噶瑪巴召喚了蔣巴・簇清、堪布雷謝（Khenpo Lekshey），以及主要的佛母康卓・千嫫這三位親信到身邊，並拿出一個信封說道：「你們三個之中有一人必須要保管這封預言信。缺它不可的時機將會來臨，到時再讀它。但在那之前，只要緊緊看好它就行了。」

「我無法保管這封信。因為我還太年輕，不能承擔這項重大責任。」康卓答道，當時她只有十九歲。

堪布雷謝說：「我也不敢承擔這個責任。」

他們倆人轉身向著蔣巴・簇清，異口同聲地說道：「由你保管！」

所以蔣巴・簇清將那封信收進他掛在脖子上的聖物盒裡保管。

大約一年之後，偉大的噶瑪巴終究離開了他的身軀。四十九天期間，舉行了許多儀式。隨後蔣巴・簇清受邀至敏珠林寺（Mindrolling）傳授《卡恰・多傑選集》（*Collected Works of Khakyab Dorje*）的口傳。在這之後，他直接前往位於遙遠東北方的家鄉果洛（Golok）四到五個月時間。

在此同時，拉薩政府派遣代表到楚布寺，要求看預言信：「依照你們的傳統，噶瑪巴一定會留下他下一世將轉世於何處的明確描述，我們想看看！」

他們找到了先前的那封預言信，但也注意到噶瑪巴已經在信件末尾加註了一句話：「這裡所說的因緣已經消失了。」大家開始手忙腳亂地尋找另一封信。

蔣巴．簇清已經離開了，堪布雷謝正在進行嚴格的閉關，不准與外界接觸，康卓．千嫫則傷心欲絕，沒有人會想到要詢問她關於信件的下落。尋訪團快速地翻遍了卡恰．多傑的每一本書，甚至拆開了他的床墊，但他們當然找不到東西——脖子上掛著存放那封信的盒子的蔣巴．簇清，不受影響地正在遙遠的果洛漫遊著。

最後，楚布寺的高層被迫承認他們並沒有那封信。不久之後，第十三世達賴喇嘛（Dalai Lama）的辦公室發表了正式聲明，說噶瑪巴的轉世已經出生為拉薩一位閣員的兒子。

這個消息一路傳到了果洛。蔣巴．簇清一聽到這消息，隨即縮減了停留的時間，火速趕回楚布寺。一抵達楚布寺，他馬上大喊道：「為什麼說沒有預言信？它就在我手上！」然後打開了他的聖物盒，把信件拿給楚布寺的秘書長看。

「你是佛法的敵人！你怎麼能做這種事?!」秘書長生氣地大喊：「你應該馬上被丟進牢裡！」

「如果這麼做對事情有所助益的話，就隨你高興把我丟進牢裡吧。但是，信件就在我手上，這是千真萬確的。」

「真是一場災難啊！西藏政府已指定了另一位轉世祖古。我們現在該怎麼辦？」秘書長一臉茫然地問道。

他們馬上差遣一名使者火速趕到位在遙遠康區八蚌寺的偉大錫度（Situ）那裡。在當時，因為當時噶瑪噶舉（Karma Kagyu）與竹巴噶舉（Drukpa Kagyu）的關係非常融洽，所以也派了一名使者前往徵詢竹千・蔣貢（Drukchen Jamgön）的建議。此外，也尋求其他受敬重的喇嘛們的意見。

有位喇嘛強調了與西藏政府間關係和諧的重要性，但據說竹千持有不同的看法：「如果噶瑪巴不是正確的人選，那麼未來就很難有機會正確認證出噶舉傳承的轉世祖古。」所以，他建議所有寺院都要舉行祈請護法加持的盛大儀式。於此同時，也派遣了一個代表團到拉薩，告知政府有關剛發現信件的事，並附上信息：「我們已經找到了噶瑪巴的預言信，而且是真實無偽的。」

中央政府的官員回覆道：「一開始你們說沒有預言信，現在又說有預言信。達賴喇嘛的辦公室已經發布聲明表明立場，不能更改了。」

雙方的請願書與拒絕函往返了一整年。之後有一天，那位閣員的兒子在布達拉宮（Potala）附近的屋頂玩耍時，從屋頂掉了下來，骨盆破裂。在那個時代，這種傷勢很嚴重，那名男孩也很快就因為併發症而身亡。這時候，楚布寺被要求派出尋訪團，尋找另一名祖古的可能人選。

既然噶瑪巴已經以美麗的詩句寫下了極為精確詳細的預言信，所以楚布寺只提交了一名可能人選，就是信件中指明的那一位祖古。拉薩政府回覆道：「你們不能只提交一名可能人選，那跟你們決定誰是祖古過程是一樣的。如果你們要求我們做決定，這是傳統作法，你們就必須提交二至三名不同人選，讓我們來決定哪一位才是祖古。」

楚布寺再次陷入大騷動，會議一個接著一個召開。

康區另一位重要的喇嘛——八蚌寺的欽哲，不但非常有智慧，也非常聰明。他想到了一個規避拉薩高傲官員的方法，「以父親兒子的名義當作一位候選人的名字，」他建議：「另一位候選人就用母親兒子的名義。」所以他們將同一個人選寫了兩個名字，送到政府手上靜待回音。終於收到回音：「正確的祖古是母親的兒子，不是父親的兒子。」

這是正宗第十五世噶瑪巴的轉世祖古，經歷過許多試煉與磨難之後，終於在楚布寺陞座的過程。

每當思及第十五世噶瑪巴卡恰．多傑時，我心中就充滿了驚奇！他所具有的神通力竟是如此無遠弗屆！

①…伏藏師為了「揭開伏藏寶箱」必須迎納佛母，因為佛母修持（consort practice）與了悟有著深切的關係。伏藏法基本上是被隱藏在伏藏師心間「無法摧毀的境地」，當伏藏師在過去世接受蓮花生大士本人傳承時，被封緘在他生命之流中，無法磨滅，現在需要不尋常的瑜伽修持才能讓它浮現。不這麼做的話，常會引發空行母的憤怒，因為這代表伏藏師忽視了往昔為利益眾生所立下的誓言。〔英文口述紀

錄者艾瑞克·貝瑪·昆桑說明〕

②…伏藏師吉農·南開·多傑（Zilnön Namkhai Dorje）是敦珠仁波切主要的老師之一，曾短暫地現世於第十五世噶瑪巴之前，被視為真正的伏藏師。他的伏藏包含了一些未來的預言。〔祖古·烏金仁波切說明〕

③…當尊敬地稱呼她時，她的全名是「烏金·鄒摩（Urgyen Tsomo），楚布寺偉大的空行母」（楚布·康卓·千嫫·烏金·鄒嫫），因為她就出生於楚布寺後方的山谷裡。〔祖古·烏金仁波切說明〕

④…此處為第一世康楚的隱修處，稱為「札里般寶石岩」，藏文為「薩札·仁千·札克」（Tsadra Rinchen Drak）。〔英文口述紀錄者艾瑞克·貝瑪·昆桑說明〕

⑤…這種說法顯示了桑天·嘉措對噶瑪巴的深切敬意，同樣的說法會用在供養佛或菩薩的情況。祖古·烏金仁波切也提到，他的上師曾經評論此事：「過去我無法拒絕第二世康楚，所以我如何能拒絕噶瑪巴呢？而且，如果卡恰·多傑沒有接到《新伏藏》法，那麼它未來的延續將會岌岌可危，因此我必須同意。」〔英文口述紀錄者艾瑞克·貝瑪·昆桑說明〕

第 8 章

靈修之子

秋吉．林巴的眾多弟子都是卓越的大師，其中最傑出者，就是學識淵博的學者噶美堪布；他被視為是來自印度沙霍（Sahor）的傑出班智達，也是第一位因興建桑耶寺而受邀至西藏的大師——寂護大師的轉世。

噶美堪布一開始是噶舉派修行人，也是噶瑪巴三個道場之一的噶瑪寺主要「堪布—戒律師」，也就是住持以及首席教師。

他絕不是個普通人，蓮花生大士在其所著的古老伏藏中，就曾預言他會成為秋吉．林巴的主要弟子；他是秋吉．林巴極為虔敬的追隨者，並且獲致極高深的證量。然而，即使大家公認他與十五世紀著名大師噶瑪．恰美一樣博學多聞，他仍擔任秋吉．林巴的侍者。近代最傑出的大師之一——博學的敦珠仁波切（Dudjom Rinpoche）就對噶美堪布的著作印象深刻，有次敦珠仁波切告訴我：「這個世界能有像噶美堪布這樣的人存在，實在是太美好了。」

我祖母跟我說：「當我仍年幼，去見我父親的時候，如果噶美堪布跟他一起待在裡面的話，我就會跟母親抱怨說：『我們現在沒機會見到父親了。噶美堪布剛溜進去，他一定會待在裡面至少一、兩個小時！』」

「他似乎有問不完的問題，而且總是攜帶著一瓶銀製的墨水罐、一支竹筆，以及幾張白紙，所以當他問秋吉・林巴問題時，就可以當場把答案寫下來①。他是位非比尋常的大師，看起來就像傳統壁畫上的十六位阿羅漢（arhats）之一。」

戒行謹嚴的噶美堪布

噶美堪布是個持戒精嚴的僧侶，一生中從未讓肉或酒精碰觸過他的舌頭，據說他的手連輕輕擦過女人都不曾有過，而他的雙唇也未曾吐出一句謊言。

雖然噶美堪布是如此天賦異稟，也跟秋吉・林巴很親近，但他從來沒有從偉大伏藏師那兒親受《大圓滿三部》教法的福氣。對於沒有領受過這個教授，他感到有些沮喪難過，他悲歎道：「秋吉・林巴有這麼多伏藏，但我認為真正的精髓是那部伏藏法，我卻沒有福氣領受。」有人告訴我，他為此事苦惱不已。但伏藏師過世後，噶美堪布淨觀到秋吉・林巴的智慧身，並在那時領受了《三部》（*Three Sections*）完整的灌頂與口傳，這讓他恢復了自信心。

「雖然我運氣不夠好，無法在秋吉・林巴在世時領受《三部》的教授，但我所得到的傳承可是獨一無二的。」他後來這麼告訴秋吉・林巴的轉世②慈克・秋林（Chokling of Tsikey）。

他解釋道：「在秋吉・林巴融入超越色身形體的本空之後，他完美的智慧身出現在我面前，將《三部》的教法完整地傳授給我。因為我是唯一以心傳心領受這個傳承的人，所以，這不只是獨一無二，境界也比你們受領到的傳承還高。由於這個緣故，我現在持有的傳承不能中斷。我大可將它傳授給任何開口要求的人，但我不會這麼做。既然你是伏藏師的轉世，就應該持有兩種傳承，所以我將傳授此灌頂給你，而且只傳給你一人。」③

「噶美堪布就是這種個性的人。」慈克．秋林跟我說這則故事的時候，加上了這一句話。

講到辯經，噶美堪布即使跟老欽哲相比，也是旗鼓相當④。有時候，一場哲學辯論結束，噶美堪布會表現出一副大贏家的樣子，而欽哲則會裝出沮喪的模樣，好像輸掉了價值連城的東西；欽哲還會哀歎自己的失敗，假裝傷心掉淚，把每個人逗得哈哈大笑。

有許多噶美堪布遭老欽哲重創的故事，有一次欽哲甚至朝噶美堪布丟了一個食子，不偏不倚地擊中他的頭部！

但其實他們都只是在演戲，讓大家看見他們好像幾乎每次講話都會陷入爭執的一種戲碼。表面上看來，他們似乎彼此在挑釁對方。但實際上，對任何瞭解實情的人來說，他們其實是利用這些遊戲澄清彼此在體驗上的精微重點，藉以消除障礙，並增強修行道上的進展。

拉薩辯經

我的老師桑天．嘉措是噶美堪布的弟子之一，他告訴了我許多關於噶美堪布的故事，下面要說的這則故事就是其中之一。

拉薩一年一度會設立一個大帳篷，所有主要的學者，尤其是來自三大主要寺院：色拉寺（Sera）、甘丹寺（Ganden）與哲蚌寺（Drepung）的學者，會群聚一堂舉行辯經，看看誰是當年度最佳的辯經者。甘丹寺領袖會坐在一個大法座上，而所有人則一排二十個人，面對面坐在甘丹寺領袖前方。每一場辯經，都辯論到其中一位學者脫穎而出才會罷休。

有一年，這場盛大辯經會正在舉行的時候，噶美堪布恰巧在拉薩。他並不屬於這三座享有盛名寺院的任何一座，但有天早上，他有個奇怪的想法，覺得自己應該去參加辯經比賽，便向侍者宣布了這個想法。

「您為什麼想要這麼做呢？」其中一名侍者問道：「對您不會造成不便嗎？」這是勸他打消念頭的禮貌性說法，侍者認為噶美堪布如果輸掉辯經的話，會很難堪。

堪布堅持：「不會，我一定要參加辯經，我絕不退縮！」

噶美堪布於是就拿了一套用來當做書本封面的木板，並用一些線把它們綁在自己的胸部與背部，象徵他的身體即是典籍，而他則體現了佛法。然後，他把袈裟披在另一邊肩膀上，也用另一手執持念珠，並且，非但不像其他學者戴著尖頂的帽子，反而把頭頂上的帽尖弄平。他觀想秋吉．林巴在頭頂的寶冠上，而他自己則是「語之獅」（Lion of Speech），一種蓮師與文殊師利菩薩無二的特殊形象。他自認為無人能擊敗他，滿懷信心地走進了辯經會場。

輪到他時，他擊敗一個又一個對手。當他終於擊敗所有對手時，發現自己就在甘丹寺法座持有者的面前。法座持有者宣布：「你已經贏了，取得勝利了！」

這真是相當出人意表的英勇事蹟，我懷疑以前曾有任何康巴人得勝過。傳統上，所有對手必須將他們的黃色帽子放在地上，讓勝利者從這些帽子上走過，以作為獲勝的象徵。但在那時候，噶美堪布心想：「每個人對於即使只是一小片具宗教意味的袍子都該表示敬意，所以，如果我踩過這些帽子，就違背了我的誓言。」

所以，他非但沒有採取「勝利者的遊行」姿態，反而走入陰影處，低下頭，並用手蒙住臉，緩步走出會場。但他仍舊對自己感到頗為得意，因為他不但打敗了所有的格西學者（geshe-scholar，即佛學博士），也維護了戒律。

回到康區後，噶美堪布見到了偉大的欽哲，那時欽哲正在探訪倉薩貢巴（Tsangsar Gompa）。互相打完招呼後，噶美堪布說：「我有一些真正的好消息！」然後開始敘述辯經的故事。他驕傲地下了結論：「我甚至沒有走在他們的黃色帽子上！」

一聽到這句話，欽哲一把抓起了一支金剛杵，朝噶美堪布的頭敲下去，「你這個怯懦的膽小鬼！你緊抓著淨戒的概念不放，你大可讓噶舉派與寧瑪派的教授聲名大噪。你那康巴人的勇氣到哪兒去了？難道你對內瑜伽的見地沒有任何信心嗎？你應該是個金剛乘修行人，你的色身就是本尊，你的聲音就是咒語，而你的心就是三摩地，所以你怎能緊抓著這麼低層次的執著呢？你真是徹底的一無是處！」

說完，欽哲又打了他一次。堪布悄悄地溜了出去，好長一段時間都不見人影。

噶美堪布圓寂之前曾經說道：「欽哲仁波切一而再、再而三地打我，有時甚至用他的手掌將我痛毆倒地，一次又一次地厲聲訓斥我。他是藉由打我，為我排除了長壽的障礙。現在我這麼老了，眼睛也看不見了，卻還是死不了！」

當他說這段話時，聽起來好像是在發牢騷，但其實是讚賞之辭。

我相信噶美堪布活到八十出頭，在他位於噶瑪寺上方的隱修處圓寂，然後轉世為我阿姨的兒子。

蓮花生大士曾經預言說，噶美堪布與康楚兩人圓寂時，將會示現虹光身，這是偉大了悟的徵兆。但或許因為他們都不懈地致力於利益眾生，總是忙著指導弟子，所以當他們兩人圓寂時，都沒有示現虹光身。

影響一位修行人是否獲致虹光身的因素很多，舉例來說，噶美堪布的證悟層次的確已達到了所有心靈現象都融入法性的狀態，亦即諸法盡融。但儘管到達這麼高的層次，應該示現虹光身，也就是這種了悟狀態的外顯徵象，但他並未這麼做。

虹光身與弟子的三昧耶

同樣地，秋吉·林巴發掘出的伏藏中，預言了康楚圓寂時將以虹光身離開人世。但這件事也被阻礙了，因為康楚利益眾生的佛行事業範圍涵蓋太過廣大，因此無法示現。造成這種情況的一個主要原因是，當一位上師擁有很多弟子時，他們之中一定有人會破壞一些三昧耶，而毀壞的三昧耶會對上師造成不良的業果，因此會阻止上師示現虹光身。密續教授描述這是「有記的虹光身」，表示虹光身的發生，有賴於弟子與功德主清淨地持守三昧耶。

但也有例外情況。不久以前，納格拉．貝瑪．杜竹（Nyagla Pema Dudul）在他能夠容納五百名弟子的營地中央圓寂時，就示現了虹光身，似乎沒有一位弟子能夠阻礙它的發生。但是，大部分有相同證量層次，也公開、廣泛地指導弟子的其他上師，向來無法獲致虹光身；如果他們的弟子人數少一點的話，或許就會有成就虹光身的可能。

大概這就是為什麼有人教說：「如果你想成就虹光身的話，就不要有太多弟子。」

不可思議的旺秋．多傑

旺秋．多傑是秋吉．林巴三個孩子之一，我們有一篇唱誦文將他描述為賈王（King Jah）「神妙的示現」，意指他是這位印度國王的轉世；賈王在佛陀入滅後，旋即從超越時間的密續教授之王金剛手菩薩處領受了《十八部瑪哈瑜伽密續》（*Eighteen Mahayoga Tantras*）。旺秋．多傑與我祖母貢秋．巴炯是由德嘉佛母所生；秋吉．林巴第三個孩子哲旺．諾布的母親，則是老欽哲的甥女。

持誦過數十萬遍文殊咒之後，再加上前世所接受的訓練，旺秋．多傑展現了令人難以置信的敏銳智識，而其洞悉力也讓人難以形容。有人告訴我，他的證量，即他修道的程度與獲致的次第，甚至高於他身為伏藏師的父親。當旺秋．多傑完全透過自己，任運自然地了悟到

瑪哈瑜伽的大師賈王

心性時，還非常年輕。

之後，當人們請求他給予禪修指導時，他會回答：「我不是能指引你找到心性的人，因為我並非一步步爬著樓梯登上屋頂，而是一躍而上。即使我描述自己禪修的狀態，你也無法理解。」

預言說，旺秋．多傑將會發掘出尚未被他父親取出的其餘《新伏藏》，並確保它們廣為傳布。他具有那樣的功德。

從孩提時代開始，他就能看見神奇的空行文字，彷彿它們就在眼前一般，而當它們自廣空的心間生起時，他也能隨心所欲，將與其相關的教法一起抄錄下來。然而，儘管預言這麼說，他卻從未將這種能力發揮到淋漓盡致。

大家都覺得旺秋．多傑俊美得不可思議，有些人甚至說他具有天神的五官，還說從未見過這麼漂亮的人。他長得高大魁武，而且舉止高雅；頭髮也極為與眾不同，因為他把頭髮留長，並結起髮辮盤在頭上，被人形容為「迷人的寶石頭冠」，意指他的頭髮從未剪過，而每一縷髮絲都住著一位空行母。他的頭髮閃耀著深藍色的光澤，當他洗頭髮的時候，髮絲從來不會打結，即使不用梳子梳理也不打結。

身為秋吉．林巴的兒子兼傳承持有人，依據傳統習俗，旺秋．多傑理應生下兒子傳宗接待並延續傳承。人們說他有一百個情人，不論他到何處，總會有耳語流傳說，想要與這位英俊祖古「身身相連」——一種非常實質的加持——的女孩們，就可以順道來見他。果然，每晚都會有年輕女性在他下榻處排隊等待。

但是旺秋．多傑是個有成就的瑜伽士，他已經逆轉了白色精華的流動，而不像普通男人那樣射精，所以他從未讓任何人懷孕。我不曉得這樣是好或壞，但事情就是這樣發生了。但話說回來，在古老的年代裡，我們何曾聽說過有著一百個女朋友的男子，卻從未讓其中任何女友懷孕呢？

秋吉．林巴對偉大的上師巴楚具有無上的信心，所以他的每個孩子，包括旺秋．多傑都成為巴楚的弟子。秋吉．林巴圓寂後，旺秋．多傑旅行至巴楚臨時紮營的地方。因為巴楚的許多弟子本身就是大師，所以整個康區都說，巴楚的營區就像雪獅的巢穴，這群雪獅後來也將神聖佛法的獅吼傳遍到四面八方。

身為偉大伏藏師兒子的旺秋．多傑騎著馬，帶著龐大隨從，場面浩蕩地抵達巴楚營區。

從瑜伽行者到比丘僧

相反地，巴楚是位虔誠的僧侶，所以當然沒有佛母。他倒是常會談到關於身為「群山之子，著山中霧靄為衣」的話，以及關於奉行早期噶舉傳承修行人簡單生活方式的美德。

有一天，巴楚講到應追隨他們的典範，放棄對繁複世俗的追求，「為了修持真正的佛法，應該總是居於下位，並身著襤褸衣衫。」巴楚對群眾說道：「從來沒有人是高高在上，並穿著錦緞衣裳。」

受到這席話的激勵，旺秋．多傑心想：「這樣做對我是好的！」所以，他放棄了所有綢緞衣物，改穿便宜毛氈所製成的簡樸斗篷；遣散隨從，只留下一位侍者，也把所有的馬匹都送回秋吉．林巴的寺院；然後他就剃光了頭，並從巴楚那兒受比丘戒。他放棄了所有私人財物，待在巴楚的營地三年。

但是，自從他立誓成為一位身無長物、雲遊四海的出家人，並剃光迷人的頭髮之後，他莊嚴的相貌與耀眼的神采就消失了，變得跟普通人沒兩樣。他開始顯得蒼白、衰弱，背也開始駝了。

這種苦行的生活方式似乎對他身為伏藏教法持有者的地位，有著非常不利的影響，尤其剪掉頭髮一事，破壞了他與空行母之間的三昧耶。伏藏師要能夠抄寫伏藏的象徵文字，音節必須清晰浮現在他的淨觀之中。但現在他發現，它們變得模糊不清、跑來跑去，而且愈來愈小，因此，他再也無法解讀並繕寫伏藏。

旺秋．多傑回家和抵達此地時，與他父親的作風——由四十名馬伕與一群犛牛伴隨的壯觀排場，形成鮮明對比。一改往常，他從位於康區東北部的果洛，手持一支枴杖，像個化緣的乞丐般，一路步行；他只帶著兩名侍者，以及一頭馱載行囊的無角犛牛一道旅行。他們所帶的全部家當，就是幾本書與煮茶的用品而已。

正當他們朝著德格的宗薩寺（Dzongsar monastery）前去時，旺秋．多傑生病了。他一定病得相當嚴重，因為只短短五、六天時間，他就在欽哲山裡的閉關處——著名的「善逝之聚宮」——往生了。世上沒有人能阻止這件令人心碎的事發生，送葬隊伍將他的遺體帶回秋吉．林巴的駐錫地。旺秋．多傑過世的時候，我在孩童時期就認識的伏藏師御廚貝瑪．聽列也在場。他當時是寺院總管，不得不將此哀傷的消息傳達給待在附近的偉大欽哲。

貝瑪．聽列將近九十歲才往生，他告訴了我這則故事的所有細節。

一聽到旺秋．多傑過世，欽哲深感不悅，他覺得這位悟道瑜伽士的兒子根本不需要剪掉頭髮⑤，因而大聲叫道：「該死！瘋狂的巴楚讓旺秋．多傑剪掉頭髮，還讓他變成一名出家人，看看現在發生了什麼後果！真是悲劇啊！證明了目前這末法時期的功德是多麼小啊！蓮花生大士曾預言說，這位伏藏師之子會將其伏藏從東方的中國邊境，一路傳到西方的岡仁波齊峰（Mount Kailash）❻，就像攤開一塊白色桌布般利益眾生。現在，瘋狂的巴楚搞砸了每件事！」

欽哲以典型康巴人表現絕望的方式，緊握拳頭，捶打自己的胸膛，「吉祥的緣起並未持續下去。」他以極為陰鬱的表情嗚咽道：「他理應是發掘並廣傳其餘伏藏法的人。」⑦

貝瑪．聽列代表死者向欽哲獻供，並說：「仁波切，請指點我們到哪裡去找尋他的轉世。我已經獻供給您了，我必須得到訊息才能回去。」

欽哲回答道：「哎呀！以前他們是兄妹，現在他們可能是母子了。」偉大的欽哲看來仍是一副沮喪的樣子，並繼續捶打自己的胸膛。這是他以預言方式所說的事情。

一年過後，欽哲證實我祖母貢秋・巴炯剛出生的兒子，實際上就是旺秋・多傑的轉世。「聽好！」老欽哲說道：「貢秋・巴炯是不是真的剛生下一個兒子？我告訴你們，毫無疑問地，他就是旺秋・多傑！」

然後老欽哲將它正式以書面記下來。

老欽哲繼續說：「她的第二個兒子不會長壽，但把他取名為『不朽金剛』就會提供一個吉祥的緣起，延長他的壽命。」那就是我父親吉美・多傑（Chimey Dorje）取得名字的由來。

不滅之閃電花鬘

除了四十部伏藏法之外，秋吉・林巴共有兩部作品集，旺秋・多傑則有厚厚的一部著作。兩個人的著作都以手寫費力地謄抄下來，而不是以木刻板印刷。兩人的作品集，我各保存了一份。我前往中藏之後，曾寫信給我的寺院，要求他們將這些書送過來給我。但後來，聽說負責照料我寺院的人拒絕將任何有價值的東西送過來⑧。你也許會好奇他們的腦袋在想什麼，把珍貴的手抄本留在康區有什麼用處呢？這就是沒有製成木刻印版會發生的情況！

中共入侵幾年後，裨益人類的事即將來臨的消息傳遍大街小巷，那就是某種稱為「文化大革命」的東西。這場騙局是由一群群跟隨入侵士兵到來的說謊家所散播的。果然沒錯，當文化大革命的浪潮席捲我們國家的時候，帶來了巨大的改變，我們的寺院被摧毀了，我們全部的文獻都化為灰燼。

旺秋．多傑的著作大概被毀掉了，因為大部分的佛教典籍都被丟入火團中燒掉了。中國共產黨是如此擅長威脅，他們能迫使村民收集所有的書籍，將它們丟入大火之中。之後，佔領的官員宣布：「從此刻開始，如果我們在你家中發現一本書的話，持有書的人將被處以吊刑。每一本典籍都要以一條人命為代價。」

就因為這樣，許多被嚇壞的人們將珍貴的書籍丟入河中。但有些書被埋入地底，希望有朝一日能再度被人找回來，但後來當它們被挖掘出來的時候，卻都已經腐壞了。儘管如此，因為我們國家的幅員如此廣大，我懷疑是否有些書最後並沒有被找到[9]。實際上，有一部非常優美的典籍，即旺秋．多傑十六歲時所寫的《不滅之閃電花鬘》（*Inexhaustible Garland of Lightning*），就真的被保存下來了，我們寺院現在仍然每天使用它。如果再有幾本像那樣的書籍被保存下來，不知該有多棒！

精通瑜伽之術的哲旺．諾布

哲旺．諾布的母親是老欽哲的甥女[10]。蓮師也曾預示過，秋吉．林巴的這位佛母將會生下玉札．寧波（Yudra Nyingpo）的轉世[11]。

因為《三部》是毗盧遮那的心要，所以委託給了毗盧遮那在康區最傑出的弟子玉札．寧波。那也是為什麼玉札・寧波的轉世哲旺・諾布必須是第一個得到灌頂的人。因為蓮師的預言大多非常精確，伏藏本身甚至預言說，「在一到三年內，他應該要得到這部伏藏。」[12]

哲旺・諾布是個相當謙卑的人，有一次他告訴桑天・嘉措說：「我並不是個特殊的人，一點兒也不特殊。我並沒有任何了不起的德行，連一個也沒有，只有一件事除外，雖然當時我只有六個月大，但我仍清楚記得從兩位偉大的伏藏大師那兒領受了《三部》。」實際上，《三部》在那時候才剛被發掘出來[13]。

事件當時，有廿五個人在場，包括欽哲與噶美堪布。伏藏發掘出的那一刻，秋吉・林巴對著孩子的母親大喊：「把孩子帶過來！」

她就把裹在毯子裡的嬰兒帶過去，小嬰兒就坐在蘆葦編成，覆蓋著一層曬乾羊糞，再鋪上幾層布的盆子裡。這是康巴人安置嬰兒的典型方式，讓孩子想要撒尿時，隨時可以撒尿。

當哲旺・諾布領受灌頂時，就坐在欽哲與秋吉・林巴之間。秋吉・林巴首先授予嬰孩灌頂，之後才授予欽哲灌頂。但因為教誡[14]關係，這個灌頂只能一對一傳授，所以並無其他人領受過這個灌頂，連康楚也沒有。這也是為何許多《三部》傳承都是經由哲旺・諾布傳遞下去的原因。從此之後，哲旺・諾布成為確保秋吉・林巴的伏藏教法廣為傳布，致力最多的人。

哲旺・諾布大約一歲大之前，每天晚上都會有隻老鷹停歇在他父母家的屋頂上。後來，偉大的欽哲說這是守護《三部》的鷹翼女神（Eagle-Winged Goddess）[15]。

跟其他兄姐一樣，哲旺・諾布也是偉大巴楚的弟子。有一次在康區的時候，為了在一處岩穴中度過十天，他前往巴楚紮營地附近的山坡上。因為他並不打算久待，所以只隨身帶了一小包糌粑。

有一晚下了一場大雪，把他困住了。大雪一直下個不停，他無法回去。幾個月後，巴楚營區傳說他一定已經過世了。最後，大家也都認定他死了，還以他的名義做了包括傳統安慰死者在天之靈的焰口施食等善行。

六個月後，積雪終於融化了。有一天，有人尖叫了一聲——哲旺・諾布的骨骸走進了營區！大家開始往四處逃散，深怕被殭屍（rolang，藏地的一種死屍）觸摸到。

「別擔心，是我！」哲旺試著安撫他們。

終於，當事情都搞清楚之後，有人找到機會問他：「你怎麼沒有餓死呢？」

「為什麼會餓死？當我口渴的時候，就飲雪；餓的時候，就吃我那包糌粑。如果你有食糧的話，就不會餓死。」他這樣回答。

他後來解釋說，他每天只靠一匙糌粑維生。換句話說，他一概不承認其實是因為他已經精通瑜伽之術，包括完全掌控細微的脈與氣，所以也許他大部分時候都處在三摩地之中。⑯

他也提到了有趣的一點：「似乎在人往生後的七個星期裡，很適合做糌粑與其他食物的火供。我個人覺得這相當有幫助，因為在這四十九天當中，我既不覺得餓，也不覺得渴。即使在洞穴裡，有時我也能聞到寺院為我獻供的煙味。」

哲旺．諾布也極為博學多聞，與噶美堪布旗鼓相當，但他宣稱自己的學養只不過是來自於早年與偉大欽哲共度的時光。因為哲旺．諾布是老欽哲的甥外孫，所以經常有機會可以長時間跟這位大師相處，也因此，哲旺．諾布早年所受的教法，大多是在欽哲跟前領受到的。

「年輕的時候跟欽哲待在一塊兒，讓我成為一個富有的人——因教法而富裕。」他會這麼說：「老欽哲白天的時候教得不多，他比較喜歡只是輕鬆地跟弟子在一起，頂多，你也許可以在白天的時候問他一個或兩個問題。但當夜幕低垂，每個人都聽到鈴聲響之後，大家就會聚集在他的隱修處。灌頂都在晚間開始進行。」

「破曉前大約一個小時，他就會說：『現在是我這老人該睡點覺的時候了，你們最好離開去做同樣的事。』只有到那個時候，全部弟子才會離開他的房間。」

哲旺．諾布跟許多瑜伽士一樣，是個特立獨行、隨興所至，且直來直往的人。他有個明顯的特質，那就是從來不做權貴人物或地位崇高的喇嘛要他做的事。舉例來說，即使是第十五世噶瑪巴卡恰．多傑也無法強迫哲旺．諾布為他進行《新伏藏》的口傳。

噶瑪巴的侍者與親近弟子蔣巴．簇清本身就是個重要上師，也是噶瑪巴的主要弟子之一，所以噶瑪巴派遣他到拉薩去，要他盡力迫使哲旺．諾布給予這個廣受歡迎的灌頂。

「因為你是秋吉・林巴的兒子，所以噶瑪巴把這條白圍巾送過來給你，要你給予他口傳。」蔣巴・篋清向哲旺・諾布這樣說道。

「辦不到！難道你要一條狗把爪子放在人類的頭上嗎？你這是在胡說八道。別再提這件事了，你這個小和尚。」⑰哲旺・諾布把噶瑪巴比喻為人類，而把自己比喻成一條狗，甚至稱呼這位重要且知名的喇嘛「小和尚」。簡而言之，哲旺・諾布是任何人都無法脅迫的。

之後，蔣巴・篋清說自己「從來沒有遇過像哲旺・諾布這麼頑固的人。噶瑪巴是觀世音菩薩肉身的化現，所以若能將秋吉・林巴的伏藏法當成供養獻給他，誰會不開心呢？」但哲旺・諾布仍不屈從於這種壓力。

幾年後，桑天・嘉措（哲旺・諾布的外甥）才到中藏去圓滿了噶瑪巴的心願。

還俗比丘

哲旺・諾布前半生是個僧侶，但並未持續下去。有一次欽哲跟他說：「你必須到敏珠林寺去，並待在那兒。」所以他就動身前往這個中藏最重要的道場之一，且待了八年。

儘管身為偉大伏藏師碩果僅存的兒子，哲旺・諾布卻是不動聲色地抵達該地，一點排場也沒有。他也只是以一般僧侶的身分在敏珠林寺註冊追求學問，但他必定以某種方式讓自己受到矚目，因為我們在敏珠林寺傳授重要教法的傳承大師紀錄上，發現了他的名字。沒有他的話，那些教法大概就失傳了。

哲旺．諾布是個淡泊名利的人，一心只想當個僧侶，在敏珠林寺八年期間，想都沒想過要娶首席喇嘛的女兒。所以，儘管伏藏有那樣的預言，八年之後，當他回到康區時，仍然是個僧侶。

當他回到康區之後，被欽哲臭罵了一頓：「你這個沒用的飯桶，你沒有做你該做的事！」

「為什麼說我沒有做我該做的事？」

「秋吉．林巴的後代應當將他的血統傳到敏珠林寺，那也是我要你到那裡的原因，但你一點兒用都沒有！」⑱

「我該如何為他們的血統注入新血呢？他們是人，而我只是條狗。我從來沒想過人跟狗通婚的事。」

儘管如此，老欽哲決意無論如何都要讓秋吉．林巴的兒子傳續香火，所以他強迫哲旺．諾布還俗，成為瑜伽士。此外，還安排了一位來自信仰虔誠家庭的女子成為哲旺．諾布的佛母，但他們並未生下任何孩子。

在這之後，又為他安排了一位家住德格的佛母，但同樣也沒有生下一子半女。

有時候，哲旺．諾布會以其冷嘲式的幽默感發牢騷：「真糟糕！我一事無成。我沒有持守僧侶的戒律，所以我是個半途而廢的僧侶，但我也沒有生下任何孩子。我的生命已經浪費掉了，我是個徹底的失敗者！」

有些喇嘛聽到這些話，會對他的冷面幽默感到相當不安。現在囊謙有句諺語：「跟哲旺．諾布一樣一事無成」，就是說沒有達成任何世俗或精神上的成就。

晚年的時候，哲旺．諾布搬到中藏去住，他在那裡則以怪異行徑出名。而當他住在中藏的時候，第十三世達賴喇嘛碰巧到印度去了⑲。一個能顯示哲旺．諾布地位的跡象，就是拉薩的西藏政府請求他修一個儀式，以驅逐國外入侵的勢力。他就在矗立著全西藏最有名的兩尊久沃佛像之一的拉薩小昭寺（Ramoche）小心翼翼地修了這個儀式。

雖然哲旺．諾布在康區已是個地位極為崇高的喇嘛，但到了中藏之後，他徹底改變了行事作風；他常邀請乞丐到家裡喝茶、促膝長談，且不斷開懷大笑——他就是這樣的大師。但在其他方面，他的表現卻又截然不同，就像俗語說的：「如果他們說『吽（HUNG）』，他就會說『帕（PHAT）』。」

他通常都穿著一件非常簡樸的羊皮大衣，但有天他穿上了一件精緻的綢緞長袍。他的僕人問道：「仁波切，您為何盛裝打扮呢？您從未如此盛裝過。」

「安靜！今天我們將要見到這個世界上，所有密續瑜伽士當中，最首屈一指的人物。」哲旺．諾布說道。

「是誰呢？」這名僕人問道。

「噶瑪巴卡恰．多傑。我理當是個瑜伽士，所以今天是作此裝扮的好日子。」他答覆道。然後他極為莊重地騎馬前往楚布寺。但當他們回到拉薩的那一刻，又立即穿回那件羊皮大衣。

超越俗成的了悟體現

首席唱誦師聽列是哲旺．諾布的弟子之一，當他年紀很大時，跟我說了下面這則故事：

「有時候我實在無法理解哲旺．諾布葫蘆裡賣的是什麼藥，我甚至懷疑我的老師已經發瘋或怎麼了。有一天清早，哲旺．諾布宣布：『今天我們要舉辦一場盛大的餐會！到肉市去，儘可能邀請愈多屠宰場羊倌愈好。』」

「這些特定屠宰場羊倌都是些來路複雜的各色人物，都很窮，而且滿身污垢，他們唯一的工作就是把動物帶到屠宰區。過了一會兒之後，五十到六十個羊倌站在庭院廣場上。於此同時，哲旺．諾布的弟子們已經擺好放著食物的大桌子了。」

「哲旺．諾布走出來，叫他們全部排排坐好，彷彿他們是寺廟的僧人一樣。一開始，先讓他們享用豐盛的菜餚，而哲旺．諾布就坐在首排位子上，跟他們混在一起。當所有人排排坐著用餐的時候，哲旺．諾布要來了一部經文，並開始唱誦起伏藏法《了悟的體現》（*Embodiment of Realization*）裡的祈請文。」[20]

「至少可以說，這些羊倌並不習慣像一群僧侶般，坐在團體中修持。他們被困在那裡，坐立難安。儘管如此，他們仍開心地享用食物。」

「最後，當客人都離去之後，我問道：『仁波切，您的目的到底是什麼？放眼拉薩，沒有比那些傢伙更糟糕的人了，他們可是把動物帶到屠宰場的人哪！他們推擠那些可憐的動物走上最後幾步，之後，又協助肢解悲慘動物的屍體。為何您要花這麼多錢在那樣的人身上？』」

「嘿！別那樣說。今天我在幾位完美菩薩的陪伴下，主持了一場餐供。除了我之外，如今還有誰有功德這麼做呢？我對此沒有一絲懷疑。今天是個吉祥日。」哲旺．諾布答覆道。

這只是哲旺．諾布會做的奇特事情之一罷了。

◎

哲旺．諾布也具有神奇的神通力，甚至已到會嚇人的程度。首席唱誦師聽列又告訴了我這則故事：

有一天，哲旺．諾布為拉薩一戶人家修一場大型的長壽煙供法會。這家人的父親對哲旺．諾布有著很深厚的信心，法會結束時，他走近哲旺．諾布問道：「我想知道我們明年的運氣與健康如何。」

「喔，是嗎？你們的運氣與健康？」哲旺．諾布宣告道：「你明年會過世，不出一個月後，你妻子也會過世。」

「那我們的兒子呢？他會怎麼樣？」這人震驚到喘不過氣。

「沒有了你們，他也不想待在這裡，他會悲痛萬分地離開。明年你的房子將空無一人。」哲旺．諾布斷言道。

「哦，不，他又來了！」聽列心想：「為什麼他非得這麼做不可呢？真是不吉利。」

第二年，聽列聽說那個人已經往生了，大約一個月後，他妻子也過世了，最後，兒子也離開了，留下空蕩蕩的房子。

◎

雖然我年輕時從未見過哲旺・諾布，但我看過他在不丹拍攝的一張照片，就掛在桑天・嘉措位於壘峰（Fortress Peak）的私人房裡。他跟頂果・欽哲一樣，長得又高又壯，相貌相當英俊。

在慈克寺（Tsikey monastery）的時候，哲旺・諾布常會獨自到外面散步；下午時分，大家也會看見他花很多時間坐在克曲河（Kechu River）岸邊㉑。

我父親還是個年輕男孩的時候，有一次跟一群朋友看到一個體型壯碩的男子直挺挺地坐在河邊。我父親是這群小僧侶的頭頭，於是想了一個計畫：

「這個大壞蛋每天都來這裡殺可憐的魚。我們用石頭打他的頭，給他一點教訓。現在保持安靜……」

他們悄悄地接近他——但就在他們要擲出石頭的那一刻，哲旺・諾布用力咳了一聲，幾乎就像在警告他們。他們馬上認出那是誰的聲音，趕緊四處逃竄。

「如果他沒有咳嗽的話，我肯定已經不偏不倚地打中他的頸子了。」我父親後來說道：「我實在太野了。如果不是因為哲旺・諾布的神通，我就得為用石頭擊中他的這件事負責！發生那種事的話，叫我怎麼有臉活下去？」

傳授伏藏珍寶

許多我們現在稱為秋吉．林巴的伏藏，實際上是經由欽哲、康楚與秋吉．林巴三人同心協力才出現的；他們彼此互相傳授了許多口傳，而這些流派全部匯聚在哲旺．諾布身上。

有一次，欽哲與康楚受邀到位在拉薩與康區之間，昌都（Chamdo）境內的類烏齊寺（Riwoche monastery）授與《伏藏珍寶》灌頂。類烏齊寺是佛法的一處主要道場，所以不是個小場面。

「《珍寶》是百位伏藏師所發掘出的所有伏藏精髓，」類烏齊寺的喇嘛一再堅持：「我們一定要接受這個口傳。」

當獲知欽哲無法前來的時候，他們請康楚代替。但欽哲與康楚兩人此時都已經太過年邁，所以這兩位大師相互討論過這項邀約後，決定派哲旺．諾布代替他們赴約㉒。

哲旺．諾布去到類烏齊寺，傳授了全部的《伏藏珍寶》。最後，他又繼續傳授所有的《新伏藏》法。秋吉．林巴的兩位轉世，即慈克．秋林（Tsikey Chokling）與涅瓊．秋林（Neten Chokling）也雙雙出席了，桑天．嘉措與德喜叔叔也到場。

哲旺．諾布最後所給予的灌頂中，其中之一即是《大圓滿三部》的灌頂。在傳授之前，哲旺．諾布說：「《三部》不能公開傳授，甚至連小型的私人團體也不行。因為它有嚴格的保密教誡，違反了這個教誡，將會導致嚴重的業果，就跟從毒蛇口中拿出東西一樣危險。所以，我只能一次傳給你們其中一人。」

他告訴他們：「你們務必只能將此神聖教法當作一個傳承傳下去，而且一次只傳給一個人！」並要每個人抓著他的披肩發誓。

哲旺．諾布也交代喇嘛：「我死了之後，人們一定會找尋我的轉世。也許會發生有人試著將我的名字加諸於某個已經掙扎許久，才剛第一次成功轉成人身的不幸中陰（bardo）靈體。這樣做的話，必定會讓這個人投生於下三道中，沒有翻身機會。所以，不要找尋我的轉世祖古！」

「如果我的下一世真能為秋吉．林巴的教法效力的話，他將直接或間接地做這件事。你們絕對不要試著找他！你們四人，抓著我的披肩，承諾會照著我的話做！」哲旺．諾布堅決禁止認證他的轉世祖古，所以他們四人沒辦法，只能發誓不會尋找他的轉世。

他主要的弟子沒有人敢試著去找他。我聽說最近有些人嘗試要找出他目前的轉世，但一想到那個誓言，我個人是不敢向任何大師詢問他的下落。

哲旺．諾布圓寂時，正待在藏區拉薩往西的的涅莫（Nyemo）。我想他當時約六十多歲。就在臨終前，他跟侍者說：「我哥哥與我主要的駐錫地是慈克寺，把我所有的私人物品和這張紙條一起送到那裡。當你在那裡的時候，也可以從我火化的遺體中帶走任何遺骨。」

「我已經設法成功地編纂了一套完整的《新伏藏》，所以別讓任何人竊取它。我父親與我哥哥的轉世都住在慈克寺，你必須親自將這套作品集直接送交給他們，而這張字條就是我最後的遺囑與證言。除了寫在這張字條上的東西外，我沒有要補充的話了，但你必須把這話散播出去：『哲旺．諾布像條老狗般死在一個叫涅莫的小村莊』。答應我，如果任何人問起我的事，你都會這樣回答。將這個訊息傳得又遠又廣，傳回給所有康區的喇嘛。」

哲旺．諾布個人的《新伏藏》版本、他的聖像，以及灌頂的法器，直到文化大革命之前，都一直保存在慈克寺裡。

那些參加他茶毘大典的人都驚奇地見到一道虹光，自葬禮的柴火堆上延伸至遠方天空的一端。我不記得他骨灰中是否有任何舍利子，但聽說他的骨頭中充滿了辛度羅粉末。我不相信有任何人會稱那是「死得像條老狗一樣」。

①…噶美堪布的作品集包含了無數秋吉．林巴針對各種不同論題與修持所做的回答。〔英文口述紀錄者艾瑞克．貝瑪．昆桑說明〕

②…轉世於偉大伏藏師秋吉．林巴在慈克寺的駐錫地。〔英文口述紀錄者艾瑞克．貝瑪．昆桑說明〕

③…透過這樣的方式，慈克．秋林領受了兩個傳承：一個傳承來自哲旺．諾布，另一個來自噶美堪布。蔣貢．康楚未曾從秋吉．林巴領受過《大圓滿三部》的教授，必須等到欽哲傳給他。〔祖古．烏金仁波切說明〕

④…祖古．烏金仁波切告訴艾瑞克和我以下的故事，是他從祖母那兒聽來的，但很可惜我們沒有把它錄下來。貢秋．巴炯、噶美堪布，以及第一世措尼一起待在一個臨時營地。有一天，他們兩人辯經，措尼

當然無法打敗堪布。進行到某個階段，措尼吼道：「我才不管你怎麼說空性，當你了悟它時，就像這樣！」然後，就從秋吉・林巴的帳篷飛過。貢秋・巴炯告訴當時人在另一個帳篷裡的母親說，措尼剛才飛在空中。德嘉佛母回應說：「噢，那只不過是措尼又在炫耀了。」此外，瑜伽大師也沒有讓噶美堪布目瞪口呆，反而因為飛越偉大伏藏師帳篷這個不敬的行為，而挨了一頓罵。〔英文口述紀錄者馬西亞・賓德・舒密特說明〕

⑤…偉大伏藏取掘者的「骨親」時常被視為受到特殊加持，也許是深植於基因遺傳裡。剪掉頭髮表示要成為僧侶，因而不會有後代，隨之而來的結果就是家族裡沒有直接的傳承持有人。〔英文口述紀錄者艾瑞克・貝瑪・昆桑說明〕

❻…此山又稱岡底斯山（Kangdese），是西藏西邊的一座聖山，也是包括密勒日巴在內，很多成就者的閉關之地。

⑦…這句話表示旺秋・多傑有能力以書寫的方式補遺秋吉・林巴沒有取出的伏藏。〔祖古・烏金仁波切說明〕還有好幾部伏藏仍然等著被取出。〔英文口述紀錄者艾瑞克・貝瑪・昆桑說明〕

⑧…秋吉・林巴的轉世所駐錫的寺院，慈克寺與涅瓊寺也有複本。在西康的宗薩・欽哲有個巨大的藏書室，裡面也有複本。措尼的寺院給恰寺也有個大型藏書室，但跟其他藏書室一樣，都被共產黨焚毀了。〔祖古・烏金仁波切說明〕

⑨…因為此時，秋吉・林巴的著作已經被找出來了，並成為喇嘛布哲（Lama Putse）所編輯的《新伏藏》（又稱《秋林德薩》〔*Chokling Tersar*，秋林岩藏〕）的最後兩部。〔英文口述紀錄者艾瑞克・貝瑪・昆桑說明〕

⑩…秋吉・林巴迎納這位佛母，就是為了要發掘《大圓滿三部》這部伏藏。〔祖古・烏金仁波切說明〕

⑪…當偉大的譯師毗盧遮那被流放到康區東部的時候，遇見了一位附庸國國王的兒子，名叫玉札・寧波。令人稱奇的是，據說玉札・寧波的了悟，只因為見到毗盧遮那就臻至完美。〔祖古・烏金仁波切說明〕

⑫…《大圓滿三部》有時也被稱為《毗盧遮那竹千》（*Vairotsana Dzogchen*）或《毗盧遮那心髓》（*Heart Essence of Vairotsana*，又稱《毗盧寧體》，*Vairo Nyingtig*）。《毗盧遮那心髓》因此應該首先要傳授給玉札・寧波的轉世，而他的轉世現身為秋吉・林巴的兒子。秋吉・林巴在蔣揚・欽哲・旺波與蔣貢・康楚兩人面前取出這部伏藏，並即刻傳授《三部》灌頂給蔣揚・欽哲與玉札・寧波，後者當時大約只有六個月大。這是哲旺・諾布被視為玉札・寧波化身的原因。〔祖古・烏金仁波切說明〕

⑬…根據蔣貢·康楚的傳記，這天是火龍年（西元一八五七年）第十二個月的第三天，往前推算六個月的話，哲旺·諾布出生於西元一八五七年。〔英文口述紀錄者馬西亞·賓德·舒密特說明〕

⑭…有關教法的戒律，包括針對灌頂、修持或傳授教授的必要注意事項。

⑮…身為巴楚仁波切的弟子，哲旺·諾布原本依循《龍欽心髓》（*Longchen Nyingtig*）修持。由於前世的緣分，兄弟兩人都對巴楚都懷著無上的虔誠心。後來，哲旺·諾布只修持秋吉·林巴的伏藏法，用心到行將就木時，仍以持續不斷地灌頂、口傳與口訣指導體現《新伏藏》法的生命力。一個原因是他哥哥英年早逝，未能將傳承以任何影響深遠的方式傳遞下去。當你看傳承紀錄時，會發現幾乎所有傳承上都有哲旺·諾布的名字。在他之上，只有秋吉·林巴、蔣揚·欽哲或蔣貢·康楚。因為偉大的伏藏師四十幾歲就圓寂了，所以哲旺·諾布並未直接從他父親那兒領受許多傳承，不過，如同我們所知，他確實得到了《三部》的傳承。〔祖古·烏金仁波切說明〕

⑯…精通瑜伽之術，能完全掌控身體微細的脈與氣，也具有從空氣與空間中，萃取足以長期維生精華素的能力。〔英文口述紀錄者艾瑞克·貝瑪·昆桑說明〕

⑰…在整個西藏，噶瑪巴並非被視為一名凡夫，而是被當作一位活佛，因此，哲旺·諾布不願意為如此有聲望的人灌頂。〔英文口述紀錄者艾瑞克·貝瑪·昆桑說明〕

⑱…蓮花生大士在一部伏藏中曾預言指出，敏珠林家族血統會由一位秋吉·林巴的後代維繫。哲旺·諾布解釋道：「老欽哲知道敏珠林家族血統有中斷的危險。不過，他已經發掘出一份預言，說敏珠林家的女兒注定要嫁給秋吉·林巴的兒子。但是，他只是將我送到那裡，卻沒有告訴我任何事情。」因為骨親已經中斷了，所以今日敏珠林的家族傳承被認為是血親，由首席喇嘛的女兒延續下去。〔祖古·烏金仁波切說明〕

⑲…這可能是在一九〇九年，中國入侵西藏後，十三世達賴喇嘛逃到印度的這段時間。西藏人民起義，到了一九一二年四月的時候，中國軍隊投降，並得到允許，經由印度離開西藏，達賴喇嘛在一九一三年一月回到拉薩。請參閱馬文·高斯坦（Melvyn Goldstein）所著《現代西藏史1913～1951：喇嘛王國的結束》（*A History of Modern Tibet 1913～1951: The Demise of the Lamaist State*）（柏克萊：加州大學出版，1991），第54～59頁。〔英文口述紀錄者馬西亞·賓德·舒密特說明〕

⑳…這可能是名為「貢巴昆杜」（Gongpa Kundu）的竺千（drubchen）法會。〔英文口述紀錄者艾瑞克・貝瑪・昆桑說明〕

㉑…克曲河靠近慈曲河（Tsichu River）匯流之處相當寬敞。順帶一提，那就是慈克寺名稱的由來。〔祖古・烏金仁波切說明〕

㉒…哲旺・諾布不只是秋吉・林巴的兒子，也是欽哲的甥外孫。〔英文口述紀錄者艾瑞克・貝瑪・昆桑說明〕

第9章

我珍貴的祖母

我祖母貢秋．巴炯是個天賦異秉的人，非常有才能與智慧。在我們那個地方，很少女子像她受過那麼好的教育，也很少有人能像她一樣在許多方面都這麼有成就。

祖母知道所有的唱誦文與旋律，也知道法器的正確使用方法，這些都是直接從伏藏師那兒學來的，因為伏藏師常常在淨觀中領受這些旋律。如果不是因為有祖母，我們傳承的正宗音調與程序可能就失傳了。她甚至還知道吹奏甲鈴（gyaling）短法號的特殊方式。祖母非常擅長使用甲鈴，慈克寺裡每個學習吹奏甲鈴的人都會尋求她的教導。

她也傳授每一尊「文武百尊」（hundred peaceful and wrathful deities）的複雜手印（mudra）及其相關儀式，這是她在敏珠林寺依據千年口授傳統學來的。她對儀式音調與樂器使用的掌握，至今仍為《新伏藏》的支柱。

祖母也是個為人敬重的草藥醫師，每天都會配發草藥給病人；她同時也是個占星師與好幾種唐卡繪畫風格的專家①。她是個非凡出眾的人。

在男性主導的康巴文化中，祖母克服了身為女性的種種不利之處。她非常引人矚目，在我成長之處附近，找不出任何像她這樣的女子。

一位非凡出眾的女性

我對祖母的第一個強烈記憶，要回溯到我大約七歲的時候，那時她正待在我們老家倉薩莊園。在那三年期間，我幾乎每天都會去看她。當時，我的臉必定略帶了點較深的藍色，因為她把我的小名取為「藍臉」，而我同父異母的哥哥遍吉（Penjik），因為臉龐膚色較淡，她就為他取了個「白臉」的綽號。

祖母後來搬到附近的一間小道場住了一年，後又搬到更遠處的宏偉壘峰，與她兒子桑天・嘉措共度了三年時光。那段期間，我無法常見到她，因為我已經和我父親一起住在他的閉關處德千林（Dechen Ling），位在兩天的騎馬路程之外。祖母非常慷慨大方，都會給我杏子乾、小袋子，還有其他的禮物。她也教導我合宜的餐桌禮儀，以及有人在場時的規矩。

我父親是她唯一生下孫子的兒子，而我似乎最得她歡心，所以她非常地寵愛我。她經常要我陪她聊天，也常把她的糌粑分給我吃；我會坐著等她遞給我小塊糌粑，然後開心地張口吞下去。她對我就像對待自己的孩子般慈愛。

祖母製作食子的嫻熟技藝無人能及，就是她教我作《新伏藏》所用的食子。因為她的緣故，我得到許多宗教儀式的經驗，所以後來有好幾年時間，我都擔任父親的佛壇主事❷。雖然當時我還只是個十幾歲的少年，但是父親就安排我負責準備所有儀式必要的東西。

食子是我特殊職責所在。我無法計算出當自己還是個青少年的時候，究竟做了多少食子。我一開始是跟遍吉學習製作食子的技巧，他有雙非常靈巧的手。但無可避免地，也到了必須調整並精進食子製作技巧的時候了，所以我去找桑拿（Sang-Ngak）叔叔，他教我許多更細微的重點。但當桑天．嘉措帶我去慈克寺時，他告訴我：「秋吉．林巴的食子風格最終權威是你祖母。」

有一天，祖母對我表示了讚許。當我和玩伴杜竹（Dudul）將我們所做的食子展示給她看的時候，她跟我說：「杜竹的風格比較偏向敏珠林傳統，而你的則完全遵循《新伏藏》。未來，你可以成為我們儀式傳承的支柱。」

當我十九歲的時候，我到慈克寺探訪她，當時她已經快七十歲了，玉體有些違和。我大約待了兩個月，並從她那兒領受到如何製作食子的最後教授。兩個月結束時，我對於製作《新伏藏》儀式中所使用的各種不同食子，已經相當嫻熟，並得到了貢秋．巴炯個人的加持。她跟我說：「你實在是伏藏傳統中最好的食子製作者。」如今，除了真的知道如何製作那些食子之外，我完全沒有任何特殊長處。

◎

我祖母並不會以責罵或斥喝的方式來糾正別人，而是給予「一個良善的人會做什麼事」

的忠告，接下來就是你自己決定要不要照著做了。

我從來沒見過或聽過她攻擊任何人。我記得她曾向我們這些孩子說：「把小謊話當成笑話來嘲弄別人並不是善行，而是既傷人且錯誤的事。別用刻薄的方式嘲弄別人，別為小事情吵架。」

她會做一些小小的建議，譬如：「嘴巴裡有食物的時候別說話。輕柔安靜地吃東西。講話的時候，不要打哈欠或發出其他不必要的聲音。不要無緣無故地提高聲量。跟隔壁的人講話的時候，沒有必要用喊的。講話要像個紳士，花時間找出正確的字眼再講話，倉促開口只會讓你聽起來像個蠢貨。」這些都是在我年幼的時候，她所給我的忠告。每一次去見她，我都會得到一些這樣的指點。

難以置信的真誠謙遜

儘管承襲了高貴的血統，我的祖母，或者說我們所稱呼的「珍母」（Precious Mother），卻令人難以置信地謙卑，總是挑較低階的位子坐下。許多喇嘛與她父親的重要弟子前來向她致敬，她總是會說：「你們沒有必要來看這位年邁的女人。你們這些喇嘛是怎麼了？」

唯一能夠向她頂禮的方式，就是在進入她房間之前，先在外面頂禮。當他們向她合掌問安時，她絕不會坐在位子上；如果他們向她彎腰行禮，她會站起來走開，並說：「你們是什麼樣的喇嘛？竟然跟這個年邁的女人鞠躬？」

當祖母住在壘峰的時候，附近令人印象深刻的給恰（Gebchak）尼院喇嘛會來向偉大伏藏師的這個女兒致敬。桑天．嘉措會走進她房間，通知她來的是哪位喇嘛，而她會說：「他們為什麼要來？我無法給予他們任何東西。千萬別再提這件事了！他們不需要來見我。」當然，桑天．嘉措無法就這樣請一位重要的喇嘛離開，所以他會在草原上安排一些座位，然後邀請祖母到外面享受好天氣。這位喇嘛則會被告知從另一邊緩緩靠近，彷彿只是散步經過，然後他們就可以開始交談了。不這樣做的話，就無法見到她，她就是太過謙卑了。

也許她極度的謙遜，就是編纂秋吉．林巴傳記的慈克．秋林無法接近她的原因，更別提要聽她說故事了。不論原因為何，當慈克．秋林撰寫伏藏師生平故事的正式版本時，並未從她的記憶擷取任何故事。

明覺相續的證悟之境

儘管早年的時候，貢秋．巴炯就已見過所有卓越的大師，但她的根本上師卻是自己的兒子桑天．嘉措；他是給予她根本禪修指導的人。當然她已經從其他上師，包括她英年早逝的哥哥旺秋．多傑那兒領受了口傳，但桑天．嘉措為她指出了心性，讓她準確無誤地認出了心性——這就是根本上師的定義。

如果你想一想，這真是頗令人詫異的事：是她自己的兒子。桑天．嘉措告訴我，他對他母親禪修的次第感到驚訝。

代表慈悲的女性成佛者度母

當她生命接近尾聲的時候，她已經達到「妄念瓦解」（collapse of delusion）的層次，此時，睡覺時便不再作夢，因為作夢的狀態已完全得到淨化。確實，密續典籍中提到，達到某一境界的時候，夢流就停止了，所以，對於心性的清楚覺知能夠日以繼夜地持續不斷。

她實在令人讚歎！人們常說，從踏進她房間的那一刻起，瑣碎的念頭與擔憂馬上就會平息，每個人都會明顯感覺到非常清醒與平靜。

秋吉·林巴這個女兒在各方面都非比尋常，舉例來說，她三度在淨觀中彷如親見度母，彷彿她們剛才正在談話一樣。但這並非眾所周知的事，因為除了我伯父桑天·嘉措以外，她沒有跟任何人透露過，她甚至不曾親口告訴我，我是從桑天·嘉措那兒聽來的。

當地人深深地信任她，常會跟她要幾粒她加持過的大麥放在身上的護身符袋裡，也會將她的保護符繫在山羊或綿羊的脖子上，有些人甚至拿步槍射自己的山羊，以試驗她的保護符是否靈驗。

他們其中一個人告訴我：「每次我射擊山羊，受到撞擊的山羊會痛得大叫『咩！』但當我走近檢查的時候，卻找不到有任何子彈的傷口——真的，我沒有說謊！」

這種試驗或許並不是那麼差勁，它讓人們信任她的保護。

貢秋·巴炯也記得，當欽哲、康楚與秋林都還在世時，有一次她跟母親一起旅行到老欽哲位於德格的主要住所。

三位大師九天九夜，日以繼夜地共同修持了一個複雜精微的竺千（drubchen）法，或許是修那名為《了悟的體現》的伏藏法③。貢秋・巴炯跟哥哥旺秋・多傑就坐在裡面。當薈供的時刻到了，偉大的欽哲說：「為了吉祥的緣起，你們兄妹倆必須戴上密續嚴飾，拿著薈供的盤子。」

祖母記得，當三位大師唱誦慢板且悅耳的薈供曲時，兄妹倆就站在他們面前，手捧著盤子，「我哥哥看起來像個小天神，」她回憶道：「他的臉龐美得讓人難以置信！」

最後，老欽哲合掌說道：「這些孩子必定是持明者（vidyadhara）傳承的後代子孫。」

我祖母也記得見到偉大巴楚時的情況。

巴楚跟她的伏藏師父親秋吉・林巴在鄰近德格王國的竹千寺（Dzogchen monastery）見面，當時，詠給・明就・多傑（Yongey Mingyur Dorje）的祖古擔任為伏藏師奉茶與煮飯的侍者。拂曉時分，秋吉・林巴告訴他：「今天早上，偉大的上師巴楚仁波切要來看我，請特別預做準備。」

過了一會兒，當詠給為大師倒完茶，走出房間時，看見門邊有位未穿著喇嘛袍子，而是一身果洛樣式（Golok style）打扮的老人；體型龐大、鼻子高挺的這個老人家，一身簡樸的羊皮大衣，沒有毛的那面則披著紅布。

「我必須見秋吉．林巴！」只說了這句話，這老人就繼續往裡面走。因為從來沒有訪客未經通知，就走進伏藏師的起居室，所以詠給擋住門，說道：「等等！等等！沒這麼簡單。我必須先通知喇嘛你來了。」

「別擋住我的路！」這位老人說道，並開始把詠給推到一旁。詠給抓著這位老人家的袖子，堅持道：「你不能就這樣闖進去。」這老人家往反方向移動身子，然後兩人開始扭打起來。突然間，詠給心裡想到：「說不定這位不是從果洛來的普通老人，或許我該進去裡面問一問。」

稍早被告知關於今天將有訪客一事，此刻浮上詠給心頭，但他卻以為是有個看起來更像偉大上師的人會來訪。

當他一轉身，就發現秋吉．林巴正伏在地板上向老人頂禮，而那老人家也開始彎腰回禮。詠給後來說道：「向彼此頂禮完後，他們頭碰頭，就像兩隻犛牛一樣。」

大圓滿的根本教授

竹千寺邀請秋吉．林巴前來做為上賓，接受吉祥獻供。因為巴楚當時是常住大師，所以受請求寫下獻供前的正式演說辭。

你可以在秋吉．林巴的生平故事裡找到這篇談話；演說文辭極為優雅，滿溢對伏藏師的讚美之詞，指稱他為蓮花生大士的使者。

在這次訪問期間，伏藏師開始稱巴楚為「竹千巴楚」——這個名字從此就跟著他了——也給予巴楚包括大圓滿教授中，名為《普賢心髓》（*Heart Essence of Samantabhadra*）的伏藏法灌頂。這場口傳的舉行地點位於雪線上方，可以俯瞰寺院師利星哈學院（Shri Singha College）的閉關中心。

隨後，秋吉．林巴反過來請巴楚坐在崇高的法座上，並從他那裡領受《入菩薩行論》（*the Way of a Bodhisattva*）。所以說，這兩位大師絕對彼此相連。

我祖母記得當時哲旺．諾布並不在場，但旺秋．多傑與秋吉．林巴的佛母都是見證人。巴楚修持了這個特殊的大圓滿教授，稍後說道：「我是那種通常不會有淨觀、徵兆，或其他任何進步跡象的人。但當我修持這個伏藏法的時候，真的有些事發生了，連我這種人都有。這個教授必定是真的！」

我祖母模仿巴楚濃厚的果洛口音，詳述了他為一個來自果洛的老人傳授心法時所說的話：「當你不再追隨過去、不再邀請未來的時候，沒有任何東西會留下，除了你當下那非造作、不受限、自由的狀態的尋常心。」

在這簡短的論說中，他已經給予了大圓滿的根本教授。

但那位來自果洛的老人卻懇求道：「給我加持，確保我不會墮入下三道！」但巴楚僅僅回道：「除非你自己好好守護，否則沒有人能像丟石頭一樣，把你送到淨土去。」

我祖母在八十歲往生之前，已達到了完美的了悟。對我們那裡的人來說，她算相當高壽，我對她最後的回憶之一，就是她告訴我：「我很快就要離開人世了，我想讓我的遺體留在保存我父親與哥哥遺骸的慈克寺內。」

幾年後，祖母在慈克寺往生了。

當她待在那裡的時候，我並不常去探訪她，但偶爾我會收到她的禮物，包括不同顏色的精緻小盒子，還有其他年輕人喜歡的東西。

祖母離開她的身軀時，腰桿打得非常挺直。我還記得她的荼毘大典，是在離慈克寺好遠一段距離的地方舉行，現場有個以傳統方式堆成佛塔形狀的大型火葬柴堆，首席喇嘛吉噶·康楚（Dzigar Kongtrul）是當地一位卓越的喇嘛。荼毘大典中，五個不同團體依據不同壇城（Mandala）❹，各自修了一個複雜精細的儀軌。之後，我們在祖母的骨灰中發現了大量的辛度羅粉末。

①…她精熟於中藏敏珠林風格的唐卡繪畫。這類型唐卡與來自東部的噶瑪高阯（karma Gardri）風格截然不同。〔祖古·烏金仁波切說明〕

❷…佛壇主事：在法會時協助修法上師的主要助手，又稱為「事業金剛」。

③…欽哲於德格的主要居所位在宗修（Dzongshö）。他們修的竺千是「貢巴昆杜」（Gongpa Kundu）。〔英文口述紀錄者艾瑞克·貝瑪·昆桑說明〕

❹…壇城：諸佛菩薩等本尊的聖殿，在密續修持中以象徵性的方式來展現稱之。

第10章

我的上師——桑天・嘉措

我祖母的長子桑天・嘉措是我的根本上師、我究竟的依怙，當然，他也是我的伯父。所以，講他的故事讓我覺得有點不好意思，因為我不想讓自己聽起來好像藉由讚揚一位家族成員，而間接地在稱讚自己。

一個強調自己上師成就徵兆、神通力與神幻力的弟子，最後也許可能會使上師名譽掃地，反而不是在榮耀他。桑天・嘉措雖然是我的親戚，但我絕對內舉不避親；我並非有意顯得粗俗，但我跟他的關係，就像糞便與精緻佳餚的關係一樣。

我並不是要像「下唇稱揚上唇」那樣，只想吹捧我家族的某個人，但說真的，他的真知灼見與了悟、威嚴風儀與絕妙才華，在康區，沒有其他大師能與之匹敵。我無法像平常描述一個人的靈性體驗或了悟那般，告訴你他內在或生命內心深處的世界，因為我對此一無所知。但以下要說的，都是我所聽到或直接見證的事情。

當桑天・嘉措口傳《新伏藏》給色芒寺的傑出大師天楚（Tentrul）時，我就睡在桑天・嘉措房門附近，所以經常目睹他們晚上的討論。天楚的學問極為淵博，品格也非常高尚。有一天他告訴我：「許多年前，我在德格遇見桑天・嘉措跟你父親吉美・多傑。雖然當時我就認為，以桑天・嘉措的洞悉力與傳承，他一定會成為真正的學者。我研讀過的哲學作品比他多更多，但當我們一論及『大圓滿』的話題，我幾乎就不敢再繼續說下去了。我們討論《新伏藏》的時候，不知何故我還能夠接得上話，但當我們一開始談論禪修的時候，他就讓我自慚形穢了。」

四臂大黑天的化身

在巴戎噶舉傳承裡，桑天・嘉措被視為較主要的佛教護法之一，即四臂大黑天瑪哈嘎拉（Four-Armed Mahakala）的化身[1]。此外，第二世慈克的秋林有一次在淨觀中，看到桑天・嘉措為無垢友尊者的化身。

我從年輕時候開始，就深摯地敬愛我的上師桑天・嘉措；他嚴謹地依循僧侶的戒律，舉止相當清淨；他從未品嚐過酒類或肉類，在待人接物上，總是依菩薩道而行。

我們有些人每天跟他相處，卻對他的德行視而不見，就像住在拉薩的人，從來沒去拜見久沃佛像一樣，因為總認為可以抽空去看的時間多得很。但如果你注意他的個性，你會明顯看出，他是個天生滿賦慈悲、堅毅與虔誠的人。

桑天・嘉措從未藉著迎合或誇讚來奉承討好別人，他總是直言不諱；如果某件事為真，他就會說是真的；如果不是的話，他就說不是，不會增刪任何東西。對於敏感的話題，他也從不拐彎抹角。

我上師是個完全可靠、對所有事都有條不紊的人。如果他允諾你某件事，你就絕不會在後來聽到他說忘了這回事。他就是那樣的人，非常值得信賴。他幾乎從來不生病，或至少我從未聽他抱怨過，即使連頭痛或其他疼痛都沒有。他每次做計畫都是以一天為準，而他總能完成他的工作。

桑天．嘉措對於自己日常生活的所有事務，不管是靈修或世俗方面，都毫不馬虎。舉例來說，當他給予灌頂的時候，絕不會略過一個字或一句話；他會完整地執行儀式，從準備工作一直到結行誦文，他都處在禪定的平等狀態（meditative composure）之中，所以一進到房間中，你就馬上會有即將要領受真正灌頂的感受。他就是那樣的老師。

其他人都因為桑天．嘉措的一絲不苟而感到膽怯，害怕無法符合他的標準，常覺得不夠資格參與有他出席的儀式。你可不能在食子上犯任何錯誤，或在佛龕上的壇城布置裡漏掉任何小細節，因為不知道為什麼，你就是會知道，他不但察覺到了，而且無法接受那樣的疏失。你很難找到比他更細膩的人，他是個真正的完美主義者！當他主持法會的時候，新手喇嘛可不敢裝腔作勢。

桑天．嘉措是如此博學多聞、技巧高明，也是如此值得信賴、無可匹敵，所以大家把他比擬為馬爾巴——那位將噶舉教法從印度引進西藏的大譯師。

但我的上師從來不曾擺架子，也不曾裝出一副證量高深的樣子，不像某些禪修者從來不曾把他們空洞、刺眼的目光往下移到地上，卻又喋喋不休，任意發表像「輪迴與涅槃中一切事物都是平等」之類的「深奧」言論！這樣裝腔作勢有什麼好處？

桑天・嘉措的行為舉措彷如他只是個普通人一樣，他保持著秘密瑜伽士一貫風格，不會誇耀自己的成就，也不會表現出他好像是個神氣喇嘛的模樣；他不會把手放在人們頭上給予加持，也不會坐在高座上。他甚至不讓人們向他頂禮，如果有人嘗試這麼做的話，他會跳起來，然後離開；他避免鋪張的陳設，像興建令人歎為觀止的寺廟，或製作華麗的佛像這類事情；他保持著低姿態，從不曾盛裝打扮或穿著絲綢衣服，只穿著一般僧侶的袍子。

如果桑天・嘉措有任何特殊的領悟或力量，他會小心翼翼地不表現出來。他不容許任何人跟他談論他美好的品德，甚至不讓他們有起頭的機會。譬如，如果他們開始說：「仁波切，您真是非常博學多聞」，或「您必定達到非常高的證量」，他就會馬上斥責他們。他絕不會說自己是個特別的人，一個字也不會。沒有人聽他說過「我已經了悟了」，或「我有這些特殊功德」之類的話，一次也沒有！

日常行持

桑天・嘉措日常的修持包含了《普賢心髓》與《傑尊心髓》。你可以說這兩個教法是他個人極為內在的修持，如同他自己所說：「能夠遇見像這樣的法，就算只有一次，也能保證你不會再輪迴。」

他也深深敬愛著大師龍欽巴和吉美・林巴。他經常以一種輕柔的聲調，大聲而緩慢地朗讀龍欽巴的《七寶藏》(*Seven Treasuries*),不是為了正式的口傳,只是為了自己的修持。不管他到哪裡去,總會把這七部書的其中一部帶在身邊,所以到了年底,他就能將七部全部唸完。幾年後,他對於這些《寶藏》中所提到的任何一處細節,可以在書的哪個部分找到,完全瞭如指掌。有時候他會評論說:「多麼奇妙啊!龍欽巴必定是個令人讚歎的大師!他的文字多麼深奧啊!」

《蓮花精要密續》(*Lotus Essence Tantra*)是我伯父桑天·嘉措認為極其重要的一部經典,他一次次地把它口傳給人們,也經常教授它。這也許就是為何我到尼泊爾之後,最先做的事情之一,就是將這部經典做成木刻印版的原因。

有時候,伯父在準備加持物時,會唸誦這本密續,以及另外兩本透過聽聞、觸摸或品嚐而給予解脫的密續;一本是著名的《諸佛的獨子》(*Single Child of the Buddhas*),另一本是《遍在的靈藥》(*Universal Panacea*)。然後,他會要求大家把加持物放進大河中,利益住在那裡及大海裡的眾生。秋吉·林巴曾發掘出幾個這類的密續。

桑天·嘉措有一次告訴我:「我有兩本可以真正利益眾生的經典,一本是《諸佛的獨子》,另一本是《蓮花精要密續》。它們的功德絕對無庸置疑!」

他很少做出這樣的聲明。

談到他的祖古傳承,桑天·嘉措是非常有成就的大師拿旺·聽列(Ngawang Trinley)的

高聳的隱修處壘峰

第四個轉世②。五歲的時候，桑天·嘉措被帶到拉恰寺，跟我的前世確旺·祖古（Chöwang Tulku）在一起，確旺·祖古成為他的根本上師。之後，桑天·嘉措被立為該寺的法王。年少時光他都待在拉恰寺與壘峰，稍長後，就住在一個又一個的洞穴與隱修處。

桑天·嘉措從噶美堪布那兒受戒成為僧侶，可能也是從噶美堪布那兒領受直指心性的教授，以及直觀的確認，這也許就是為何他對噶美堪布懷有無比信心的原因，就好像我父親信任其根本上師松塔·群秋（Söntar Chönchok），以及德喜叔叔對其根本上師夏迦·師利都深懷虔誠一樣。後來，哲旺·諾布成為桑天·嘉措主要的上師，許多住在康區的其他卓越大師後來也都成為他的上師③。

很奇怪的是，我叔叔桑拿與他的母親貢秋·巴炯，兩人都視桑天·嘉措為他們的根本上師；我父親也對桑天·嘉措懷有深切的信心，每次我們去壘峰的時候，甚至在隱修處進入我們視線之前，我父親就會從馬背上下來，頂禮二、三十次。

桑天·嘉措前世的故事

我聽過關於桑天·嘉措前世之一，阿貢的納克汀（Ngaktrin of Argong）令人稱奇的故事。

當納克汀還是個年幼的孩童時，因被認證為一位轉世祖古，而被帶到拉恰寺。當他八歲的時候，有一天，就像一般的小孩一樣，正在跟朋友嬉戲。一位年邁的供拉（gönla，專責護法誦經的喇嘛）正在擊鼓誦經，而孩子們就在他身旁喧鬧遊戲。

「你是一位喇嘛的轉世，別這樣不守規矩。祖古應該是位舉止高貴的男孩，但你卻是個被寵壞的淘氣鬼！你幹嘛要這麼做呢？有什麼益處呢？聽著，不要迷惘！不要迷惘！」這名供拉突然訓斥起了年幼的納克汀。

「那是什麼意思？」這位小祖古問道：「『不要迷惘』是什麼意思？」

「不要讓你的心迷惘徬徨，」這位年邁的喇嘛回答：「就是這個意思！」

「人要怎樣才不會迷惘呢？」

「看著你自己，看著你自己的心！」

當這個小男孩聽到這些話——「不要迷惘，看著你自己的心！」當下就認出了心性。儘管後來他遇見了許多卓越的大師，但他總是說，他的洞見發生在他年幼的時候。

後來，納克汀到了德格的八蚌寺，並在那兒進行傳統的三年閉關。當他第二次進行閉關時，被立為閉關指導上師。他在那裡達到了不可思議的高深修行境界。

偉大的大師錫度．貝瑪．寧傑（Situ Pema Nyinje）當時正好是八蚌寺的領袖。錫度下半生的時候，他的眉毛蓋到了眼睛上半部，擋住了他的視線。當他要讀東西的時候，必須用手指將眉毛往上拉才能看得見。除了這時候，錫度的眼睛總是被遮住或闔上。

只有到了秋天的時候，錫度才會睜開眼睛往窗外眺望，主要是為了欣賞八蚌寺對面山丘上，在那時節綻放的杜鵑花。「啊！杜鵑花正在盛開。」他會這樣驚呼。但當他愈來愈老邁時，眼睛就完全無法睜開了。

有一天，秋吉・林巴首次來到八蚌寺。有人通知錫度：「有個自稱是秋吉・林巴的人來到這裡，就是那個我們一直聽說的，來自囊謙的迦蘇（Kyasu）伏藏師。」④

錫度並不隨意信任任何碰巧路過此地的伏藏師。實際上，錫度堅決不受最近來訪的另一位伏藏師所感動，他對那人的評語是：「喲，喲！那傢伙宣稱自己是個伏藏師，但他的言行舉止在我看來，只不過是為了保有女人而找藉口。他唯一真正成功的事情，就是玷污蓮花生大士的名聲。」

但錫度對秋吉・林巴有些信心，所以準備要跟他見面。儘管如此，他仍召喚喇嘛納克汀（Lama Ngaktrin）前來：「我聽說你因為修持那洛六法，所以有清晰的夢境。這位迦蘇伏藏師聲稱自己是蓮師的使者，也斷言自己是伏藏的主要發掘者。但我不會因為任何人聲稱自己是伏藏師就信任他。既然我們寺院已經安排明天將歡迎這位重要人物，你今晚應該留意你的夢境是否有能證實他宣言的徵兆。向我回報你任何的體驗或淨觀。」

納克汀是個相當了不起的修行人，也在閉關中獲致許多成就。在當晚的夢境中，他收到了一個預言，證實秋吉・林巴確實是位如假包換的伏藏師。一聽到這個夢境，錫度感到既開心又歡喜。

「哈哈！哈哈！」他開玩笑地說道：「秋吉・林巴一定是個真正的伏藏師——當然，假如我們能信任你的夢境的話。」

當秋吉·林巴抵達八蚌寺的時候，他告訴錫度：「你是蓮師的使者之一。蓮花生大士親自指示我，要給予你《七支深密普巴》（*Dagger of the Sevenfold Profundity*）的教法，為你的長壽除障。」

「是嗎？」錫度回答：「我太老了，無法自己持誦經文。當你進行閉關的時候，我會留意兆示。」傳統上，當一個人閉關圓滿之時，會尋找加持與修行成功的徵兆。

錫度要伏藏師進行一個月的嚴格閉關，以修持《七支深密普巴》。到了月底時，錫度的侍者準備要替他拿秋吉·林巴加持過的物品。

「不行，伏藏師必須親自給我灌頂。」錫度堅持：「光只是讓伏藏師將佛龕上的聖物送出來，對我不會有所幫助；秘密金剛乘並不只是放在某個人頭上的東西罷了，請伏藏師本人過來吧！」

所以閉關結束之後，這位沒沒無聞的伏藏師就給予拉薩東部這位最受人敬重的噶瑪噶舉派喇嘛錫度《七支深密普巴》的灌頂。

這兒還有另一則我聽過，關於桑天·嘉措前世喇嘛納克汀的故事。

東藏的冬天冷到連陽光照射後融雪所生的水，還會在流動時結冰，造成廣闊的冰柱屏障，有些甚至達三層樓高。這些冰柱有時還會導致陡峭山徑因而封閉，無法通行。然而，不論天氣有多冷，或下了多少雪，喇嘛納克汀的屋頂上卻從來沒有任何積雪，因為雪會因為他修持內熱瑜伽所產生的拙火而融化。

有一天，納克汀接到消息，說他有一位主要功德主已經在山隘的另一頭往生了。往那邊去的路上，有條河先是氾濫，繼之又結冰，因而造成了兩層至三層樓高的巨大冰幕，山路完全無法通行。

請求喇嘛納克汀前去為往生的功德主修破瓦法（phowa，神識由頭頂射出的法門）的消息，是經由一條繞得很遠的小徑送達。納克汀毫不遲疑地回覆：「我馬上來！」[5]

侍者試著勸阻他打消念頭，並向他抗議：「您怎麼能去呢？難道您想死在冰凍的水中嗎？如果您必須繞過冰幕而行，那將會花上您兩、三天的時間。像您這樣年邁的喇嘛怎麼能去那裡呢？行不通的！別提這件事了。」

但納克汀說：「不行，不去的話非常失禮。他一直是個仁慈的功德主，如果我沒去的話，將嚴重違反三昧耶。不管怎麼說，我明天一早就走！」

侍者束手無策，雖然對於必須繞行既遙遠又危險的路途感到不高興，卻也只能遵命行事，但納克汀跟他們保證不需要繞遠路。

隔天一早陽光明媚，他告訴侍者們：「我昨晚清除了路上的障礙。」

果真，整條山道上的所有冰雪都融化了，四處連一片雪花都沒有，他們可以自在地旅行了。有人問：「這是怎麼辦到的？」納克汀只回答：「昨晚我修持了一點拙火把雪融掉。」

致力尋找典籍的瑜伽士

儘管已經被立為拉恰寺的領袖，桑天．嘉措仍嚮往「真正純樸的瑜伽士」生活。所以，有一天他放棄了維護寺院的責任與所有正式的職責，到洞穴中生活。

他唯一的心願就是禪修，過著出家人的簡單生活，沒有任何圍繞著重要喇嘛的盛大排場，也沒有任由功德主差遣的義務。因為他是寺院的主要祖古，所以沒有人能反對他的心願，必須讓他做他想做的事。他本應相當滿足地繼續過這樣的生活，但事情並非如此發展。

最後，桑天．嘉措為了跟著噶美堪布學習，於是旅行至慈克寺。年紀漸長，桑天．嘉措成為秋吉．林巴的伏藏法最重要的擁護者與提倡者。四個兄弟中，雖然每個都是轉世祖古，但他是為《新伏藏》貢獻最多心力的人，甚至比伏藏師兩位直接的轉世還要多。

◎

以下是這項重要至極的佛行事業如何開展的經過。

身為伏藏師直接的後代，桑天．嘉措對《新伏藏》深懷感激，所以開始專心致力於找尋任何能找得到的經文內容。事實上，這是他年輕時，除了禪修之外，唯一奉獻心力的計畫。

即使當他在各種不同洞穴中過著瑜伽士的生活時，他的附近也總會有四、五個抄書人，專責將全部四十部書抄寫下來。然後，他會校對這些手寫經文，確保內容完全正確。我看過這些手寫經文，真的是令人歎為觀止！⑥

桑天・嘉措堅定不移地找尋完整的《新伏藏》作品，也確保他得到所有的灌頂、口傳與指導。他大部分是從伏藏師的兒子哲旺・諾布那兒領受到的，就像一個珍貴的寶瓶，從另一個寶瓶注滿了水一樣，但他也從噶美堪布那兒領受其所擁有的這些教法。

桑天・嘉措主要的興趣——你也可以說是他內心最深的熱情——是佛法典籍；不只是《新伏藏》，他熱切地收集每一部他認為具有重要性的經典。以囊謙的標準來看，他的藏書室非常大，大到能將我目前隱修處納吉貢巴的佛堂塞滿。即使一百頭犛牛都載得滿滿的，也搬不完他所收藏的典籍。

遠近皆知他願意不辭辛勞地追尋罕見典籍，只要可以的話，不管在何處，他都會把它們找出來。如果他受邀進入某個人家中參加慶典，開始之前，他會快速瀏覽放在佛龕上每個用布包好的典籍；即使有兩百卷，他也會花時間探尋他們整間藏書室；他會堅持拆開每本書的布套，讓他能檢查每一本書，常會發現裡面果然有許多經典。如果這麼做會耗掉一整天時間，他也不以為意。

我的老師不只極度喜愛書籍，也要求必須要複製得很美觀、正確。否則，他就會把書退回給抄書人，說道：「你可以把這本留下來，我不需要它。我只要貨真價實的抄本。」

他不僅致力於收集佛學書籍，他也收藏了大量最精緻的法器。不管特定儀式的用具少了哪一項，他都會委託工匠打造，而且總是要求最高的品質。

如果不是因為共產黨入侵造成破壞，這些精緻手稿與法器至今依然會存在，但現在已全部散佚了。

◎

桑天・嘉措圓寂之前，我與他共度了許多夜晚。他會躺在床上，我則睡在他旁邊的地板上。一天晚上，當我們正在談話時，桑天・嘉措破天荒頭一遭開始講到關於他的甚深了悟。「我從來沒有過特殊的體悟，但隨著時光逝去，我對佛法的真實不虛更加堅信不移，我現在對三身（three kayas）的真實性懷著極大信心。八歲的時候，我認出了心性，而從那時起，我就從未離棄它。當然，我的精進心時而變化，偶爾也會分心，但大部分時間我都持守住心的自性狀態修持。」

我只聽他說過這些事一次，除此之外，他未曾討論過這麼私人的事情。

哲旺・諾布的預言

同一天晚上，他也告訴了我，他跟卡恰・多傑與哲旺・諾布的關係，也談到了他跟其他老師之間的關係。以下是其中的一則故事。

當哲旺・諾布正在類烏齊寺院給予《伏藏珍寶》灌頂時，所有的主要喇嘛與堪布晚上都會聚在一塊兒用餐、談話。這種非正式聚會通常在哲旺・諾布的私人房間（平常這裡是首席喇嘛的寢室）舉行。每晚，房間裡都擠滿了人，大家會請求各式各樣的指引，並澄清禪定修持中所生起的任何疑惑或不確定之處。

一天晚上，三位類烏齊寺的大喇嘛、秋吉・林巴的兩位轉世涅瓊與慈克，以及我最小的叔叔德喜全都在場。當時，桑天・嘉措還相當年輕，在這些重要大師與堪布—老師面前，他保持低調地坐在房門附近。他穿著品質低劣的普通僧袍，不像有些喇嘛會穿絲綢背心。

有一晚，哲旺・諾布張大眼睛端詳著房間，然後直接指向坐在房間後面的桑天・嘉措，並以他著名的大無畏態度，低沉地說道：「以三寶（Three Jewels）之名！喇嘛們請留意，他叫做桑天・嘉措！也許你們都知道了，他是秋吉・林巴的女兒貢秋・巴炯的兒子。」

哲旺・諾布環視著房間，緊盯著每個人。突然，大家都定住不動了。

「你們現在都很看重自己，」哲旺・諾布以他低沉的嗓音繼續說道：「你在那裡，心中認為自己是秋吉・林巴的轉世之一。還有你，在那邊想著自己也是轉世之一。而你，」他指著德喜叔叔道：「你視自己為旺秋・多傑的祖古——不是嗎?!在後面門邊的桑天・嘉措，他可一點都不自得意滿。但談到接續《新伏藏》傳承，我對著三寶發誓，他將超越你們所有的人！透過他，這些《新伏藏》將會廣傳遠播，就像名氣響亮的拉薩久沃佛像一樣。那位謙遜的僧侶將是護持秋吉・林巴教法的支柱。」⑦

別忘了，聚集在哲旺・諾布身旁的，可不是無足輕重的喇嘛，他們全都是地位崇高的祖古與堪布；所有的人面面相覷，房間陷入一片靜寂。之後，他們回頭往後看著那位身穿普通僧袍的小僧侶。

桑天・嘉措覺得渾身不自在，心想：「這位偉大的瑜伽士為什麼一定要這麼說呢？甚至還在大喇嘛們面前發誓？」

雖然哲旺・諾布是桑天・嘉措的舅舅，但桑天・嘉措還是有點畏懼他。而他說出的這一番話，聽起來就像是個預言——桑天・嘉措從未忘懷的一個預言。

圓滿所有灌頂之後，哲旺・諾布前往中藏途中，先到我們倉薩家稍做停留。停留期間，他要求露宿在一個搭建於鄰近寺廟大殿外的白色帳篷內。有一天，他請住在一天騎馬路程外的桑天・嘉措到他那兒去。當時，桑天・嘉措心滿意足地過著簡樸的瑜伽士—僧侶生活。

「我收到哲旺・諾布要求我到他那兒去的傳話。」桑天・嘉措回憶道：「一到那裡，我就被帶到他的帳篷去。當我進去時，我看到了一個擺放了些袍子的大法座。」

「我們馬上要舉行一場陞座大典，就在這個帳篷內！」哲旺・諾布宣布道：「你將肩負起三戒金剛持有者（triple-vow vajra holder）的地位，你聽到了嗎？從現在開始，你絕不許放棄秋吉・林巴的教法！」

然後他強迫桑天・嘉措坐到法座上。當我的上師坐在法座時，哲旺・諾布開始將自己的金剛杵與金剛鈴，以及一整套法袍，一件又一件地當作禮物送給了他。

「從今天開始，我授予你金剛上師的地位。」哲旺・諾布繼續說道：「現在，藉由我所給你的一整套法袍，我指派你為我的代表。我將《新伏藏》的傳承託付給你，你必須履行承續秋吉・林巴教法的工作。」

雖然桑天・嘉措表示抗議，但仍被陞座為金剛上師，並賦予這個重責大任。

法會結束時，哲旺・諾布跟桑天・嘉措說道：「外甥，今晚你跟我將待在這個帳篷裡，我們有很多話要說。」

那天晚上他告訴桑天・嘉措：「我們不會再以這樣的肉身相見了，我把所有的私人物品都交到你手上了。」然後，他把所擁有的每樣東西都給了桑天・嘉措，包括衣物、綢緞衣服、法器，以及其他所有東西。

「我說過，我們此生不會再面對面相見了，就算我們真的見面了，也不會有所不同。現在，所有的東西都是你的了。」

第二天早上，哲旺・諾布動身繼續他的旅程，而桑天・嘉措從此再也不曾見到他了⑧。

授與噶瑪巴《新伏藏法》灌頂

幾年過後，桑天・嘉措接到噶瑪巴卡恰・多傑的來信，要求他到楚布寺給予《新伏藏》的灌頂。讀過來信之後，他唯一的評論是：「在見、修、行方面，我無法讓卡恰・多傑有所進步。但如果這是他的心願，那麼我會把它當成是曼達供養，給予他口傳。」

這是桑天・嘉措陪同貢秋・巴炯旅行到中藏的另一個原因。

一抵達中藏，桑天・嘉措就直赴噶瑪巴的駐錫地楚布寺。

以下是卡恰・多傑一開始跟他說的話：

「我試著要哲旺・諾布授予我《新伏藏》的口傳，因為他不只是秋吉・林巴的兒子，也是個真正具足三戒的金剛上師⑨。我向他要求灌頂，因為他具備了一位大師所有真正的特質，無人能及。但是，顯然他的看法與我不同，不然的話，他怎麼會拒絕我？我也向你弟弟德喜祖古做了相同的請求，但他同樣也拒絕了我。現在，既然你桑天・嘉措是秋吉・林巴女兒的兒子，也流著倉薩神聖的血統，你必須授予我灌頂。」

這是噶瑪巴的命令。

桑天・嘉措站起來頂禮了三次，「您是觀世音菩薩的化身，老實說，我不夠格授予灌頂給您這樣尊貴的喇嘛。要擔任金剛乘上師，就必須要具備十種功德。別提全部十種，我連其中一種功德都沒有！如果我能選擇給予或不給予灌頂的話，我寧願選擇不給予灌頂。這是毫無疑問的。但另一方面，我絕不會做任何讓您不高興的事。」

「不管你有全部十種功德，還是只有一種功德，或毫無功德，你仍然必須給我這個灌頂。」因為這是噶瑪巴的命令，桑天・嘉措別無選擇，只能讓步。

「我想我一定得這麼做。」我上師說道：「秋吉・林巴的伏藏法就像是精煉的黃金般，一旦這種純金在如意寶（Wish-Fulfilling Jewel）您的手中之後，必將同時利益佛法與眾生。」

他就將《新伏藏》法的完整灌頂給了噶瑪巴。這個口傳的傳承，自秋吉・林巴傳到哲旺・諾布，再傳到桑天・嘉措。而這就是桑天・嘉措如何將它傳給第十五世噶瑪巴的經過。桑天・嘉措也從噶瑪巴那兒領受了許多教法，那也是為何桑天・嘉措視噶瑪巴為自己的老師之一。我上師告訴我，噶瑪巴是位如何不可思議的偉大大師，關於他的神通力與成就，以及他能如何清晰地看到三世，就像看著放在手掌心的東西一樣。桑天・嘉措對卡恰・多傑的信心如此堅定，僅只是提到這位噶瑪巴的名字，就會讓他熱淚盈眶。

桑天・嘉措抵達楚布寺一段時間後，受邀到噶瑪巴的私人寢室。當他一走進去，就看見房裡安排了一張擺飾著絲綢法袍、法冠，以及全套金剛上師法器的法座。就跟哲旺・諾布一樣，噶瑪巴也要他坐到法座上。一開始，桑天・嘉措又是同樣反覆抗議了好多次。

「我命令你坐在那裡。」卡恰・多傑最後說道：「我要把你陞座為金剛上師。如果你不護持佛法，還有誰能呢？就外在道德戒律層面來說，你並未將它們損毀到只值一顆芥子的價值；就內在菩薩道層面，以及甚深密續持明者的層面來說，沒有人在大圓滿心髓知見上的了悟上能夠與你相匹敵。你是三戒真正的金剛持有者。」

噶瑪巴繼續說道：「你似乎是希望能在偏遠山區的住處與洞穴中，過著出家人的簡單生活。直到現在，你仍然比較希望這麼做，不是嗎？但現在我要告訴你，從今天開始，你必須拋棄那樣的想法！」

「今天我將你陞座為引領眾生的金剛上師，也就是以口傳為輔助授予圓滿灌頂，並給予解脫教授的人。我要你在我面前、在此地，發誓要這麼做！從今開始，這就是你的任務。」

噶瑪巴又補充說道：「現在你依循噶舉祖師的先例放棄一切，絕對是不恰當的作法。我要聽到你立誓揚棄這樣的作法！我很清楚你一直想要離開中藏，回康區，退隱到僻靜的隱修處。但是，如果你這麼做的話，就完全違背了我的指示！」

桑天．嘉措站了起來，走到法座前。坐下之前，他做了最後一次抗議，「這件事讓我很猶疑。我一直住在洞穴裡，也不再想要任何東西；我渴望將自己完全奉獻於禪修，希望您不要強迫我。」

「聽好！」噶瑪巴堅決地回答：「千萬不要切斷我們三昧耶的連繫。現在坐下吧！」

這件事讓桑天．嘉措相當悶悶不樂。他絕不會說噶瑪巴製造了他修行上的障礙，但如果他沒有被賦予這麼直接的指示，除了在遙遠山區的閉關處外，你在任何地方都找不到他。他絕不可能重拾拉恰寺的責任。

桑天．嘉措時常跟我說：「我沒有絲毫意願成為寺院的領袖，我只想與世隔絕地待在高遠的森林線上方。」⑩

桑天．嘉措陞座為金剛上師之前，極少將手放在別人頭上，做出給予加持的動作。如果因為某些原因發生這種狀況，該地區的人們就會欣喜若狂，彼此說道：「多麼幸運啊！我得到桑天．嘉措的加持！」過去，從沒有人曾領受過他的灌頂或口傳，遑論在人們頭上給予加持了。

他跟我說：「從那時候開始，我真的落入魔羅（Mara，即「魔障」）的力量之中，開始給予灌頂與教授。那也是我退步到目前這樣低落程度的開始；讓我分心的事接踵而至，就像我現在必須不斷主持儀典。這些從來都不是我自己的規畫，我從未致力於璀璨耀眼和受人尊崇的生活，我只想跟山林中的鹿一樣生活。」

自然熾亮的威儀光彩

桑天・嘉措絕對是四兄弟中，對自己最具信心者，而他的自信心也隨著年齡增長與日俱增。由於他的尊貴與威儀，讓人感覺很難親近而與之閒聊。事實上，我從未見過他跟任何人聊天。他的目光綻放著不可思議的光采，就像酥油燈燃燒殆盡前的火光，也有幾分像小貓的明亮眼神。說到他的氣質，你會覺得他能看透你的內心深處，將你最深沉的秘密一覽無遺。

每個人都敬畏他，並不是因為他的穿著打扮，因為他穿的是簡樸僧袍，但是，即使是喇嘛也打從心裡畏懼他；大部分喇嘛或僧侶遠遠看到他朝著他們走過來時，都會趕快閃到一邊去。當他進到房間時，大家都會讓路給他，即使是高傲的顯貴也不例外；不管是何許人物，每個人都戰戰兢兢，爭先恐後地為他讓出一條通道。只要桑天・嘉措在場，即使是我父親，也會擔任起侍者的角色。

看著這位身材瘦小，穿著普通法袍的光頭老僧人如何讓人望而卻步真的很有趣，甚至連第十六世噶瑪巴也都敬畏他。第十六世噶瑪巴二十歲時告訴我：「說到桑天・嘉措，現在，總算有個讓我感到敬畏的人了。我不知道為什麼，那位老僧人就是讓我感到害怕！我甚至連請求他讓我去上廁所，都要想了又想！」

我也是如此。每天早上，當我站在他房門口，要打開門之前，我都會猶豫再三。

他具有某種獨特的特質，一種令人肅然起敬的威嚴。其實並沒有什麼好怕的，但我們所有人真的都很敬畏他。

噶美堪布圓寂之後，轉世為我的表弟。我們都叫他堪楚（Khentrul），意思就是噶美堪布的轉世。年輕的堪楚極為大膽，而且辯才無礙。有一次他跟我說：「我們為什麼要怕桑天・嘉措呢？他只不過是你的伯父、我的舅舅罷了。」⑪但每當走到桑天・嘉措面前，看到桑天・嘉措的光頭時，堪楚就會忘了先前準備要說的話，而且目光低垂，並開始微微發抖。

堪楚解釋說：「每次去見桑天・嘉措的時候，畢竟他是我舅舅，我都試著提醒自己，他跟我一樣只是個人。即使他是個非常尊貴的僧人，也絕對沒有理由感到畏懼。但我一到他面前的時候，就發現自己猶豫躊躇且發起抖來。」

「我試著加以分析，是什麼讓大家這麼畏懼呢？當我看著他的時候，我見到的是一位穿著簡便的年長男子。我不曉得，也許是因為他的光頭，也或許是因為他的眼神；它們有點非比尋常，令人難以直視，彷彿可以看透你深沉的內在似的。所以，我提醒自己不必感到害怕，畢竟，他是我舅舅，但是卻一點用也沒有！」

俗話說：「真正的自信凌駕一切。」很難明確指出那是什麼樣的特質，但你常可以在有高深禪修了悟的人身上看到那種特質。

不論身在何處，桑天．嘉措對人們都有某種影響力。沒有閒談，他不會留餘地給膚淺的談話，但對於修行相關的真誠問題，卻從不吝於回答。桑天．嘉措給予指點的時候，可以預見他的話所帶來的結果，也就是是否會被用於好的方面。

對於以俗世成就與養家活口為主要目標的在家居士，他會給予觀世音菩薩的心咒「唵—嘛—呢—唄—美—吽」的指導，以及信任與虔誠心的教授，但他尤其關照獻身於加深自身體驗與了悟的人們。對於真誠的行者，他會衷心分享自己的心。

不論是哪種情況，每當人們與他會談過後，都會深切受到鼓舞並滿懷欽佩。

許多老瑜伽士住在拉恰寺附近，每當他們聽說桑天．嘉措回來時，馬上就會蜂擁到他的房間，領受大圓滿見地的教授。有時候他們會徹夜待在他房裡，直到清晨才離去。這些禪修者，也是他親近的弟子，都對他清晰明白的開示內容讚歎不已——這些經驗老道的禪修者是很難對人心悅誠服的。

這些老瑜伽士愛戴桑天．嘉措，認為他的心了無障蔽。事實上，不論是誰，不論有多麼博學多聞，任何人只要有機會跟他討論禪定修持，都會驚歎不已。

學養如海洋般淵博的學者與桑天．嘉措討論數小時過後，對於禪修體驗的話題也全都變得虛心了。到最後，這些人一開始時自鳴得意的神情全都消失了，甚至不可扼抑地向他請求開示，問起了一連串問題。

因為傳授根本的禪定修持，桑天・嘉措的莊嚴氣質愈顯強大，連最博學的堪布都為之震懾。任何人只要與他談得愈多，就愈清楚發現他的自信心是多麼難以撼動。這種無法動搖的自信，正說明了他高深的修持與個人體驗。

這就是我所追隨的上師。

還有許多喇嘛與禪修者都對桑天・嘉措懷著深切的虔誠心與信賴。

有一天，當我要進去他的房間時，一位住在倉薩上方的禪修者正巧從裡面走出來。「今天，我有機會幫助某個人，只是一點小小的幫助。」我上師談論道：「這傢伙是第一流的行者，非常勤勉向學。他相信自己一直在培養空性，但事實上，他的修習卻將覺醒的狀態束縛住了。禁錮起來還有何用處呢？」

「我成功地讓他明白，空性並不是我們可以培養的東西。你如何能建構空性呢？我們談過之後，這位禪修者瞭解了，也獲得了一點信心。」

後來，我偶然間碰到了這位禪修者。他告訴我：「我一生中遇見許多老師，也接受過無數指導。但如果沒有遇到桑天・嘉措的話，我不確定自己會在真正的修道上有所進步。那天他以極為清晰的說明，解決了我心中的困惑。現在，我連一絲困惑也沒有。」

這個人對桑天・嘉措懷抱著極大的虔誠心。依我看，他懷抱著的，顯然不只是「一點信心」而已。

即身虹光

我父親有一次在他自己的寺院裡安排了一場竺千法會，並請求桑天・嘉措來主持⑫。冗長的竺千法會期間，他們與我另外兩位叔叔坐在一起。

「這次法會中發生了奇怪的事。」我父親回憶道：「我看見閃爍的虹光圍繞著桑天・嘉措。第二天，當他坐在法座上時，又再度發生了這樣的情況。到了第三天，彩光強烈到我無法看見他的身體。」

「我們兄弟三人全都看見這樣的景象，也討論可能的原因。我們其中一人認為那是單純的虹光，另一人則感到不安，害怕那是他即將圓寂的不祥預兆。」

桑天・嘉措的轉世祖古──哲旺・德千

「但我們沒有人有膽量敢直接跟桑天・嘉措提這件事。因為這麼做的話，我們肯定會挨罵，『為什麼要問這麼無聊透頂的事？』他一定會這麼說。」

「但那並沒有改變我們三人全都看見他的身體宛如虹光所組成的這件事。」

桑天・嘉措在那一年稍後圓寂了。

①…一位轉世祖古有時會被視為昔日大師的化身，有時被視為本尊的化身。舉例來說，達賴喇嘛據說是觀世音菩薩的化身，四臂瑪哈嘎拉則是觀世音菩薩的忿怒相。〔英文口述紀錄者艾瑞克·貝瑪·昆桑說明〕

②…第一世拿旺·聽列是被稱為「三如意子」(three wish-fulfilling sons)的倉薩三兄弟其中之一。接下來幾世，拿旺·聽列的轉世被稱為「納克汀」，這是他名字的縮寫，再加上出生之處，就稱為「阿貢·納克汀」、「吉爾察·納克汀」(Chiltsa Ngak-trin)、「倉薩·納克汀」。〔祖古·烏金仁波切說明〕

③…這些人包括了仁千·南嘉(Rinchen Namgyal)、喀旺·確賈(Khewang Chögyal)與松塔·群秋。松塔·群秋是他的親密法友之一，也是位大圓滿大師。〔祖古·烏金仁波切說明〕

④…「迦蘇」是秋吉·林巴的家族姓氏。〔祖古·烏金仁波切說明〕

⑤…破瓦法——神識由頭頂射出的法門——的修持是一種善巧的法門，確保一個人能投生於佛國，或至少投生於上三道中的一道，並在死亡的那一刻修持。這是有其必要的，因為我們通常都很怠惰，並汲汲忙碌於追求徒勞無用的事情，以致於寶貴的生命稍縱即逝。〔英文口述紀錄者艾瑞克·貝瑪·昆桑說明〕

⑥…確吉·尼瑪仁波切(Chökyi Nyima Rinpoche)最近收到其中一份手抄本，並將之放進尼泊爾大白佛塔(Boudhanath)他的私人物品裡。〔英文口述紀錄者艾瑞克·貝瑪·昆桑說明〕

⑦…當你回顧歷史，看誰成功地將秋吉·林巴的《新伏藏》傳續給後代，很明顯就會發現，當哲旺·諾布在類烏齊寺指名桑天·嘉措時，是從自己的神通力所見來說話。桑天·嘉措一生中，鉅細靡遺地肩負起責任，追蹤《新伏藏》法的每一本法本、灌頂與口傳，並在有生之年將它們全部收集起來。如果你考量康區的地理環境與持有這些法本、傳承的人分布區域有多廣，你就知道這絕不是件小工程。我們現在能有這麼廣泛而深入的版本，不只包含了秋吉·林巴的伏藏寶藏，還包括所有其他跟它們相關的教法，這多半要歸功於桑天·嘉措的奔走。此外，當他造訪中藏，將灌頂獻供給噶瑪巴時，也私下請求卡恰·多傑撰寫不可或缺的附編。當你查閱《新伏藏》的索引時，就可以發現這部分有多少。西藏的傳統中，作者一定會在書末題署裡提到請求寫此著作的人名，而在索引中，你會發現桑天·嘉措的名字出現不只幾次而已。有人為了後代這樣不辭勞苦，是多麼慈悲！〔祖古·烏金仁波切說明〕

⑧…在這之後，哲旺·諾布到中藏去，而桑天·嘉措則留在康區。當桑天·嘉措兩年後跟母親到中藏去的

時候，哲旺·諾布就已經過世了。〔祖古·烏金仁波切說明〕

⑨…外貌上，他是個品格端正的僧侶，嚴格持守淨戒；內在裡，他恪守菩薩的修持；而在甚深的層次上，他遵循金剛乘的誓言。〔祖古·烏金仁波切說明〕

⑩…高於海拔四千至五千公尺的山，便沒有樹了。

⑪…噶美堪布投生為桑天·嘉措妹妹的兒子。〔祖古·烏金仁波切說明〕

⑫…南·倉薩寺（Nang Tsangsar Gompa）是由我父親的前世倉薩·索南·耶喜所創建，大家相信他是鴉面護法（Crow-Headed Protector，賈洛·東千，Jarok Dongchen）的化身。〔祖古·烏金仁波切說明〕

第11章

我父親——展現神妙的人

我父親非常年輕的時候，就被認證為大師「倉薩的索南．耶喜」（Sönam Yeshe of Tsang-sar）的第四世轉世祖古。有一天，幾個喇嘛騎馬來到倉薩家中，他們來自我父親前世擔任首席喇嘛的寺院。他們要求見我祖母，並要求將孩子交給他們。

他們到達時，碰巧遇上我曾祖母德嘉佛母過世①。

我祖母跟那些僧侶說：「現在是哀悼的時刻，我母親剛過世，我正忙著安排她的葬禮，此刻請不要問我兒子的事。或許我必須將他交給你們——我怎麼能對噶瑪巴與攝政王的命令置之不理呢？但現在不是我接受白圍巾、慶祝祖古轉世的時機。等葬禮結束後再過來。這段期間，祖古要跟我待在一起。」

那位特使簡直是死纏爛打——咱們別羞於用「痲木不仁」這個字眼。

「嘿，嘿！」他大笑，一副高高在上的樣子，「我們討論的可是金剛指令（vajra command）！妳只有一個回答，那就是『遵命』，我不會接受其他的回答。我不能，也不會兩手空空地回到寺院。」他堅決地說道。

那位喇嘛的寺院距離倉薩家族莊園有兩天騎馬路程之遙。「這件事必須今天解決。我大老遠跑來這裡，不能沒有帶著祖古而返。我不會接受任何延期。」他繼續這樣說道。

「親愛的喇嘛，別這麼厚臉皮。我已經告訴過你，我會把兒子交給你，但今天不是個吉祥的開始。我母親的遺體還躺在那兒，她才剛過世三天而已。」我祖母提醒他。

祖母以理性的口吻繼續說道：「依據一般社會慣例，人們不會像你這麼無禮地對著他們敬重的人講話，你沒有必要這麼做。也別忘了，母親對孩子的幸福永遠都有決定權。」

「這也改變不了任何結果。」喇嘛反駁道。

我祖母警告他：「不要用那種態度講話！我只要求你等一個禮拜，別這麼咄咄逼人！」

但那位喇嘛執意如此，說他等不了一個禮拜，他堅持說：「我無法同意你，這事必須立刻解決！」

祖母是個說到做到的人，不會讓步。

「我告訴你不行！我不會把兒子交給你，也絕不會到你的寺院去慶祝。還有，我並不怕你，也不該怕你。在你來的地方，你也許是個重要人物，但在此地，我才是重要人物。我為什麼要聽命於你？你這樣逼人太甚，將一無所獲！」

那時候，喇嘛已將白圍巾置於祖母面前，她於是將白圍巾還給他。所以喇嘛又把白圍巾拋向她，而她再次將它丟回去。白圍巾就這樣來來回回了三次。

那位喇嘛再次嘗試要把白圍巾依習俗圍在祖母頸子上。祖母抗拒並說道：「沒有人會在自己母親過世的時候盛裝打扮！或者你也許想勒死我！」

他們爭吵了一番，狀況變得有些糟糕。最後，祖母大吼：「現在我心意堅決，我不會接受你的白圍巾！也絕不會將我兒子交給像你這樣的人！既然他是我兒子，就由我監護！你絕不會得到他，所以你最好給我滾出去！」

那位喇嘛不懷好意地回應道：「好，如果是這樣的話，那麼我們絕不會要這位祖古。」裂痕已經無法彌補了，那位喇嘛說完那句話後，就像個對手般邁步離開敵人的陣營。但那位喇嘛並沒有走遠，而是與其同夥在鄰近的刺柏樹叢裡紮營，並從那個有利位置注意著我們家的一舉一動。

他們的意圖很明顯。吉美．多傑被留在屋子裡，無人看顧之下，就不許到外面走動。不然的話，他們就會把他搶走，帶上馬騎回寺院去。我聽說有三、四個僧侶待在他們的小營區裡好幾個星期，玩這種等待的遊戲。但到最後，他們全都離開了。

我到現在仍難以苟同他們表現「虔誠心」的方式。

戲劇性地劫持轉世喇嘛

葬禮過後不久，祖母必須遠行到慈克寺。當他們一行人自一條狹窄的山道走出來時，突然撞見了廿五位騎著馬的僧侶。那些僧侶堵住了山徑，除了未持有步槍之外，這場面就好像迎面對上了一群準備好戰鬥的敵軍。他們要祖母當場把兒子交給他們。

吉美．多傑只有三歲，但聰明伶俐。當那些僧侶要抓住他時，他抗議道：「我不是索南・耶喜的祖古。他才是！」然後指著站在他旁邊的弟弟，也就是我叔叔桑拿。

很不幸地，「歡迎團」中有個僧侶頭腦比較清楚，駁斥道：「那不是真的，那是他弟弟。」衝突中，祖母的侍者們將手放在佩帶的刀上，「我們至少可以殺掉他們之中的幾個人。」他們在祖母耳邊悄聲地說：「您要我們怎麼做？」

「不行，今天沒有必要流血衝突。」我祖母提醒道：「不管怎麼說，他們有廿五個人，我們能打敗八到十個人就算運氣不錯了。他們今天佔上風，所以這一回合算他們贏。但彩虹不會天天出現，咱們耐心等候，總有一天會輪到我們。」

你可以瞭解有些康巴人是多麼難以對付了吧?!貢秋・巴炯年幼的孩子就當著她的面被劫持了，而她卻束手無策。

於此同時，有個僧侶抓住了吉美・多傑，用披肩將他緊緊地包起來，然後那群身穿紫紅色衣服的僧侶就把他帶走了。

倉薩家族莊園附近的當地人一聽到綁架事件後，馬上準備一決高下，於是前往我父親被帶去的寺院。打鬥一觸即發之際，當地的本波（pönpo，即世襲土司）出面介入此事。

他禁止他們打鬥，並提議斡旋爭端。他建議我祖父同意放棄兒子，而寺院則提出道歉，並備上厚禮以安撫我祖母。

我祖父烏金・確波（Orgyen Chöpel）是當地非常具影響力的人，而且身為一位紳士，他不想要爭執持續下去。他的看法是：「我們當然應該把祖古交給他們。我不責怪那位老喇嘛強人所難，但也不會責怪孩子的母親跟他說了那些話。喇嘛有錯，但他現在樂意和解，也樂見事情有所解決。」

所以我祖母接受了和解，讓我父親交由寺院監護。

這是我父親如何以轉世喇嘛的身分被「邀請」到寺院的經過。

留下祖古

我祖母對於事情的轉變可一點也不開心，所以決定離開她的丈夫及其家族莊園。「我絕不會再繼續待在這裡。」她宣布：「我要離開，住到慈克．秋林附近。」所以她搬到她父親與兄弟的主寺去②。

在此同時，我父親的教育也馬上開始。小小年紀的他被迫要一整天坐著學習讀書、寫字；他按部就班地學習，寺院也香火鼎盛。兩年後，吉美．多傑在閱讀技巧上就非常突出，傳為鄉里美談。

五年過後，他堅持要見母親。

這時候，我父親寺院的總管覺得很放心，因為我父親八歲了，由人護送他短期去造訪母親，再把他帶回來，應該沒有問題。寺院裡每個人都認為分歧早在很久以前就解決，現在一切都沒有問題了。所以，他們准許我父親由十名僧侶護送，到慈克寺探望母親。

但是，五、六天過後，貢秋・巴炯告訴他們：「你們十個人可以回去了，但我兒子不會跟你們走。」

她把吉美・多傑留在那裡。

◎

那十位喇嘛是由一位非常和善的喇嘛領頭，他並沒有提出反對。但是，少了祖古，他們都懷著沉重的心情騎馬回到寺院去。

「當我們抵達大門的時候，」那位喇嘛後來告訴我父親：「我大叫：『他們把我們的祖古留下來了！』就在那時，那位引發整起事件的高傲老喇嘛從窗戶掉下來。」

「一切都非常不吉祥。就像正在醞釀中的風暴一樣，消息很快就散播開來。所有的僧侶與喇嘛都聚集在大殿，前庭也擠滿了當地人。每個人都顯得相當激動與憤怒，不但留下了眼淚，連刺耳的話語也脫口而出了。」

信使來回往返慈克寺。我父親的寺院毫不鬆手，但我祖母依然頑強不屈。

「我們不可能敵得過慈克寺，」喇嘛們決定說：「但我們絕對會把這件事呈報到最高當局。」所以，我父親的寺院對慈克寺提起訴訟，事情開始變得不堪。

因為我父親的寺院是噶舉傳承，所以他們將這個案子一路提交到噶舉派位於德格的主寺八蚌寺去，同時也派遣了一個代表團去陳述整起事件的始末。慈克的秋林不屈不撓地親自到八蚌寺，以他著名的能言善道與足智多謀為祖母的案子辯護。

八蚌寺的領袖是卓越的錫度仁波切轉世，當時他相當年輕，態度非常溫和，他懇求他們不要打架。慈克．秋林與其隨從人員待在一個房間裡，原告的代表們則待在另一個房間。那是一場相當冗長而複雜的爭論，許多喇嘛參與其中，前後持續了大約十五天。

簡而言之，原告辯稱噶瑪巴已經認證了他們的祖古，而依據傳統，毫無疑問地祖古應回到他的寺院，那裡才是他真正的歸屬之處。否則的話，就像把一封蓋有噶瑪巴印璽的信拋向風中一樣。

另一方面，慈克．秋林辯稱，孩子是由母親所生，沒有任何傳統允許未獲得母親同意，就可以把孩子帶走，因為貢秋．巴炯曾經誓言決不放棄孩子，所以孩子應該跟她待在一起。

最後，判決結果是吉美．多傑可以由母親監護照顧。

驍勇善戰的領袖

回顧過去，我必須承認我父親長大後，變得有點像流氓。儘管身為祖古，他年輕歲月所表現出來的個性，卻是獨特大膽、性格放蕩的那一面。以任何標準來看，他都完全不像是個靈修的人，更不像是傑出大師的後代。

這段期間，囊謙國王的弟弟被賜予了大片土地。這位王子必定是個貪婪的人，因為他也奪取了一部分隸屬於我們家族的土地。

我父親毫不避諱地對付他，爭執惡化成為肢體衝突，我相信有好幾個人因此而喪生。但囊謙皇宮迂迴地支持王子，而我父親無法對抗國王。

吉美．多傑必須逃到慈克寺，因為它隸屬於慈克．秋林管轄，所以囊謙皇室在那兒動不了我父親。信使往返取代了持續不斷的爭吵，直到爭端解決為止。

我父親後來成為囊謙的本波領袖。他裝扮成古老康巴風格的強悍男子模樣，配著一把長刀與一支步槍，到外頭到處射擊；他經常捲入糾紛，然後帶著他那群跟班去打鬥。他不只以衝突為樂，也以爽快打上一架為樂。儘管屢勸不聽，但他驍勇善戰，當地沒有人能擊敗他。

你可以說他喜歡逞英雄。

但最後，我父親前世的業力化身為桑天．嘉措的一位親近隱士友人，收伏了他。

生性認真嚴肅的桑天．嘉措，有一天告訴我父親：「我要去見一位偉大的瑜伽士，你何不跟我一道去？」

這位大師名叫松塔．群秋（Söntar Chönchok），是位大半生都待在山區隱修的禪修者；他被視為是蓮花生大士廿五位親近弟子之一的南開．寧波（Namkhai Nyingpo）的化身，在囊謙毗連皇宮的採久寺長大，但後來要求脫離僧侶生活，以瑜伽士的身分過活；第一世措尼（Tsoknyi）是他多位老師中的一位。

好幾年時間，群秋旅行過一座又一座山的閉關處。最後，定居於涅瓊寺（Neten monastery）上方的一個小小隱修處，直到過世為止。他只專注在禪定修持上，不受世俗事務的干

位於囊謙的採久寺

擾。由於他專一地修持，因而成為一位以高深了悟著稱的大圓滿上師。

群秋是桑天・嘉措的一位特殊朋友，互為彼此的上師與弟子。舉例來說，他們是師兄弟，因為兩人同時在類烏齊寺裡，從哲旺・諾布那兒領受了《伏藏珍寶》的教法；當桑天・嘉措想要澄清任何體驗上的疑惑時，都會徵詢群秋的看法。

因此，我父親以桑天・嘉措侍者的身分，一道去了山裡的小隱修處。當他們來到這位隱士的門前時，群秋出來迎接桑天・嘉措：「歡迎，仁波切！」

隨後，他注意到了吉美・多傑，「你帶誰一塊兒來？」他問道。

「他是倉薩的索南・耶喜轉世。」桑天・嘉措答道。

「啊，索南・耶喜的轉世已經來了！我等著要見他很久很久了。」瑜伽士驚呼道，並開始頂禮於我父親足下。

吉美・多傑試著要閃開，但群秋繼續朝著他的方向頂禮，表達深切的敬意。

「這太可怕了！」我父親心想：「這位喇嘛如何能對像我這樣的罪人有如此淨觀呢？看看我——穿得像個隨時要打架的盜匪一樣，身上又全是武器；這些外相卻絲毫沒有影響他對我的看法，他仍對我的前世懷有這樣的虔誠心。我已經傷害了這麼多人，我竟如此浪費自己的生命！」

當這些懊悔的念頭閃過我父親心中時，這位隱士仍繼續對他頂禮。最後，這位老瑜伽士終於停下來了。

「站在那裡讓他向我頂禮，比我參與過的任何戰鬥都難捱多了。」我父親後來向我坦承：「不知何故，他深深觸動了我。」

業力轉變，誓言從佛

當我父親進到屋裡時，桑天．嘉措早已舒服地坐著享用茶。

我父親深受感動，跟桑天．嘉措發誓說：「今天，在這位喇嘛面前，我承諾不再重蹈任何我曾做過的邪行。」

「如果你是認真的，」桑天．嘉措答道：「那麼你就一定要信守誓言。但如果你不是當真，那麼許下你不會信守的空洞諾言，又有什麼用處呢？那只會為你帶來失敗而已。」

「那我是不是最好成為一位佛法行者，並師從這位隱士呢？」

「那完全由你自己決定。如果你對他有信心，那就去吧！否則，我也不會強迫你做任何事。他是我的密友，我們彼此分享了許多教法；他也是我的上師之一，我對他很有信心，但你應該順從自己的心。我從來不會告訴人們必須接受教法，但也從來不會勸阻任何人接受教法。」

「我已經下定決心了。」我父親答道：「從這一刻起直到我死為止，我將會表現得像個佛法行者！」所以，由於這位老瑜伽士巧妙地介入，吉美．多傑的行為舉止完全改變了。

由於決心要即刻開始，吉美．多傑告訴桑天．嘉措：「我必須接受開示並修持，請幫我提出請求。」

「好吧，好吧！我能做的就那麼多了。」桑天．嘉措說：「去把隱士找來。」這位老瑜伽士還在外頭。

吉美．多傑出去找到了群秋，請他進到屋裡跟桑天．嘉措坐在一起。

「我有事情要請問你。」我上師對著老瑜伽士說：「請在靈修上指引我弟弟。」

「沒問題。」群秋回答：「我會那麼做。」他轉身向吉美．多傑，繼續說道：「但是，首先你必須向我發誓。」

「當然可以。發什麼誓呢？」

「就從今天起，直到你離開人世為止，不管你是瑜伽士或僧侶，都必須穿戴靈修者的裝束與披肩，沒別的好說了！那是佛陀追隨者的象徵。」

「我們身在佛陀描述為『僅只執著外相』的時代，前面三個時期已經過去了，在這第四個時期，遵循某種代表覺者法教的象徵格外重要。所以，現在你現在必須承諾我，你會穿著行者的裙子、無袖上衣，以及披肩。」③

吉美．多傑當下立誓道：「從這一刻起直到我死亡為止，我將脫下世俗裝束，只穿喇嘛服裝。我也將遵行承諾！」

但立下誓言之後，吉美．多傑才困惑地想道：「現在該怎麼辦呢？我沒有帶任何其他合適的衣服來。」

桑天．嘉措替他解圍：「我剛好多帶了一套法袍來，質地不是非常好，但也許可以湊合著穿。我很樂意把它們送給你。」

吉美．多傑穿上新袍子，低下頭向群秋說道：「請為我剃度。」

也許群秋預見我父親很快就要迎娶一位佛母，並成為瑜伽士而非僧侶。

「我不敢為你剃髮。」他答道：「因為你毫無疑問地是索南．耶喜的轉世。所以，應該舉行特別的法會為你陞座為他的繼任者。」

當時，我父親廿二歲。他繼續向群秋請求禪修指引，並視他為根本上師。

從那天開始，我父親變得較為溫和了。

◎

有一天，我父親在淨觀中見到他的上師騎著一頭獅子在空中。在此次淨觀當中，上師也傳授了他包括直指無別覺性（nondual awareness）覺醒狀態之心性教授的禪修口訣。而從這個淨觀裡，我父親似乎得到了我們稱為「了悟的轉移」（transference of realization）的加持。人們說從那時起，我父親完全變了個人，幾乎沒有人的態度像他那麼溫和④。

如同他自己所說：「我不再是個固執、苛刻的修行人，就好像一團泥塊已經化為塵土一樣，我感到全然地自在。」

我父親私下告訴我這件事：「從那天開始，我的心就像太陽閃耀在無雲的晴空般。」這是真的。許多人跟我說，從那時開始，我父親變得極為溫柔，對每個人都懷著敬意與純然的感激，不論是誰都一樣。我父親也獲致了穩固的無二覺性，也因此，他視群秋為究竟的根本上師，並說：「這位大師是對我最仁慈的一位！」

做了這個淨觀之後不久，就接到了群秋圓寂的消息。

妄念瓦解的無修證量

群秋的後半生已達致「妄念瓦解」的階段，亦即大圓滿四個次第中的最後一個階段，相當於大手印所稱的「無修」階段⑤。也就是說，他已經圓滿了禪修的訓練。

桑天．嘉措告訴我，證悟的次第讓群秋成就了虹光身。儘管他在圓寂之際並未顯現出虹光身，但他的身體在圓寂之後，的確縮小了不少，這是他確實已經超越妄念的徵兆。當他圓寂的時候，出現了瑞光、祥音、舍利子（ringsel），天空中也現出了美不勝收的彩虹圖案，正如同大圓滿密續中所描述，具有高深了悟次第的人一般。連桑天．嘉措都為此讚歎不已⑥。

我仍記得，我父親即使只是提到群秋的名字，所表現出的敬意與虔誠心。如果他不得不親口說出群秋的名字，就幾乎說不出話來，會有好一會兒時間發不出聲音。他的虔誠心就是如此深厚。

這也是為什麼在我們現今每日唸誦的傳承祖師祈禱文中，也包含松塔．群秋的原因。

回顧過去，我認為主要是由於桑天．嘉措與我父親的緣故，我才領受到我現在所擁有的口傳。譬如，我父親傳授給我總共超過一百大部的佛陀言教全集；他能以每日大約一千頁的進度，在三個月內唸完全部的《甘珠爾》。他的舌頭就是那樣靈活。

我父親喜愛朝聖，常會中斷嚴肅的開示與法會，離開一天到戶外踏青，其間還會有一次令人愉快的野餐。但當他給予口傳的時候，絕不會半途中斷。

更而甚之，你能清晰地聽見每個字，所以朗讀了一整天的佛經之後，大部分受教的人就會記得佛陀在何處跟什麼人說了什麼話，還能夠覆述給其他人聽。他為人朗讀過三遍整部的《甘珠爾》。

由於吉美．多傑的聲音如此美妙，所以，不管他到何處去，人們不論遠近，都會聚攏過來聽他說話。在他許多美好的德行中，最著名的一項就是他的咒語力量，而這也許是因為他大量修持與持誦瑪哈瑜伽密續的結果。當他主持施身法（Chö）法會的時候，尤其引人注目，就連遠在西寧（Ziling）的整個地區重要家族，都會邀請他去主持儀式，以護持他們的健康、繁榮與長壽。

他的舌頭可能受到了某種加持，因為很難找到比他口齒更清晰，且聲音能傳播得這麼遠的人。當他在隱修處唱誦施身法曲調時，整座山谷都能聽到曲子的回音。

當他的遺體火化後，人們在骨灰中發現他的舌頭完好如初。

神通的示現

我不該這樣說自己的父親，但這卻是事實：吉美．多傑是四個兄弟中，唯一知道如何展現神妙的人。你可以說那就是他的某種個人風格，他具有神通力，也展現了幾項神蹟。

吉美．多傑多次淨觀到昔日大師與本尊，但和他哥哥桑天．嘉措不同的是，他對自己的淨觀與所看到的徵示不會一直守口如瓶。我相信我父親的神通力，因為我時常聽到他親口陳述不可能由其他方法知道，而後來也都印證的事情。舉例來說，每當有重要人士意外出現在他隱修處之前，他就常會先告訴我，某某人正在路上了。而當我問起是誰捎來信息時，他會回答是他剛才想到的——果真，過不了多久，那個人就抵達了。

至於神蹟，他的確在我們倉薩家附近的一塊岩石上留下了一組足跡，我曾親眼見過；他也在格吉山（Mount Gegyal）附近，就在秋吉．林巴留下的足跡旁，留下了另一組足跡。而在他的隱修處德千林大樂聖殿（Sanctuary of Great Bliss）堅硬的岩石上，也有他手足的印記。

◎

人們時常要我父親預言他們會活多久。有一次，一位年邁的女士問他：「嗯，仁波切，我還剩下多久時間可以活？」

「你大約還有三天時間。」我父親想都沒想就脫口而出。

她馬上嚎啕大哭：「只有三天？噢，不，我該怎麼辦呢?!」

我父親只好安慰她：「不是，不是——我是說至少三個月。」

她還是痛哭流涕：「我真的活不過三個月嗎？求求您，難道您不能做些什麼嗎？」

「抱歉，我的意思是三年。」父親主動說道。

兩天後，桑天·嘉措要我父親和他共度幾天，所以我們上壘峰去。第二天，我們接到了一個口信，說那位年邁的女士已經過世了。可見我父親的預言有多麼精確！

「還是不要給老人家這類壞消息比較好。」我建議父親。

他大笑道：「所以現在我不准給壽命的預言了嗎？這個孩子過去是我的弟子，現在我成為他的弟子了。」

◎

我很遺憾地說，對於碰巧是自己父親的喇嘛，人們通常會缺乏感激之心與純粹的理解，但其他人卻視我父親為非常值得崇敬的喇嘛，尤其是給恰寺的人，每年都舉行《圖珠巴切昆色》竺千法會，而我父親也每年給予這部法的灌頂。

有一次，給恰寺一位尼師的弟弟和某位權貴家族的人激烈打鬥。那位尼師接獲打鬥消息，也得知弟弟死了，因而前來請求我父親進行一項引領死者至更好來生的超渡（name-burning）儀式。

「現在已經很晚了，我明天早上做。」我父親說道，她就哭著離開房間了。

早上的時候，我開始為法會整備佛堂，但吉美．多傑並未提到任何關於儀式的事，所以過了一會兒之後，我問道：「您是不是應該開始進行法會了，父親？」

他答道：「我不確定發生了什麼事，但我確定她弟弟並沒有死。」

「為什麼這麼說呢？」我問道。

「如果有人死了，他們的靈體都會來到我面前，但今天我沒有感覺到這樣的情況，所以我確信他並沒有死。」

過了一會兒，那位尼師來到這裡，要為法會做供養，但我告訴她，我父親說她弟弟並沒有死。這時，我父親也插話：「兩、三天內你會得到更清楚的消息。」

果然，過不了幾天，她就獲悉了整起事件，當然了，她的弟弟果真沒有被殺。

施身法——自性的圓滿

我父親所修持的最核心教法是《普賢心髓》與《傑尊心髓》，而他修持的主軸則是施身法。

施身法傳承曾一度包含了超過一百部的教法⑦，現今也許大約只有八部流傳下來，但卻含括了令人讚歎的教法。

施身法的精要是透過斷除自我依戀來利益眾生，有個基本原則是，將你的肉體轉化為珍饈美味，成為一種神聖的食物，首先供養給成佛者，然後再布施給眾生；更高階的修行者則在駭人的地方進行這項修持，譬如在屍陀林（charnel ground），觀想將身體化為珍饈美味，布施給負面的力量、靈體，以及心懷不滿的鬼，藉以安撫它們。

施身法的目標是要在實相的唯一，即自性上達到圓滿，也就是了悟般若波羅蜜多（Prajnaparamita），即般若智慧；而這也被稱為無我性（egolessness）的三摩地，即金剛般的三摩地或究竟實相。這種了悟與大乘最著名的佛經之一，十二部厚重的《般若波羅蜜多經》（*Great Mother of Transcendent Knowledge*）的精髓是完全相同的。

「西藏施身法傳承的主要導師，就是女性大師瑪姬．拉準（Machik Labdrön），」我父親解釋道：「她因成就了般若智慧的究竟目的而獲致了悟。」瑪姬．拉準了悟之後，為了利益眾生，每天都會唸誦十二部法；她已達到了「六重舌成就」（sixfold tongue accomplishment），藉此增加了六倍的言語能力。人們也認為她的前額有第三隻眼睛。

父親有時會跟我說：「般若波羅蜜多的見地，也就是施身法的精髓，與大圓滿的見地怎會有任何差別呢？它們完全相同！大手印、大圓滿，以及施身法，最終都匯聚為相同的覺醒狀態，即究竟的般若智慧。毫無差別，不是嗎？」

我父親曾解釋道：「施身法提到四種魔：障魔（obstructive demons）、非障魔（unobstructive demons）、自我熾盛魔（demons of exuberance），以及自我猶疑魔（demons of indecision）[8]。修行者就必須斷除所有這四種魔。障魔指的是化為人身的惡魔力量，就像毛澤東一樣；非障魔包括好幾千種邪靈；自我熾盛魔的意思是，被成功與追隨者、社會地位與認同所誘惑，因而沉迷在『我真是特別啊！』的想法中；第四種自我猶疑魔（自我固著），則是其他所有魔的根源，是最微細的魔，依附於一種見地，而它與所知障相同，都是遮蓋我們佛性最微細的障蔽。」

我父親說：「施身法的順序，是依循密續修持的一般原則。然後，會有一種特殊的閉關，修持施身法法歌長集《寶鬘集》（*Jewel Garland*），一天修一次，連續修一百天。或者，你可用不超過六頁的較短法本，稱為《單座修持》（*Single Seat Session*），或遵循噶瑪．恰美所著的相似法本，做為日間修持的主軸。你可在清晨時修，接著整天都唱誦不同的法歌，直到一百天過去為止。這是計量施身法行者閉關的一種方式。」

「之後，你還會在山裡做另一套百日修持，然後在河邊，接著在主要的橋樑上。只有當你完成了全部四套的百日修持，你才能問心無愧地贏得施身法行者的名號。光是買個大鼓與骨號，不足以聲稱自己就是這樣的行者。」

「到了下個階段，施身法行者不只在白日修持，也會在夜深人靜時到駭人的地方去。在某些時候，行者可能會面臨『突發』或『挑戰』的試煉，當地靈體會變幻成不同強度的魔幻幽影，藉以測試行者的禪定功力。」

斷除四魔，日夜試煉

當我年幼時，人們會說有許多修行者在修持施身法時死去，試圖藉此來嚇我。這些突發試煉可能會有危險，有些行者可能得重病，有些則可能發瘋，罕見的情形下，有些人甚至因此喪命。

「修持施身法到了某個時候，」我父親繼續說道：「你就必須在埋葬屍骨的墓園，或停放遺體的屍陀林待一百個夜晚。」在康區，有些地方埋葬了多達一萬具遺體，就像我在馬來西亞曾見過的一些大型墓園一樣。

「你必須獨自到墓園去，」我父親接著說：「在一片漆黑中唱誦施身法法歌，甘願經歷任何突發試煉，面對這些考驗直到黎明破曉。」

「有時候，如果禪修者的修持僅止於形式上的高度禪定，當地靈體就會變幻出行者曾經體驗過的精彩景象，誘使他陷入妄自尊大之中。然後，一旦行者對自己的成就志得意滿的時候，僅僅一個突如其來的恐怖幻象就會把他驚嚇住了。」

「然而，真正的施身法行者是不會上鉤的，而是繼續修持。到最後，他們會在所有情況下，不管是墓園、偏遠的山谷，或市集等任何地方，都維持真正的穩定狀態。」

「當行者達到最可怕的突發試煉也無法困擾他們的階段時，就會做最後一套連續七天的施身法修持；七天中的前六天一向是寂靜無聲的。但是，到了第七天晚上，就會發生恐怖的景象。」

「至少，禪修者面對一項突發試煉時，應該提醒自己，這只是個暫時的經驗，與究竟實相完全無關，然後安住在真實見地的相續上。那麼，任何這類突發試煉都不過是在觀賞孩子玩耍罷了。」

「當你屈服於恐懼的那一刻，」父親告訴我：「你就已經失敗而未通過試煉了。」

當我還小的時候，我從父親那兒聽到好幾個恐怖的故事，以下就是其中的一則。

在東藏有個墓園，屍骨都會被丟棄在兩個懸崖之間。這個地點據說極為可怕，怪事時常就發生在到那兒修持的行者身上。

正因為這駭人聽聞的名聲，一晚，我父親跟兩名侍者就一塊到那兒去。因為施身法行者修持的時候，必須單獨一人，因此侍者必須待在距離他至少八十步之處。

「當黑夜來臨時，」吉美．多傑告訴我：「我開始修持。突然間，有個東西從空中掉下來，就落在我面前。我仔細一看，見到一顆人頭用凶狠的眼神瞪著我，舌頭來回擺動。忽然，另一顆人頭掉下來，然後一顆接著一顆。每顆頭撞擊到地面時都發出『砰！』一聲巨響。」

「其中一顆人頭甚至正中我的頭頂，我感到劇烈疼痛。之後，人頭如雹暴般狂烈地傾盆而下，它們看來似乎都還活著。最後，整個地方滿布人頭，砰砰地發出可怕的聲響，有些咳嗽並呻吟著：『我死於潰爛的肺。』還吐出一團團腐臭的痰。」

我父親仍不為所動，繼續修持。

「終於，人頭縮小了，數目也減少了，到最後全都消失不見蹤影。」

這例子說明了那種來自天神與惡魔，我們稱為「魔幻幽影的挑戰」的突發試煉。

我父親繼續說道：「一會兒之後，我站起來，走過去看看我那兩位一直躺在人頭雹暴中睡覺的侍者；他們仍在熟睡中，完全未受驚擾。他們沒有發現任何不對勁。」

群魔亂舞

在西藏，據說有個骷髏會跳舞的聲名狼藉之處。所以，我父親當然也就去那裡修持施身法。骷髏也稱「骨魔」，和「皮魔」與「髮魔」一樣，西藏人都極為害怕。

當我父親在該處修持施身法時，男性骷髏都群集過來，圍著他跳舞，甚至還表演了精彩的民俗舞蹈，努力要讓我父親感到害怕。

「舞蹈並不是很難處理，」他後來說道：「所以我就繼續修法。」

其他種類的惡魔也出現了，「最糟的是皮魔，一大張又一大張的人皮以怪誕的形狀慢慢朝著我飄過來。當它們極為靠近時，我感覺內臟劇烈疼痛，彷彿被毆打一樣。但同樣地，我只安住在覺醒的無二狀態之中，直到人皮縮小，最後慢慢地消失為止，就像骷髏一樣。」

「髮魔就像一大束又一大束的人類頭髮，在我面前搖來擺去、跳上跳下，甚至上演各種誇張的動作，但到後來也消失不見。」

◎

有一次，吉美・多傑在拉薩附近一處著名的巖洞隱修處札葉巴（Drak Yerpa）修施身法，他被要求為當地一位政府要人主持一場療癒法會。既然他已決定修施身法，所以晚上的時候，就帶著一名侍者到屍陀林去。

「當侍者去處理雕像的時候，」我父親敘述道：「竟然消失不見了，到處都找不到他，我一人單獨留在那兒。突然間，不知從哪兒冒出來齜牙咧嘴、留著白鬍鬚的一大群猴子；牠們恐嚇我，來到我面前，碰我，甚至咬我。當牠們抓著我的手時，牠們感覺起來既結實且真實。牠們全都在跳舞，並凶狠地露出牙齒。」

我父親一開始時受到驚嚇，但繼而一想，他提醒自己：「中藏這一帶並沒有任何猴子，這只不過是另一次的突發試煉，所以有什麼好怕的？」

猴子愈跳愈近，還重重地把他踩在地上。儘管如此，吉美・多傑心想：「這裡並沒有猴子！這必定是個試煉！但可以確定的是，這些惡魔的確令人吃驚！牠們盡全力弄出令人害怕的情景，但是，牠們只是給我機會展現出我三摩地的力量罷了。」

我父親從未喪失過「這全只是一場表演，並非真實」的信心，毫不間斷地繼續唱誦他的施身法。逐漸地，那些猴子縮小到像老鼠般大小，然後消失不見。

到最後，只剩下一隻看起來孱弱且孤苦無依的瘦小猴子，牠用非常惹人悲憐的方式抬頭看著我父親，讓他情不自禁地對牠生起憐憫心。

「才幾分鐘前，」他心想：「你表現得如此巨大可怕。使盡你全部的力量變出魔幻幽影有什麼用處呢？現在看看你——你這個可憐的小東西！」

以施身法為眾生療病驅邪

吉美·多傑以為人們治病而著稱，甚至更勝於他哥哥桑天·嘉措。有時候，生病的村民會從兩、三個星期路程遠的地方被帶到他面前來。每星期他會做一次施身法儀式，這些生病的村民就痊癒——或無法痊癒——回家。

在儀式當中，病人必須像已經死掉般躺著，放下所有在意的一切。吉美·多傑就會在禪定狀態中，打開他的「施身法眼」，看見他們疾病的業因，以及迅速治癒的必要療方。然後，他會大聲宣布他的直觀（insights）給所有人聽。

當人們聽到自己為什麼，以及在什麼情況下生病時，通常都會大為震驚。這並無法治癒每個人，但施身法儀式過後的隔天早上，人們就會清楚自己是否能夠痊癒。

我父親用這種方式治癒了許多人，也收到了許多表達感激的禮物與廣遍的尊敬。去問任何一位來自我家鄉地區的老年人，他們都記得吉美·多傑與他的施身法修持。

有時候，他甚至能夠治癒已經發瘋的人。有一次，有一家人帶著一位被繩子綁住、氣憤地扭動身體的女子到他的隱修處去。我當時就在那裡，目睹了整件事情。「如果我們不把她綁成這樣，」她丈夫說：「她就會把自己咬得很嚴重。我們無法跟她講理，也聽不懂她說的任何話。」

我父親要她家人把她放置在遠處，留下她一個人，然後他開始進行施身法儀式。過了一會兒，她停止嗤笑，安靜了下來，並且變得平靜。他們為她鬆綁，但她就只是坐在那裡。

我父親讓她以同樣的姿勢坐在那裡五天；第二天的時候，她看起來就彷如剛從睡夢中醒來，隨即就在她坐的地方就地排尿與排便。他們把她帶去清洗一番後，又把她帶回原地。到了第三天，她的臉頰恢復了一點血色，眼睛也恢復了一些生氣。

第七天的時候，她就能夠自己走路，跟其他人一起回家了。

大師達桑仁波切（Dabzang Rinpoche）告訴我，有次他的帝亞寺（Dilyak Gompa）爆發了流行病，一年之內，就死了十八個年輕的僧侶。於此同時，寺院居民被晚上的怪聲驚嚇不已，沒有人敢在黃昏後外出。到最後，沒有人有勇氣造訪寺院，那裡變得一片死寂。

不知何時，一位帶著偉大錫度白圍巾的信使來到達桑面前，信息上說：「必須恭請倉薩的吉美．多傑前來協助。請他主持一場治療性的儀式，你們的問題就得以解決。」

當我父親受到請求的時候，因為他與護法嘉波．佩哈（Gyalpo Pehar）有很深的連結，所以他請人做了一尊嘉波．佩哈護法的小塑像。達桑寺的僧侶帶著這尊塑像遊行一番後，放置在供奉佛教護法的小佛堂裡。遊行伴隨著喇叭、鑼、鈸與鼓的聲響，然後我父親要求僧侶們以他們的每日祈禱文，對著護法唱誦一小段請願文。

從那時起，就再也不曾發生死亡事件了，晚上的所有聲音也平靜下來了。

三年之間，諸事平順，直到一名小偷盜走了那尊小塑像，騷亂又再度開始。所以，我父親要寺院在鄰近的巨石下，蓋一座小小的護法廟，然後放一尊相似的塑像在那裡。從此之後，一切就安然無恙了。

有一次，來自德格廿五個區域的本波領袖與其隨從人員，一行七百多人一起旅行至北方。當他們抵達小王國林（Ling）的另一邊時，他們的馬匹受到瘟疫的侵擾。流行病嚴重到三十匹馬在一天之內死亡，整批人馬被迫停下來。每個人都憂心如焚，因為他們陷入了進退維谷的窘境。

本波領袖們派人請求我父親即刻過去，我哥哥遍吉跟著一起過去。

「昨天，我們有三十匹馬猝死。您被認為擁有一些力量，有什麼辦法嗎？」他們問道。

「在此地紮營。」我父親說道：「派人出去找很多很多的木柴，我需要進行一場盛大的火供。」我父親旋即開始進行火供。遍吉看見了遠處的死馬屍體，以及大批已經生病的馬匹，健康的馬則被帶開去吃草。

突然間，吉美．多傑命令道：「把所有的馬集合在一起，不管健康情形如何，每一匹都要集合到我面前這片平原的火堆前。把生病與健康的馬混在一起！依照施身法傳統，我們應當完全放開希望與恐懼，把健康與生病的馬分開，不過就是希望與恐懼罷了，所以要放棄這種作法！」

當他們依照他的話做時，他開始將特殊的物質丟到火堆中。一段時間後，他繞著馬群走，在每匹馬身上塗抹從火中生出的油膏。

接著他指示道：「放開所有的馬，卸除任何綑綁、韁繩、馬鞍或其他騎馬裝備，讓牠們隨意漫步到牠們喜歡的地方。」

我哥哥遍吉對父親有著不可思議的信心，他從來不曾反對或忤逆過他，他視父親為他的上師與究竟的皈依。然而，當他那天晚上與吉美．多傑一起躺在帳篷裡試著要入睡時，卻感到恐懼，「我知道有一些馬已經生病了，」他後來跟我說道：「我害怕聽到一夜之間又有多少匹馬死去的那一刻來臨。」

由於無法入眠，半夜的時候，遍吉跟一名侍者悄悄溜到外面環視營區。他們旋即見到一匹馬病重到無法站立，另一匹馬則已經死掉了。他們憂心地繼續往前行。

令他們吃驚的是，當他們繼續前行時，卻未再發現任何馬匹死亡。我哥哥才安心地睡了一下，但很快地就被一聲大叫吵醒：「又有另一匹馬死掉了！」

「但那是唯一的一匹！」另一個人大喊道：「所有生病的馬都已經開始吃草與喝水了！」

一整天，吉美．多傑只是一副無所謂地坐在那兒唸誦金剛上師咒（蓮師咒，Vajra Guru mantra）。之後，再也沒有馬匹死掉了。他真的是個相當了不起的父親。

我父親從中藏回來數年後，就開始在他主要的隱修處德千林大樂的聖殿閉關。我想，他總共花了大約三十年時間在那裡進行閉關；六十三歲那一年，也在那裡離開他的肉身。

他臨終前跟我們說：「如果有任何需要我為秋吉．林巴的伏藏效力之處，我就會回來盡一份心力。但我絕不樂見任何人被迫成為我的轉世祖古，所以我死了之後，不要去找任何祖古！」那也是我們從未要求任何大師告訴我們，何處去尋找他下個轉世的原因。

就跟他們的舅舅哲旺．諾布一樣，四個兄弟全都沒有意願讓他們的下一世得到認證，所以我們也沒有去尋找德喜叔叔或桑拿叔叔的祖古。

①⋯吉噶．康楚（Dzigar Kongtrul）有塊德嘉佛母的骨頭，上面有個女性成佛者度母的圖像。他將它存放在一個檀香木的小盒子裡，我親眼看過，它絕對不是贗品。他保存了許多偉大喇嘛的骨頭，當作他的秘密佛龕聖物。〔祖古．烏金仁波切說明〕

②⋯慈克．秋林是她父親當前在慈克寺的轉世。

③⋯這裡所說的四個時期，是指「修成正果」、「只管修行」、「教導言教」、「只穿法衣」。〔英文口述紀錄者艾瑞克．貝瑪．昆桑說明〕

④⋯當我還是個小男孩時，我就像個僕人般服侍他。兩年期間，我處理他的家務，而在那之前，我是他的廚師，有時候會為他烹調別致的饃饃（momo）水餃。我從未曾聽過他斥責僕人，他也從來不曾打過我屁股。不過話又說回來，我也從來沒有違抗過他的心意。〔祖古．烏金仁波切說明〕

「了悟的轉移」意指吉美．多傑了悟到覺醒的本來狀態，與他老師的了悟無二無別。〔英文口述紀錄者艾瑞克．貝瑪．昆桑說明〕

⑤⋯這四個階段可參閱詞彙解釋中「大圓滿與大手印的四個次第」（four levels of Dzogchen and Mahamudra）的說明。〔英文口述紀錄者艾瑞克・貝瑪・昆桑說明〕

⑥…即使是秘密瑜伽士往生的時候，也無法避免表露出殊勝的徵兆。祖古・烏金仁波切有一次說道：「修行者不應誇耀自己修持的成就，除非是在往生的時刻。而在那個時刻，最棒的就是大笑，次好的是無所畏懼，而第三好的則是毫無遺憾。」身體縮小被認為是較輕微程度的「虹光身」，而祖古・烏金仁波切有時會說，弟子為了「至少保留一些可觸實體的聖骸」，而趕緊將他們大師的遺體火化。「舍利子」是一種微小、發亮，像珍珠般的珠子，時常能在骨灰當中找到。古老的大圓滿密續描述了不同種類、顏色的舍利子，以及它們為何出現而為內在證量的徵兆。〔英文口述紀錄者艾瑞克・貝瑪・昆桑說明〕

⑦…在藏傳佛教八個主要傳統中，施身法是放開一切的一種修持傳統。施身法的修持，是為了捨棄自私自利，也是拋開執著、獲得自在的殊勝法門。「施身法」的含意就是要「斷」，斷除對主客概念的依戀、斷除二元對立的經驗。施身法是唯一由藏文譯為印度文的教法，這也顯示了它是多麼殊勝。施身法是空性與慈悲的修持，在這勇敢的慈悲中，沒有遲疑與疑惑地為眾生福祉而即起行動。如同瑪姬・拉準所言：「比起乞求一百次『拯救我，保護我！』只說一次『大口地把我吃掉吧！』更為有效得多！」〔祖古・烏金仁波切說明〕

施身法是將「虛妄的身體」當成薈供、布施出去的教授，理由是因為我們對肉身有著強烈的執著。欲詳細瞭解施身法的修持，請參閱莎拉・哈定（Sarah Harding）翻譯的《瑪姬的詳解：闡明施身法之意義》（*Machik's Complete Explanation: Clarifying the Meaning of Chöd*，雪獅出版社，以色佳，紐約州，2003年）。〔英文口述紀錄者艾瑞克・貝瑪・昆桑說明〕

⑧…莎拉・哈定稱這四種魔為物質的、非物質的、自我得意，以及自我膨脹，而「自我膨脹」在《瑪姬的詳解》一書第117~120頁中，被定義為自我固著。祖古・烏金仁波切將第四種自我猶疑魔（demons of indecision）的「猶疑」解釋為由於無明，而導致意識微細的搖擺，因而必須依附著堅實的自我感與世界感，這就是自我固著。〔英文口述紀錄者艾瑞克・貝瑪・昆桑說明〕（譯注：根據施身法祖師瑪姬拉準的解說，這四種魔如下：有形的魔鬼〔tangible demon〕，指的是五官所感受的色受、想、行、識等；無形的魔鬼〔intangible demon〕，指的是念頭情緒等無形障礙；亢奮的魔鬼〔demon of exaltation〕，指的是對禪定大樂等的執著；自大的魔鬼〔demon of arrogance〕，指的是自我本位的狀態等。）

第12章

兩位殊勝的叔叔與他們的老師

噶瑪巴認證我三叔為一名祖古①。噶瑪巴告訴祖古的寺院何處可以找到他，所以依照慣例，那裡的喇嘛必須送一封通知信給我的祖父母。這件事剛好發生在我父親被挾持之後不久，貢秋．巴炯仍深感心煩意亂。

「我一個兒子才剛被綁架，」她跟信使說道：「現在你們又要來對他的弟弟桑拿做同樣的事嗎？」

「如果真是這樣的話，」她以冷朝熱諷的口吻補充說道：「請現在就告訴我，讓我能觀賞大場面！因為你們絕不會從我口中聽到任何同意的話，這點是絕對肯定的！老大已經被認證為納克汀的轉世，並被帶到拉恰寺了。我的次子已經從我手中被人奪走，被帶到另一間寺院去。偉大的欽哲預言我的么子是我已故兄長旺秋．多傑的轉世，而他也已經被帶至我父親的駐錫地慈克寺去。」

「我只剩下桑拿這個兒子了，而我需要一個兒子在家中幫忙。現在你們又要把他帶走。你們打算表現得像沒人性的傢伙，強行將他帶走嗎？」

你可以說對那座寺院而言，這實在不是個好時機，因為祖母相當氣憤，她仍然對失去吉美·多傑感到沉痛地哀傷，所以她未曾允許他們帶走桑拿，而沒有得到她的同意，寺院一點辦法也沒有。所以桑拿叔叔仍跟我們的「珍母」待在一起，前半生時間擔任廚師與管家的工作，是她絕佳的幫手。

桑拿叔叔的簡樸生活

桑拿叔叔最棒的特質就是完美無瑕的記憶力，所以無論貢秋·巴炯教他什麼，他從不會忘記。也因此，桑拿經由我祖母學到了秋吉·林巴全部的傳統，尤其是所有唸誦文的曲調，以及各種不同食子的詳細作法。我祖母過世之後，就由桑拿叔叔承續了《新伏藏》唸誦文與食子的正宗知識。

桑拿叔叔很年輕的時候，就受戒為僧侶，並以極高的標準嚴格持守戒律；他衷心護持著三戒：外相上持守別解脫戒的道德誓言、內相上持守菩薩道，而在甚深層次上則護持金剛乘的神聖誓戒；他是個誠實、高貴且博學的人，是最佳的修行人。

我祖母過世之後，他大部分時間都在閉關，只在夜晚小睡一下。老實說，我從沒遇到過任何比他更堅忍不拔的人，除了禪修，他什麼事都不碰，主要都在閉關。跟桑天·嘉措、我父親一樣，他主要修持《普賢心髓》與《傑尊心髓》，並有著非同凡響的體驗與了悟。

他從未像他哥哥桑天・嘉措那麼出名，所以既沒有大功德主，也沒有該盡的義務；他是位優秀的秘密瑜伽士，舉止非常低調，而且個性隨和。他過著禪修者簡樸的生活，事實上，那是一種非常美好的生活。

他就是那樣的一位喇嘛。

桑拿叔叔和我在壘峰跟桑天・嘉措一起住了好幾年，他時常擔任他哥哥的助手，在許多事情上為哥哥效勞。雖然他也是位祖古，但他從未宣稱要跟桑天・嘉措平起平坐。

桑拿叔叔從桑天・嘉措那兒領受了直指心性的教授，以及所有關於禪修的口訣忠告，而他從未跟其他老師請示過這類事情。他對桑天・嘉措懷著極其崇高的敬意，每當他哥哥走進房間後，他就絕不會繼續坐著，彷彿桑天・嘉措就是噶瑪巴本人一樣。你很少在手足之間見到那樣的敬意。

只有當桑天・嘉措過世之後，桑拿叔叔才勉強地傳授《新伏藏》的灌頂，這是他以前堅拒不做的事。只有一次例外。

有一次在壘峰，桑天・嘉措強迫他給予《大圓滿三部》的灌頂，因為桑拿叔叔單獨持有噶美堪布的傳承。首先，桑天・嘉措要他給予我們灌頂，那幾乎花掉了一星期時間。桑拿叔叔灌頂一結束，桑天·嘉措馬上非常謹慎地從頭開始，再傳授整套的灌頂給桑拿叔叔、我父親，還有我②。

後來許多人告訴我，每當桑拿叔叔在灌頂法會中擔任桑天·嘉措的儀式助理時，身手就像隻貓一樣矯健敏捷；每當他處理佛龕上精細複雜的擺設物品時，從不會像大部分的人一樣，一副笨手笨腳的樣子；不管他有多忙，也從不會潑灑出任何一滴東西，也從沒有絆倒過任何人；他的腳步從未曾發出過聲響，這顯然是鍛鍊過的技巧，他也從未在其他任何活動中發出過不恰當的聲響。

桑拿叔叔並沒有許多學生，也從未給過禪修指引，不像他哥哥那樣人盡皆知，他們兄弟就像月亮與星星一般。不過，桑拿叔叔晚年的時候，名聲逐漸響亮，來自各地的人們對他愈加虔誠，因為人們開始明白，透過他母親，他直接持有秋吉·林巴的傳承；因此，《新伏藏》法的傳承必須仰賴他，因為除了他之外，沒有任何人擁有如此純淨的傳承。

後來，當我在楚布寺上方的隱修處閉關時，接獲了他已經過世的消息③。

德喜祖古

德喜叔叔是四兄弟中的老么，原本是到中藏去朝聖，但經過了好幾年，他仍未回到康區的家。最後促使我祖母親自去找他，並將他帶回家。

德喜叔叔旅行的範圍既遠又廣，甚至也探訪了印度與不丹，進行一次又一次的朝聖之旅。也因此，他成年後第一階段的人生就在中藏待了大約八年。

德喜的個性相當強悍。在岡仁波齊峰附近一帶朝聖的時候，有一次，他帶領一大群人安然度過盜匪的威脅。也因為這樣的英勇行為，德喜以機敏著稱。

他被稱為「大鬍子德喜仁波切」，「德喜」表示是秋吉．林巴的兒子，也就是英俊長髮的旺秋．多傑剪掉頭髮之後、廿四歲就過世了的轉世祖古。

德喜叔叔的根本上師是大師夏迦．師利，他離家的那段期間，除了偶爾前往朝聖之旅外，就都住在夏迦．師利的營區。

回到康區後，德喜叔叔的地位與秋吉．林巴的兩位轉世相等，而且在偉大伏藏師主寺的法會中，他們的法座高度也相同④。德喜也是位文筆典雅的作家，為《新伏藏》法的灌頂程序編寫了許多指導手冊；雖然他從未接受過任何正規教育，但他卻寫了一本關於《圖珠》（*Tukdrub*）修法中所有本尊的釋論，這是因為一位具有高深直觀的人，通常可以講授得跟博學的堪布一樣好。

到了某個階段，德喜開始被要求傳承《新伏藏》法，並在慈克寺與其他寺院履行他主要的責任。這就是為何他母親與三個哥哥要前往中藏找他，並將他帶回囊謙的原因。

不過，他們花了五年時間才讓德喜叔叔回到康區。人生將近尾聲時，德喜叔叔住在慈克寺上方的閉關中心。當時，他遭受病痛折磨，被迫必須拄著兩根枴杖走路。我聽說這可能是空行母對他前世作為的懲罰，因為他剃度出家，沒有當一位密續行者⑤。

心意伏藏——大樂上師

德喜叔叔主要的修持是《傑尊心髓》與《普賢心髓》。此外，他非常喜愛蓮花生大士的一種獨特修持，稱為《大樂上師》（*Guru Mahasukha*），這也是夏迦．師利的心意伏藏，是他親自從那位伏藏師本人那兒領受到的法。

我聽說德喜叔叔展現過神蹟，也好幾次清楚地預知未來，但他本人拒絕證實這些事情。就因為如此，他表現出真正的高尚品德⑥。

有一次桑天．嘉措提醒德喜叔叔：「即使是高明的禪修者，基於某些原因，在清醒與沉睡之間的過渡狀態中，也必須要有一、兩個片刻失去意識。當然了，儘管如此，我們基本的覺醒狀態也不會迷失它覺察的特質。不只在清醒時刻，如果連夜晚的其餘時刻，迷惑也全然消失，那就象徵達到大菩薩的次第了。」

「但即使是在那個次第下，」德喜叔叔回覆說：「我也不確定一位菩薩是否不會掉回到輪迴（samsara），甚至墜入地獄之中。」

德喜叔叔有時候會發表這類古怪的言論⑦。

你也許記得，第十五世噶瑪巴曾經想要從秋吉．林巴的兒子哲旺．諾布那兒得到《新伏藏》的口傳。既然那證實不可行，所以噶瑪巴的下個選擇就是派人請德喜來。

德喜叔叔極為博學多聞，也非常注重細節，所以他很有資格以極精確的方式給予《新伏藏》法的教授。德喜抵達中藏之後，噶瑪巴捎了口信給他。

為了提出這項請求，就如同先前向伏藏師的兒子哲旺．諾布所提出的一樣，噶瑪巴再次派遣他最信賴的侍者蔣巴．簇清出馬。

「噶瑪巴請你到楚布寺給予他秋吉．林巴《新伏藏》法的教授。」蔣巴．簇清跟我叔叔這樣說道。

跟哥哥桑天．嘉措一樣，德喜叔叔也是秘密瑜伽士的行事風格，總是躲避成為注目的焦點。所以他回應說：「這實在太可笑了！你為什麼會提出這種要求？」⑧

「不是我請求你這麼做，」蔣巴．簇清回答道：「是噶瑪巴給你的指示。」

接著，他們陷入了一場激辯之中。到最後，蔣巴．簇清展露了他的果洛人性格，甩了德喜叔叔一巴掌，大吼道：「你真低俗！」然後衝出房間，掉頭離開了。

蔣巴．簇清向噶瑪巴回報此事時，說道：「這位德喜祖古簡直無藥可救，是低俗中的最低俗！我跟他爭論，但他斷然拒絕來這裡。」

第十五世噶瑪巴僅僅回答：「沒關係，我們再看看。」

噶瑪巴沒有因此而生氣是對的。之後，他邀請桑天．嘉措來楚布寺，但沒有明確告訴他這次邀訪的目的。

一絲不苟的灌頂

大家都知道德喜叔叔是個極為小心翼翼的人。有一次在距離我住處半天騎馬路程的達那寺（Tana monastery），德喜叔叔被請求傳授蓮花薩埵（Padmasattva），即秋吉・林巴智慧身。天一破曉，他就開始了準備工作，從修儀軌到持誦咒語，都獨自進行；他持續不停地持誦，直到日落之後都還沒有結束準備工作！

德喜叔叔是那種在整個灌頂法會中，會一直保持在生起次第與圓滿次第禪定狀態的喇嘛；他做這些事情的細心程度不同凡響，其他大師一天之內就可以輕易地給予十五到二十個灌頂，但我們這位德喜不行。當他最後終於開始授予灌頂時，他會先講授六種解脫的完整細節，然後再透過個人的體驗引領弟子⑨。

因此，德喜的灌頂會持續整個晚上。如果他不是個喇嘛的話，人們真的會被他惹惱。

他一度想要完全放棄灌頂。

「我無法再給予灌頂了。」他告訴我。

「為什麼不要，仁波切？」

「灌頂的準備工作應該要穩定而可靠。」他回答：「不然的話，我就覺得不滿意。在準備期間，每個咒語的持咒次數至少都要超過好幾千次。但當我這麼做時，就要花掉一整天時間。」

在我們地區，我們至今仍用「像德喜祖古給灌頂一樣。」這個諺語來形容極端一絲不苟的人。

覺醒狀態最為重要

誠實正直的大師們最突出的一項特質，就是他們從不誇耀或公開展現內在靈修的品德。德喜叔叔就是那樣的人。

德喜叔叔有一次跟我說：「是偉大的欽哲宣布我為秋吉．林巴兒子的轉世祖古，沒有事情可以逃過他所知的範圍，他能將三世看得清清楚楚。秋吉．林巴的兒子旺秋．多傑，就是那位在皇宮屋頂領受《十八部瑪哈瑜伽密續》的賈王化身。」

「所以，如果我被認為是這樣的大師化身，我應該多少覺得有點特別才對。一個賈王的化身至少應該有些心靈的澄明吧？但當我審視自己的心靈時，我只看見無明與迷惑所導致的全然黑暗。所以，我無法確定自己是這樣的化身。」

「很幸運地，卓越的大師夏迦．師利為我引介了覺醒的狀態，他說了這幾句話：『仔細聽我說，覺醒狀態是不可能改變的。你聽見我說話了嗎？一旦你注意到這個空的覺醒狀態，在其中，沒有事物可以改變，所以就不需要藉著禪修去創造它，而它也不是真的會消失不見的東西。你瞭解了嗎？一旦你認出了那不可改變的狀態，那就是覺醒狀態。現在，把它永遠牢記在心。相信我，這非常重要！覺醒狀態是最重要的事情。』」

「這些是夏迦．師利最後對我所說的話，即使我的禪修狀態仍是全然漆黑，但它們包含了我所確定的唯一一件事。」

當德喜叔叔說出這樣的言論時，我們通常會哄然大笑，但他會面無表情地繼續說下去。「如果我說我不是一位化身，那等於是宣稱偉大的欽哲是騙子，我可不敢那麼做！但每隔一段時間，我就會謹慎地檢視自己，看看我能否找到任何完美的品德，但卻找不出任何一個，我一無所獲。」

我們再次哈哈大笑。他就是那種喇嘛。

不管他怎麼說自己，德喜叔叔不只是夏迦．師利的親近弟子，也是一位不平凡的大師。

噶美堪布與哲旺．諾布兩人離開這個世界後，德喜叔叔就成為最瞭解秋吉．林巴《新伏藏》的人，同時也是個才華洋溢的作家。只要他還活著，你就不需要仰賴其他大師來撰寫任何指導手冊了。

從為期極長的朝聖之旅回來後，德喜叔叔先在倉薩待了一至兩年，之後又在那座連接到我寺院的高聳隱修處壘峰待了幾年時間。身為四個兄弟中最有學問、最有才華的作家，他利用這段時間將他祖父傳承所需的許多儀式與禪修法本編集成典。雖然德喜叔叔過世後，似乎沒有人編纂過他的著作，如果有的話，必定有足夠的作品可以編輯超過五部書。他寫了許多闡述《新伏藏》修持的著作⑩。

當德喜叔叔的生命即將進入尾聲時，他宣布道：「死亡即將來臨，我會在今年離開人世。」然後，他親自監督分配自己所擁有的每件物品，指明哪件物品應該送給哪位喇嘛或寺院。他清走了每件東西，讓自己完全一無所有，只有一樣東西例外：一件伏藏寶物，即一尊非常小的蓮花生大士雕像。

年輕的時候，他曾經發誓要持誦金剛上師咒一千萬遍，而在那次持咒閉關期間，他將這尊雕像藏在一個小錦囊內的一只純金護身盒中。他虔敬地對待這尊雕像，並說：「我將這尊小雕像視為蓮師本人，要不然，我沒有親見他的好運。蓮師用來自岡仁波齊峰的聖湖瑪旁雍錯湖（Lake Manasarovar）中的沙子做出了這尊雕像，並注入了他的智慧尊。」⑪

有人告訴我，德喜將每樣東西送走之後，不超過三天，他就生病往生了。他臨終前做的最後一件事，就是將那尊小雕像插入新近完成，大人尺寸的佛陀雕像心間。然後說道：「無論發生什麼事，我現在責任已了。」

後來，共產黨摧毀了慈克寺的每樣東西——也包括那尊佛陀雕像。

①…位於格吉·類烏（Gegyal Riwo）區一座古老色扎寺院（Sertsa monastery）裡一位喇嘛的轉世。〔祖古·烏金仁波切說明〕

②…叔叔從慈克的秋林領受到噶美堪布傳承的灌頂，而桑天·嘉措則是從哲旺·諾布領受到。這兩支傳承被視為兩個不同的加持流派，因為哲旺·諾布是從他父親，即偉大的伏藏師本人那裡領受傳承，而噶美堪布則是在偉大的伏藏師秋吉·林巴圓寂後，從其智慧身領受傳承。〔英文口述紀錄者艾瑞克·貝瑪·昆桑說明〕

③…我相信德喜叔叔過世的時候，年約六十六歲，因為他是在我第二次造訪中藏時往生的。〔祖古·烏金仁波切說明〕

④…一位喇嘛法座的高度，常常是衡量其政治或精神地

位或名望的指標。〔英文口述紀錄者艾瑞克．貝瑪．昆桑說明〕

⑤…慈克寺上方的閉關中心稱為「敏珠林」，意為「成熟與解脫之聖殿」（Sanctuary of Ripening and Liberation）。類烏齊寺的喇嘛對我德喜叔叔深具信心，因而邀請他到那裡給予教授。桑天．嘉措圓寂之後，德喜受邀到壘峰給予教授。〔祖古．烏金仁波切說明〕

德喜叔叔後來的確有了後代。他的孫女是一位尼師，最近在慈克寺隨侍秋林祖古。〔英文口述紀錄者艾瑞克．貝瑪．昆桑說明〕

⑥…高尚的品德在於不要讓其他人將注意力從更重要的事情——出離心、慈悲心、正確的見地——分心到神蹟上。〔英文口述紀錄者艾瑞克．貝瑪．昆桑說明〕

⑦…證悟到覺醒狀態，且達到桑天．嘉措所說程度的偉大禪修者，絲毫沒有所依可再墮入輪迴中。原因如祖古．烏金仁波切所教導：「禪定穩固於無二元對立的覺醒之中，就擺脫了無明，而必須有無明才會投生。」〔英文口述紀錄者艾瑞克．貝瑪．昆桑說明〕

⑧…德喜叔叔對於給予像噶瑪巴這樣尊貴的大師灌頂後，伴隨而來的尊崇與社會地位不感興趣。〔英文口述紀錄者艾瑞克．貝瑪．昆桑說明〕

⑨…灌頂可在授予行者加持的法會中給予，而後行者就得到開始修持儀軌的許可。灌頂也可在實質意涵上，透過介紹實相的本性，基本上就是本尊的身、語、意，而給予弟子許可。想更深入瞭解，請參閱策勒．納措．讓卓（Tsele Natsok Rangdröl）所著《灌頂》（*Empowerment*），讓炯．耶喜出版社（Rangjung Yeshe Publication）。六種解脫與這種淨觀直接相關，包含了透過眼見、耳聞、記憶、觸碰、穿戴、口嚐，而得到解脫。〔英文口述紀錄者艾瑞克．貝瑪．昆桑說明〕

⑩…尤其，我記得他有一部闡釋《圖珠聽列寧波》（*Tukdrub Trinley Nyingpo*）裡的本尊著作，所有讀到的人都會驚歎不已。我從未曾見過那本典籍倖存下來的複本，但誰說得準——它仍有可能出現在康區。他為《普賢心髓》寫了《花邊》（*Side Ornament*），還有許多包含在《新伏藏》裡的類似法本。〔祖古．烏金仁波切說明〕

伏藏寶藏通常非常精簡，並包含了許多隱含的參考資料，對一位大師或傳承持有人而言，那些內容全都了然於心。為了讓一般行者能將它們作為每日的儀軌修持，就必須將了然於心的內容寫出來，闡明隱含的內容，並加入參考資料。〔英文口述紀錄者艾瑞克．貝瑪．昆桑說明〕

⑪…這是一種特定樣式，稱為「傑瑪阿仲」（jema atrong）的雕像製作方式。秋吉．林巴曾將一尊這樣的雕像贈予囊謙國王。有好幾個人，包括頂果．

欽哲都有一尊這種雕像。〔祖古．烏金仁波切說明〕

「注入智慧尊」意指受到加持，並灌頂成為他的分身，所以每個接觸到這尊像的人，都在他們的存在之流中種下了解脫的種子。〔英文口述紀錄者艾瑞克．貝瑪．昆桑說明〕

第13章

夏迦・師利——成就者之王

待在中藏期間，德喜叔叔常到他的根本上師，也就是偉大的成就者大師夏迦・師利的營地。夏迦・師利也被稱為「成就者之王」，以及「珍貴的了證大師」，而夏迦的主要上師就是老欽哲①。

「夏迦・師利和大約七百名弟子住在基布（Kyipuk）。」德喜叔叔告訴我：「他的弟子在周圍的兩座山坡上挖滿了洞穴，其他人則待在帆布或犛牛皮做成的小帳篷裡。夏迦・師利自己住在一片草地上的唯一房子裡；那是一間由泥土砌成，有個大窗子的簡單建築。」

人們極為尊崇夏迦・師利，但就如我所聽到的這則故事所顯示的，他並非一直這麼廣受尊敬，而這則故事也許會，也許不會紀錄在他的正式傳記中。

夏迦・師利的第一位老師是傑出的大師亢楚（Khamtrul）。夏迦・師利一開始是為他的老師照顧馬匹，以及做其他勞務工作。有一次，瑜伽士措尼受邀至亢楚的營地傳授心意伏藏的灌頂②。當法會開始的時候，夏迦・師利藉機溜進去坐在門邊。在這階段，沒有人認為他有何特殊之處。

成就者之王夏迦・師利

「你以為你來這裡做什麼？滾出去！」有些僧侶轉過頭來低聲說道：「這種場合不是給像你這樣的人參加，只有喇嘛與佛法老師才能參加。難道你沒有聽到通知嗎？這個場合不是人人都能來的！」

當僧侶們準備將他攆走時，忽然感覺到措尼的目光。「讓他待下來！」措尼大聲喝斥道：「你們全部坐下，總有一天，你們連喝他尿的機會都沒有！」

措尼確保了夏迦・師利待下來領受灌頂，夏迦・師利最後也成為一位有成就的大師。

修持營地

儘管有這麼多弟子圍繞著他，但夏迦・師利並沒有整年講授教法，只在夏天與冬天的特定時段裡講課，這些難得的場合稱為「夏季講學」與「冬季講學」。

夏迦・師利跟部分弟子說：「你們屬於山谷中的大手印這邊。」跟其他弟子則說：「你們屬於大圓滿這邊。」也就是說，他將弟子分為兩群，並依據每位弟子的個人根器而給予大手印或大圓滿的指導。我德喜叔叔是屬於大圓滿陣營③。

德喜叔叔說明道：「規矩相當嚴格，禪修者必須坐在自己的蒲團上，不能亂跑，只有在吃飯時間才能走動；早晨時，會有鈴響示意可以生火煮水泡茶了，全部七百名僧侶與尼師就會從各自的帳篷與洞穴中走出來。

「如果你在那時候環視山坡的話，有一小段時間，會看到人群四處閒晃，而火堆坑裡正冒著煙。接著，鑼聲再度響起，整個地區又回復一片沉寂，因為每個人都回去禪修了。全然的寂靜會一直持續到午餐時間，因為在那之前，沒有人可以到外面走動或煮飯。正午時，鈴聲又響了，每個人又可以開始準備用餐。下午兩點，鈴聲一響之後，沒有人可以留在外頭，全區又再次回復一片沉寂。」

這就是夏迦．師利所堅守而令人讚賞的佛法營地。

身為一位成就者，無論誰來訪，夏迦．師利都保持著超然與無所謂的態度，只有兩個人例外；一個是夏迦．師利一位上師的轉世竹巴．永津（Drukpa Yongdzin），當他到訪時，大師顯得格外尊敬，並說：「留心！永津仁波切已經來了！」另一個特例是極負盛名的秋吉．林巴兒子轉世，也就是我的德喜叔叔。至於其他人，無論是誰，他都以同樣的超然態度對待[4]。

當時，德喜叔叔與永津必定都還很年輕，只有他們兩人可以隨心所欲，其他人則必須分秒不差地同時開始與結束禪修時段。

竹．卡拉．永津仁波切（Druk Kharag Yongdzin Rinpoche）

有一天，當他們兩人正四處玩耍時，夏迦・師利把他們叫進屋子裡。「你們兩個！」老瑜伽大師不滿道：「不要打擾其他人禪修！你們自己的修持也許不會受到干擾，但不要造成別人的障礙！」

那是他們倆唯一挨罵的一次。

下午時間，夏迦・師利通常會到外頭放鬆自己；他會走到後頭的大院子蹲著，然後再回到裡面，坐在他的墊子上，只是全然安靜地待在那兒。

但有時候，直到黃昏來臨，天色轉暗了，他仍未返家。夏迦・師利的侍者就會告訴彼此：「仁波切又沉浸在三摩地了！」

然後其中一名侍者就會走到後頭去找他，低聲在他耳邊說道：「仁波切，您現在最好進到裡面。」夏迦・師利這時會以他低沉有力的嗓音說：「噢！星星已經閃耀天際了。」然後走回屋裡。

小示神通

有一次，不丹國王讓三十位壯漢護送馱載了一袋袋米糧的犛牛，上行經過洛扎（Lhodrak）區艱難險惡的道路，要獻供給這位成就者大師。國王在同行的一封信中，說明了其中一袋米裡，放了一只昂貴的中國瓷碗。

運送人員理應馬上將此瓷碗獻給大師。所以一到之後，他們立即緊張萬分地在夏迦・師利面前，翻遍一袋又一袋的米找尋這只碗。

過了一會兒，夏迦・師利手指比著，並低沉地說道：「碗就在那邊的那袋米中！」果然，他們往裡一看，就找到了。他就是擁有那樣的神通力，但如果你問他，他絕不會承認。

◎

夏迦・師利一生當中曾三度放棄他所有的私人物品，將它們當做供品分送到拉薩。有個廣為人知的傳統作法：只保留你身上穿的衣服、一個杯子、一只碗，還有一根湯匙，以及幾件基本的炊煮用具，其他每樣東西都打包，準備分送出去，連一根針、一絲線都不留。

曾經目睹這個情況的人見到，在這之後的很長一段時間裡，他一直都一無所有。有段時間，他甚至拒絕接受任何形式的供養。

在這期間中的某一次，我德喜叔叔真心誠意地希望將他所擁有的一尊鍍金佛像獻供給他的上師。然而，他曉得如果在一般的情況下獻給夏迦・師利的話，夏迦・師利不可能接受。所以，他就只把它展示給大師看。

「您覺得這尊佛像的身形比例如何？」我叔叔詢問道：「它們正確嗎？」問了一連串這類問題之後，他最後問道：「供養這樣的物品會產生何種功德呢？」

最後，這尊佛像成為夏迦・師利在那幾年當中少數接受的物品之一。

德喜叔叔後來說：「這是我一生中，真正能將虛幻的財寶好好利用的一次。」

一則駭人聽聞的故事

當我還是個孩子時，德喜叔叔告訴了我接下來的故事；他是我的老師之一，從不撒謊，如果不是他親眼目睹此事，我一定不會相信，但他向我保證這件事確實發生過。

許多怪異的人造訪夏迦・師利的營地。有一次，出現了一場大騷動，人群開始聚集。德喜到外頭瞧瞧到底是什麼事這麼讓人大驚小怪。

來自遙遠果洛省的一個年邁喇嘛，才剛進入營地。過了一會兒，他的侍者扛著他的行囊也到了，在營地中央趕上了喇嘛。

然後，那位喇嘛大喊：「呸（Phey）！」那名侍者的身體就平躺在地上了。令大家大吃一驚的是，那位喇嘛若無其事地從那名侍者身上拿走行李，並開始在大庭廣眾之下，為自己烹調晚餐。

「不要太靠近！別碰那具身體！」那位喇嘛對著群眾吼道。

當那位喇嘛稍後向夏迦・師利解釋到底是怎麼一回事的時候，德喜叔叔也在場。「我從果洛步行來此地，那具身體是我功德主的屍體。往生之後，它變成了『殭屍（rolang，會走路的死人）』。現在我正要帶著他的屍體到印度最大的屍陀林之一，在那兒把它處理掉。既然殭屍會走路，我想，那就幫忙拿著我的包袱好了。別讓任何人接近他，告訴他們別動那具屍體，也不要鼓譟騷動。」

當然，沒有人趕得走，每個人都想瞧瞧那具會提行李的屍體；它乾得像根棍子一樣，眼睛閉著，赤裸腳掌上的所有皮肉都已磨損見骨了。沒有人能相信眼前所見的事。

隔天一早，那位喇嘛醒來後做了些早餐。當他吃完早餐後，修了火供儀式，或許是為了要「餵」殭屍吃濃煙，因為它並未吃或喝任何東西。然後，他收拾好行囊，放在屍體背上，然後大喊：「呸！」

那具屍體馬上站直，但當它站著不動時，無法保持平衡，所以就開始搖搖晃晃、慢慢地走起路來，一腳接一腳。那位喇嘛走在前頭，殭屍慢吞吞地跟在後面，腳上的骨頭發出嘎吱與啪噠的聲響，並且在礫石與地面上發出刺耳的刮擦聲。

「它都以同樣緩慢的腳步走路。」那位喇嘛告訴過夏迦·師利：「我必須保持在它視線之內，不然它會迷路。當我爬上山徑頂端時，就必須在那裡等殭屍慢慢跟在後面爬上來。然後，我再繼續往另一頭走下去，並在下面等它跟上我。等我從印度回來時，會再來拜訪。」

那位老喇嘛沒有請求任何教法，而夏迦·師利也沒有問他任何問題，他用完早餐後就離開了。當他從我們的視線消失之後，夏迦·師利驚呼道：「哇！真是不可思議啊！這是一個人獲致穩固的覺醒狀態後，所能表現出來的驚人成就之一。」

一年之後，那位喇嘛經過營地回來了。

「我那寬厚仁慈的功德主遺體，一路背著我的行李到印度。」他說道：「我將它的遺體留在冷園屍場（Cool Grove Charnel Ground），然後獨自走回來。沿路走去的時候，我必須一直小

位於印度的冷園屍場

心翼翼地讓殭屍留在我的視線內，因為我發現，如果人們觸碰到它的話，就會不醒人事，有些人甚至會癱瘓或發瘋一段時間。所以我怎麼能讓它在西藏四處走動呢？殭屍最大的危險是，如果它有機會觸碰到你頭部的話，你也會變成殭屍。那就是為什麼大家不能碰它的原因。」

德喜叔叔後來跟我說：「我一直無法確定，是否這位喇嘛並非只是在開玩笑而已。誰曉得呢？也許那具死屍並沒有心的存在，而是已達某種穩固覺醒狀態的人，能夠隨心所欲地移動物體。無論如何，如果這位喇嘛只是在戲弄大家的話，那也真是個令人驚奇的玩笑啊！」

這位喇嘛必定是位有成就的瑜伽士，不是因為他能夠讓一具屍體活動起來，而是因為他不需要請教夏迦・師利任何問題。這是幾年來一直縈繞在我心裡的事。

①…他的其他老師，包括亢楚・天培・尼瑪（Khamtrul Tenpey Nyima）與第一世措尼。〔祖古・烏金仁波切說明〕

②…珠旺・措尼（Drubwang Tsoknyi）的心意伏藏稱為《拉珠昆桑圖提》（*Ladrub Kunzang Tuktig*）〔祖古・烏金仁波切說明〕

③…也有一位來自拉達克（Ladakh）的優秀喇嘛，名叫貝瑪・確賈（Pema Chögyal），屬於大手印陣營。〔祖古・烏金仁波切說明〕

④…我父親也是夏迦・師利的弟子，但不像德喜叔叔般和他那麼親近。桑天・嘉措則是和卡恰・多傑待在一起，所以從未遇過夏迦・師利。德喜叔叔告訴我，在夏迦・師利的隱修處，德喜叔叔跟竹巴・永津，居於竹千・蔣貢之下，都是主要弟子。夏迦・師利修持《普賢心髓》，雖然他未曾見過秋吉・林巴，但如同本文中提過的，他是第一世欽哲的弟子。〔祖古・烏金仁波切說明〕

第14章

大師—學者噶陀・錫度

夏迦・師利傳記的作者就是噶陀・錫度（Katok Situ），是噶陀寺（Katok monastery）的一位大學者。有一次，當噶陀・錫度造訪中藏時，也來到竹巴噶舉派最傑出喇嘛之一的竹千・蔣貢駐錫地，並受邀上基布，即山谷上更高處，夏迦・師利的山間隱修處。

他抵達基布時，夏迦・師利才剛圓寂不久，我德喜叔叔也還在那兒。夏迦・師利的喇嘛弟子們正在討論誰最適合撰寫大師的傳記，最後決定由博學多聞且能言善道的噶陀・錫度來擔任這件工作。向噶陀・錫度提出請求的任務，就落在德喜叔叔身上。

「我們的大師極為卓越非凡。」我叔叔說道：「拜託您撰寫他的生平故事。」

「好吧！」噶陀・錫度回覆道：「你有他的行誼紀錄嗎？拿給我這些紀錄！」

傳統上，喇嘛會在行事曆上註記列出他們領受與授予的灌頂、口傳、完成的修持，以及其他重要事件。同一天晚上，噶陀・錫度閱讀夏迦・師利簡短摘要的日誌直到深夜。

接下來幾天，他給予教授，到了晚上，則傍著酥油燈的燈光寫作。不到一星期，也就是離開營地之前，噶陀·錫度已經完成了一部精彩的傳記①。

「我研讀了許多哲學性典籍與傳統科學論題，」博學的米龐有一次這麼跟噶陀·錫度說：「就那方面來說，我已經被以佛法為名的莫衷一是給搞迷糊了。」

「相反地，夏迦·師利待在深山中，一心無二地修持大手印與大圓滿，高舉著即身了證的勝利旗幟。如果要比較我們的悟境的話，他是更棒的！」

「理由很簡單，他並未分心於哲學與五明的許多研究，僅專注於大手印與大圓滿的修道重點。這位成就者之王日日夜夜都在修法。」

對治黑暗的鎧甲

讓我解釋一下，為何噶陀·錫度千里迢迢地從康區旅行到中藏。

差不多一千年前，許多密續與儀軌從印度傳入西藏，並且主要透過蓮花生大士、無垢友尊者、毗盧遮那，以及他們弟子的努力，翻譯成藏文②。但在這千年當中，有些闡明密續的釋論散佚了。

特別是有部典籍，即著名的《對治黑暗的鎧甲》（*Armor Against Darkness*）是根據一部名為《密意集經》（*Scripture of the Great Assemblage*）的密續原典來闡釋阿努瑜伽的修法。這部由努布之桑傑・耶喜，即蓮花生大士廿五位弟子之一所著的釋論，幾世紀以前就已經消失無蹤了。

因為某種緣故，噶陀・錫度一肩挑起找尋這部遺失經典的責任，殫精竭慮地搜尋，要將它納入重要典籍的選集當中。所以，不論他到何處，都會在沿途各寺院短暫停留，翻遍每間藏書館。

停留拉薩期間，噶陀・錫度要求我德喜叔叔協助他。德喜當然不會放過陪伴滿腹經綸學者走過衛區（U）與藏區（Tsang）的這個難得機會。

在他們抵達日喀則（Shigatse）之前，已經事先寫了一封信，請求准許造訪班禪喇嘛（Panchen Lama）的駐錫地札什倫布寺（Tashi Lhunpo），並翻閱浩瀚的藏書館。回函上說：「你們可以獲得許可，但將所費不貲。藏書館長、寺院財務長、首席戒律師，還有其他寺院工作人員都必須全部在場，你們不准自行翻閱任何一本書。考量所有必須出席的人員，所以你們在藏書館做研究的費用，必須包含四十個人的餐費與薪水，而且我們只能撥出七天時間給你們。如果你們能包辦費用，就可以進入藏書館。」

噶陀・錫度是位財力雄厚的喇嘛，他準備照單全收，所以回覆道：「好，我將花七天的時間尋遍你們的藏書館。」

這位來自噶陀寺的大師學者開始了搜尋工作，但七天後，仍未找到這本書。噶陀・錫度感到頗為氣餒。

「實在遺憾啊！」他喊道：「本來我相當有把握會在札什倫布寺找到這本書。但現在要在任何地方找到它的機會就很渺茫了。」當時，他已經找遍了寧瑪派與噶舉派主要寺院的藏書館了。我叔叔說，他看起來真的非常憂傷。

噶陀．錫度並沒有住在寺院裡，而是住在鄰近某個家庭。碰巧有位十八、九歲，來自普通人家的女孩來見噶陀．錫度。她要求他把手放在她頭上給予加持。

當他碰觸到她的那一刻，她似乎變了個人；就如同典籍所描述，空行母如何以手勢與象徵性言語溝通般，那個女孩開始以不尋常的方式比劃手勢，彷如在向噶陀．錫度指點什麼事一樣。

隨後，她唱誦著梵文，表演了一場精緻的舞蹈，並以「啊啦啦火（Ah la la ho）！」結束唱誦文。最後，她覆誦了一句：「《對治黑暗的鎧甲》闡明阿努瑜伽的經文。啊啦啦火！」

在場沒有人聽懂她所說的話。「真是尷尬！」有人說道：「竟然有功德主讓一個發瘋的女孩進來探訪這麼偉大的大師。多傲慢的孩子！把她拉出去！」

當他們正要抓住她的時候，噶陀．錫度叫他們不要碰她。再次覆誦那句關於那本書的誦文之後，她低下頭，接受噶陀．錫度的手所給予的加持。然後，她站起來走了出去，彷彿什麼事也沒發生過。

她一離開房間，噶陀．錫度就向德喜與其他侍者說：「好！現在我們似乎必須再回去查看一次。我想，我們仍有機會找到它。你必須回到札什倫布寺，請求讓我們繼續搜尋。我將從頭再來一次，從上方樓層的藏書館開始慢慢往下找。我不在乎他們是否會收跟上次一樣高的費用，我很樂意付錢！讓我們聽聽看他們有什麼話要說。」

我叔叔說，他又走上階梯，提出了請求。處理的行政人員回覆他說：「你們已經看過了，什麼也沒找到，不是嗎？現在你們想要全部再找一次，在我看來，就像你們想把錢扔掉一樣。但如果那是你們想要做的事，就請便吧！」

當我叔叔傳達得到許可的消息時，儘管代價不低，但噶陀·錫度還是欣喜若狂，並馬上叫他帶著錢回到寺院，當天他們就開始著手搜尋。法本在五天後找到了。

噶陀·錫度那次真的很幸運，因為那是努布之桑傑·耶喜，也就是那位將阿努瑜伽教法引進西藏的大師的論釋。

後來，噶陀·錫度告訴我叔叔，一位空行母化身為那位女孩的模樣來到他面前。這是為何今日我們仍能看到《對治黑暗的鎧甲》這部教法的經過。

辯經威名

大家都說噶陀·錫度是位偉大的學者，所以，他待在拉薩期間，只要黃昏降臨，一群群來自色拉寺、哲蚌寺與甘丹寺最博學的格西學者，每群大約六位左右，都會來找他辯經。「如果這些人都不斷前來，」我叔叔心想：「那會造成年邁大師的負擔。也許我該去把門鎖起來。」

當他走到門邊，從縫隙中向內窺視，他看到學者們已經在和噶陀·錫度討論了，並輪流將矛頭指向大師的哲學觀點，當他們提論時，會以典型西藏辯經風格以手擊掌。一開始，他們巨大的吵雜聲，幾乎要讓人耳鳴。但慢慢地，音量消失了。過了一會兒，他聽到的主要就是噶陀．錫度的聲音。到了凌晨，那些格西學者以他們的頭部碰觸噶陀．錫度，感謝他所付出的時間，然後一個個離開了。

當他們走出門的時候，德喜叔叔聽到其中一人說道：「真是不可思議，竟然還有這樣一位活生生的博學大師！我懷疑有任何辯經者可以擊敗他，他顯然所向無敵。」

他們待在拉薩期間，這樣的場景不斷上演，而噶陀．錫度也更加聲名遠播。

一回到康區，噶陀．錫度就興建了一座仿蓮花生大士天宮的最精緻建築，稱之為「光耀銅色山的蓮光宮」（the Palace of Lotus Light on the Glorious Copper-Colored Mountain），裡面放有許多西藏絕無僅有的青銅雕像。

噶陀．錫度後來以使節身分被派至中國，參加一場重要的政治會議。但在途中，他因年屆高齡而離開人世，前往佛國③。

至於他蓋的那座金碧輝煌的宮殿呢？來自中國的入侵者將它夷為平地了。

就在我德喜叔叔跟著夏迦．師利習法，並與噶陀．錫度一道旅行，也就是他離家到遙遠的中藏多年後，我祖母決定要去尋找他。

①…這本傳記目前由艾利歐・古瑞斯科（Elio Guarisco）翻譯。〔英文口述紀錄者艾瑞克・貝瑪・昆桑說明〕

②…這些珍貴且深奧的法教，目前主要包含在兩套正規典籍的選集中：《寧瑪密續教法選集》（*Collected Nyingma Tantras*）與《寧瑪口傳教法集》（*Nyingma Kahma*）。〔英文口述紀錄者艾瑞克・貝瑪・昆桑說明〕

③…八蚌寺的欽哲當時是年幼噶瑪巴的私人教師，後來代替噶瑪巴被派到中國。〔祖古・烏金仁波切說明〕

名詞解釋

1劃

一切顯象與存在的征服者（Subjugator of All Appearance and Existence）：蓮花生大士的名字之一。

2劃

《七支深密普巴》（*Dagger of the Sevenfold Profundity*）：又稱「柵登普巴」（Zabdun Purpa），屬於「普巴」系統，乃《七支深密》七部之一，由秋吉．林巴所發掘的伏藏。「普巴」指的是短刃。楚布寺也修持這個法門。

《七支深密輪》（*Sevenfold Cycle of Profundity*）：藏文為《柵巴柯登》（*Zabpa Kordun*），秋吉．林巴所發掘出的伏藏法中，最為詳盡的一套；內容包括了蓮花空行母、普巴金剛等儀軌。

《七寶藏》（*Seven Treasuries*）：龍欽巴所撰寫的七部博大精深的著作。

九乘（nine vehicles）：寧瑪派的九漸次乘：聲聞（Shravaka）、緣覺（Pratyekabuddha）、菩薩、事部（Kriya）、行部（Upa）、瑜伽、瑪哈、阿努與阿底；是讓具有不同根器與習氣的人們能有所選擇，以獲致解脫並成佛的不同法門。

《了悟的體現》（*Embodiment of Realization*）：即《圖珠貢巴昆杜》（*Tukdrub Gongpa Kundu*），由秋吉．林巴所發掘的伏藏法，結合了所有層次的蓮師成就法。

了證的勝幢（victory banner of realization）：淨除所有遮蓋佛性障蔽的徵兆。

《入菩薩行論》（*Way of a Bodhisattva*）：印度大師寂

天菩薩的知名著作，內容為關於大乘佛法的修持和了證。

《八大成就法》（*Eight Sadhana Teachings*）：即《八種召喚》（Eight Commands）：瑪哈瑜伽的八大主要本尊和其相對應的密續和法本：文殊身、蓮花語、金剛嘿魯嘎心、甘露德、普巴行、母續本尊的解脫術、忿怒咒與世間敬。

八大嘿魯嘎（eight herukas）：八大菩薩的八種忿怒顯現，分別象徵八識的轉化。

八蚌寺（Palpung）：位於康區德格附近的大型噶舉寺院，一七七七年由錫度．確吉．炯涅所創立，歷代錫度轉世的駐錫道場。

八蚌寺的欽哲（Khyentse of Palpung, 1896~1945）：老欽哲的轉世，駐錫於八蚌寺院。

《十八部瑪哈瑜伽密續》（*Eighteen Mahayoga Tantras*）：在赤松．德贊王的時代譯為藏文的十八部重要經典。

十六阿羅漢（arhats, sixteen）：佛陀的弟子們，誓言要保存佛法，直到未來覺者彌勒佛的來臨。

3劃

乃囊寺（Nenang）：巴沃仁波切於中藏的寺院，位在拉薩往楚布寺方向六十公里處。

三內密續（three inner tantras）：瑪哈瑜伽、阿努瑜伽與阿底瑜伽。

三世（three times）：過去、現在與未來。

三戒（three levels of precepts）：詳見「三戒金剛持有者」（triple-vow vajra holder）說明。

三戒金剛持有者（triple-vow vajra holder）：外在層面為道德戒律，內在層面為菩薩修鍊，而內在甚深密續層面為持明者。依循這三個層面的人，就是一位「三戒金剛持有者」。

三昧耶（samaya）：金剛乘修持的神聖誓言、戒律或教誡；不可或缺的內涵包括維持與金剛上師和佛門師兄姐的融洽關係，並且不偏離地持續修持。違反三昧耶者是嚴重毀損與破壞三昧耶的人，可比擬為叛徒或惡魔。

三根本（Three Roots）：即上師、本尊與空行母；上師為加持之根本，本尊為成就之根本，而空行母為事業之根本。通常為三種類型的儀軌修持。

三摩地（samadhi）：不散亂的專注狀態或禪定狀態。在金剛乘的脈絡中，可以指生起次第或圓滿次第。祖古．烏金仁波切常用它來表示醒覺狀態的穩定。

上師瑜伽、上師相應法（guru yoga）：四加行或前行法中最後且最重要的部分，包括祈請覺悟上師的加持，上師的心與行者的心合而為一的修持。

凡俗瑜伽士（town yogi）：在家修行人。

久竹（Jordruk）：八大修持傳承之一，字面的意思是「六支合一」，依時輪金剛的系統做修持。

久沃（Jowo）：大昭寺的久沃仁波切（Jowo Rinpoche）或久沃釋迦牟尼佛金銅像；大昭寺是拉薩主要的佛寺，原稱「惹薩楚南寺」（Rasa Trulnang Temple）。這尊佛像據說是釋迦牟尼佛在世時所塑，並曾由釋迦牟尼佛親自加持。

口耳傳承（hearing lineage）：從上師口中傳到弟子耳中的法脈，一次僅給予一位弟子，且並無印出的經文。

口訣指引（pith instructions）：針對如何以最簡單且有效的方式進行心靈修持切實且精練的建議。

口傳（reading transmission）：藉著聽聞傳法上師大聲朗誦典籍而得到研讀的授權。

《口傳伏藏》（*Treasury of Oral Instructions*）：蔣貢．康楚選編自「八大修持傳承車乘」的最重要教授。

《口傳精要》（*Essence Manual of Oral Instruction*）：藏文稱《些當寧蔣依心諾布》（*Sheldam Nyingjang Yishin Norbu*），秋吉．林巴《新伏藏法》的第一卷，也是《圖珠巴切昆色》（*Tukdrub Barchey Kunsel*）中的主要經文。祖古．烏金仁波切認為這部重要的經典本身即是一部密續。

大手印（Mahamudra）：字面涵意為「偉大的印記」，是了悟個人佛性的最直接修持之一。依據薩瑪派，或稱新譯派的噶舉、格魯與薩迦派的說法，它是金剛乘修持基本見地的教法系統，就如大圓滿之於寧瑪派一樣。

大日如來、毘盧遮那佛（Vairochana）：五方佛部，為如來（Tathagata）佛部的主尊佛。

大白佛塔（Great Stupa of Boudha）：尼泊爾博達的佳容喀修舍利塔（Jarung Khashor Stupa），位在加德滿都山谷中。詳細介紹可見凱斯．道門（Keith Dowman）所著《大白佛塔的傳說》（*The Legend of the Great Stupa*）。

大昭寺（Jokhang）：拉薩最著名的佛寺，也是最重要的朝聖地點，供奉著釋迦牟尼佛的久沃銅像。（譯注：這尊由文成公主帶至西藏的佛像，據說是根據釋迦牟尼佛的等身像鑄成，曾有多次神通顯現。）

大乘（Mahayana）：即「較大的車乘」之意；「較大」或「較小」的涵意指的是發願的範圍、運用的法門與洞悉力的深度。大乘修持的中心為經由慈悲與對空性的洞見，解救一切有情眾生的菩薩誓言。

大黑天、瑪哈嘎拉（Mahakala）：主要的佛法護法之一，是觀世音菩薩的忿怒相。

大圓滿（Great Perfection）：寧瑪派三內密的第三部；大圓滿是佛法八萬四千深廣法門中的最究竟者，普賢王如來的了悟即是如此。和「竹千」與「阿底瑜伽」同義。

《大圓滿三部》（*Three Sections of the Great Perfection*）：藏文為《竹千德松》（*Dzogchen Desum*），由秋吉．林巴所取出的伏藏。請詳見「心部、界部、口訣部」（Mind Section; Space Section; Instruction Section）說明。

《大圓滿心髓》（*Heart essence of the Great Perfection*）：藏文稱《竹千寧體》（*Dzogchen Nyingtig*），由無垢友和蓮花生大士帶入西藏的大圓滿教法，例如由龍欽巴所編撰的《心要四支》。

大圓滿與大手印的四個次第（four levels of Dzogchen and Mahamudra）：大圓滿修持的四個境界：法性明悟、悟境日進、淨覺圓滿、諸法盡融；大手印修持的四個階段：專一、離戲、一味和無修。

大樂上師（Guru Mahasukha）：蓮花生大世的寂靜相之一，通常顯現為頭戴班智達帽、雙手結等持印。

大鵬金翅鳥（garuda）：神話中的鳥，傳說振翅之間即可從宇宙的一端到達另一端；它從蛋中孵化而出即已成熟，能夠隨即翱翔天空。

小昭寺（Ramoche）：位於拉薩的寺廟，寺裡擁有全西藏最著名的兩尊佛陀雕像中的一尊。

小乘（Hinayana）：著重思惟四聖諦與十二因緣的法乘，這種修持能讓人自輪迴中得到解脫。

小乘、大乘、金剛乘（Hinayana，Mahayana，Vajrayana）：佛陀所傳教法的三個層次。

4劃

《不滅之閃電花鬘》（*Inexhaustible Garland of Lightning*）：對保衛佛法的護法所唱誦的祈請文，尤其是保護大圓滿教法的護法們。

中陰（bardo）：死亡與下一個投生之間的過渡狀態。

丹珠爾（Tengyur）：翻譯自印度大師對佛陀教授所撰寫之釋論集要，乃二百一十三卷藏文聖典的第二部分。

丹豁（Denkhog）：德格省的一個地區。

五明（five sciences）：語言（聲明）、辨證法（因明）、醫學（醫方明）、工藝學（工巧明）、宗教哲學（內明）。

亢楚．天培．尼瑪（Khamtrul Tenpey Nyima, 1849~1907）：竹巴噶舉傳承的主要上師之一；目前的轉世居住在印度喜瑪偕爾邦（Himachal Pradesh）

的札西炯(Tashi Jong)。

仁千·林巴(Rinchen Lingpa, 1295~1375):十一位具有「林巴」之名的偉大伏藏師之一。

仁千·南嘉(Rinchen Namgyal,生於十九世紀):大師兼學者,也是蔣貢·康楚與蔣揚·欽哲·旺波的弟子。

仁千·桑波(Rinchen Zangpo, 957~1055):阿底峽尊者時代的重要譯師,被稱為新譯派第一位婁擦瓦(大譯師)。

《仁千德左》(*Rinchen Terdzö*):詳見《伏藏珍寶》(*Treasury of Precious Termas*)說明。

仁波切(Rinpoche):意為尊者,稱呼上師、住持或佛法老師的敬稱。(譯注:在藏傳佛教中,能被稱為「仁波切」者,至少需具下列四個成就之一:承願再來、修行高深、學識淵博、建寺圓滿,並由該傳承的法王認證。)

內瑜伽的見地(view of the inner yogas):身體為本尊,聲音為咒語,而心意為三摩地。

內熱、**大樂**(inner heat, blissful):詳見「拙火瑜伽」(tummo yoga)說明。

公取伏藏(tromter):在完全公開的場合下所取出的伏藏寶藏。

化身(emanation):佛陀或證悟大師以幻力創造,或神力顯現的轉世。

化身基礎(emanation basis):佛國中已證悟的存在體,會以化身或轉世的方式到世間來。

天巴·策林(Tenpa Tsering, 1678~1738):錫杜·確吉·炯涅時代的德格國王。

天津·多傑(Tendzin Dorje):確吉·尼瑪仁波切的前世;那曲卡附近仲翁寺的喇嘛。

天津·拉傑(Tendzin Rabgye):來自巴戎噶舉古老寺廟之一的治療師與成就大師。

天嘎仁波切(Tenga Rinpoche):囊謙班慶寺的大師,也是祖古·烏金仁波切的密友。

天嘎祖古(Tenga Tulku):祖古·烏金仁波切的弟弟。

天龍八部(eight classes of spirits):佛經裡提到,天眾(devas)、龍眾(nagas)、夜叉(yakshas)、乾闥婆(gandharvas)、阿修羅(asuras)、迦樓羅(garudas,大鵬金翅鳥)、緊那羅(kinnaras)、摩睺羅迦(mahoragas),全都可以領受並修持佛陀的教法。這八種也可以用來指稱許多不同的世間靈體(mundane spirits):競(ging)、魔(mara)、參(tsen)、夜叉(yaksha)、羅剎(raksha)、瑪魔(mamo)、羅睺羅(rahula)、龍眾;他們既可以是有益的,也可以是有害的,但一般人無法看見他們。在精微的層次來說,他們被視為是「八識」的不清淨顯象。

巴戎噶舉傳承（Barom Kagyu Lineage）：岡波巴大師的弟子，即巴戎的達摩．汪秋（Dharma Wangchuk of Barom）所開創的傳承。

巴沃仁波切（Pawo Rinpoche, 1912~）：簇克拉．南瓦．旺雀（Tsuklag Nangwa Wangchuk），為近代噶舉傳承的主要大師之一。

巴威．多傑（Barwey Dorje, 1836~1920）：西藏法師，祖寺位於囊謙夏達的惹楚寺（Raktrul Monastery）。當今的轉世為第三世，稱為巴多．祖古仁波切（Bardor Tulku Rinpoche），目前住在美國。

巴羅（Paro）：不丹著名的朝聖地，距首都廷布（Thimphu）約九十分鐘車程。

巴楚仁波切（Paltrul Rinpoche, 1808~1887）：十九世紀最著名的大師之一，不只以學問與涵養著稱，也是出離心與慈悲心的典範，最著名的作品包括《普賢上師言教集》（*Words of my perfect teacher*，即《昆桑拉美歇龍》，*Kunsang Lamey Shellung*）與對大圓滿教授精髓《椎擊三要口訣》（*Three Words Striking the Vital Point*）、《慈松涅德》，*Tsiksum Nedek*）所做的釋論。

心性（mind essence）：心之自性；直指心性乃「直指心性教授」的主要目的，是要讓禪修者明白是什麼東西在「了知」與「思考」——不是理論，而是直接的經驗。詳見「直指心性教授」說明。

心性（nature of mind）：心性（mind-essence）或佛性（buddha nature）的同義詞，應當與思考心（即「森」，sem）有所區別；後者指的是平常基於無明所做的漫無目的的思考。這種自性即為本空，而這些念頭從中或在其中出現。

心流相續（mind-stream）：意識的個別連續性（individual continuity of consciousness）就如同河流的水流般，既非恆久不變，亦非有所中斷。

《心要四支》（*Four Branches of Heart Essence, the*）：又稱為《寧體要吉》（*Nyingtig Yabzhi*），是大圓滿經典中最有名的選集之一，由龍欽巴尊者集結了蓮花生大士與無垢友尊者的系列教法，以及他自己的心意伏藏而成。

心部、界部、口訣部（Mind Section; Space Section; Instruction Section）：即《大圓滿三部》。極喜金剛（噶拉．多傑）於人間建立了六百四十萬部大圓滿密續後，他主要的弟子妙吉祥友將這些密續編排成三類：心部強調「明性」、界部強調「空性」，而口訣部強調「無別性」；它們代表了出現在這個世界上最為深奧與微妙的靈修文獻。

心意伏藏（mind treasure or terma）：直接從一位偉大上師心中所發掘出的伏藏，不需要實體物質的伏藏。以這種方式所取出的教法，是因大師於前世曾為蓮花生大士其中一位弟子之時，被深植於

「無法摧毀的境地」之中。

《心願俱生圓滿》（*Spontaneous Fulfillment of Wishes*）：秋吉・林巴的伏藏寶藏，內容包含了一篇同名而著名的蓮花生大士祈請文。

手印（mudra）：具有神聖意涵的動作，亦即象徵性的手勢。

文武百尊（hundred peaceful and wrathful deities）：四十二尊寂靜尊和五十八尊忿怒尊，代表了佛性的基本品質、修道對輪迴特性的轉化與圓滿成佛的完美德行；與他們壇城相關的修持在寧瑪與噶舉傳統中極受歡迎。通常與死後處於中陰狀態的經驗有關。詳細可見《中陰聞教解脫法》（*Liberation Through Hearing in the Bardo*）。

文殊師利菩薩（Manjushri）：八大菩薩之一，圓滿般若智慧的人身化現。

《文殊真實名經》（*Chanting the Names of Manjushri*）：用詩偈來讚頌文殊菩薩的經典，又稱為《以詩偈讚頌的文殊師利南瑪桑格替》（*Manjushri Nama Sangirti Expressed in Songs of Praise*）。屬於事部（或作密kriya yoga）的密續法，共有六百詩偈，西藏佛教徒都稱之為《蔣巴參覺》（*Jampal Tsenjö*）。在蒼札（Tsamdrak）版的《寧瑪密續教法選集》（*Collected Nyingma Tantras, Nyingma Gyuma*）中被編為第四百廿四部經文。英譯版*Chanting the Names of Manjrshri*，由魏曼（A. Wayman）翻譯，香巴拉（Shambhala）出版社發行。

方便與解脫（means and liberation）：在噶舉派的脈絡下，指的是那洛六法與大手印。

日喀則（Shigatse，或Zhigatse）：西藏第二大城鎮，班禪喇嘛駐錫寺札什倫布寺所在。

止和觀（shamatha and vipashyana）：靜止與觀照，大多數佛法教派所普遍共有的兩種基本禪坐修持。

止美・達夏（Drimey Dashar）：蓮師廿五位大弟子之一，又稱為「仰智童」（Jnanakumara of Nyag）。

止貢（Drigung）：噶舉傳承的主要分支，由帕莫・竹巴（Phamo Drupa）的弟子覺巴・吉天・桑貢（Kyobpa Jigten Sumgön, 1143~1217）所創立。

毛澤東：中國共產黨的舵手，許多西藏人認為他被存心摧毀佛法與有情眾生之樂的惡魔力量所支配。

王（wang）：宗教上的顯要；詳見「帝師」（tishi）說明。

5劃

由牧（Yölmo）：即何蘭普（Helambhu），由加德滿都往北行走三天路程可到達的一處神聖山谷。

冉江（Rabjam）：詳見「雪謙・冉江」（Shechen Rabjam）與「龍欽・冉江」（Longchen Rabjam）／「龍欽巴」（Longchenpa）說明。

冉澤・達瓦（Rabsel Dawa）：頂果・欽哲仁波切的名字之一。

加德滿都（Kathmandu）：尼泊爾的首都。

卡拉・戎果（Khala Rong-go）：秋吉・林巴發掘伏藏寶藏《圖珠巴切昆色》之處，位於囊謙結石鎮（Jekundu）與夏達之間的路上。

卡林邦（Kalimpong）：位於北印度大吉嶺（Darjeeling）附近的一座城市，為介於加爾各答（Calcutta）和拉薩之間的一處舊商業往來中心。

卡恰・多傑（Khakyab Dorje, 1871~1922）：第十五世噶瑪巴，為老康楚的學生，也是噶瑟・康楚的老師。

卡夏仁波切（Kharsha Rinpoche）：來自北印度卡夏（又稱拉荷，Lahoul）的大師。

卡寧謝珠林寺（Ka-Nying Shedrub Ling monastery）：祖古・烏金仁波切在尼泊爾博達大白佛塔附近所創立的寺院，由確吉・尼瑪仁波切和秋林仁波切分別擔任住持和金剛上師。

卡瑪・嘉贊（Karma Gyaltsen）：穹楚・卡將主要的名字。

古努（Khunu）：印度喜瑪偕爾省北部的一個省分。

古努仁波切（Khunu Rinpoche, 1885~1977）：即古努・喇嘛・天津・嘉贊（Khunu Lama Tendzin Gyaltsen），來自印度的一位喇嘛，遊遍西藏與康區各地，後來成為達賴喇嘛的老師。欲知更多細節，請詳見他關於菩提心（bodhichitta）的英文著作《浩瀚如天堂，深沉如海洋》（*Vast as the Heavens, Deep as the sea*）。

古察（kutsab）：即「代表」之意，通常指的是蓮花生大士的雕像。

四次十萬遍前行法（preliminary practices of the four times hundred thousand）：又稱四加行（four foundations），為金剛乘行者開展的傳統根基，包括皈依與菩薩戒、金剛薩埵百字明咒、供曼達、上師瑜伽，每種修持都要重覆十萬遍。

四臂瑪哈嘎拉、四臂大黑天（Four-Armed Mahakala）：佛陀教法的護衛者。

尼兒巴（nyerpa）：寺院中掌管世俗與宗教儀式兩者事務的管理人。

布達拉宮（Potala）：達賴喇嘛馳名的皇宮，也是拉薩的地標。

布姆塘河谷（Bumtang Valley）：不丹東部中區的聖地，傳統上為貝瑪・林巴（Pema Lingpa）大師的家族所在處。

打箭爐（Dartsedo）：中文名稱為「康定」，舊時康區與中國的邊境城鎮。

本波（pönpo）：即「土司」，地方領袖，類似區首長。

本空（basic space）：經驗的根本自性。

本尊（yidam）：密續修持中的證悟尊，可以是觀世音菩薩或金剛薩埵等。

本尊修持（yidam practice）：所有的景象、聲音與念頭，皆為本尊、咒語和三摩地的修持。

本質、自性和潛藏力（essence, nature, and capacity）：依據大圓滿系統，認為佛性具有這三個層面；本質是對於空性的本初清淨智慧；自性是對於認知的俱生當下智慧；潛藏力是對於無分別性的遍入智慧。在究竟上來說，這些等同於三根本、三寶與三身。

札西．吉美（Tashi Chimey）：祖古．烏金仁波切的姑姑。

札西岡（Tashi Gang）：位於不丹首都廷布往東兩天路程之處。

札西．歐色（Tashi Özer, 1836~1910）：八究寺（Paljor）與八蚌寺的住持，也是蔣貢．康楚的學生。

札什倫布寺（Tashi Lhunpo）：寺院名，為班禪喇嘛位於日喀則的駐錫寺；於一四四七年由宗喀巴大師的姪輩與弟子給登．珠（Gedun Drub,1391~1475）所創立，曾可容納高達四千名僧侶。

札達（Drakda）：祖古．烏金仁波切的出生地，位在「耶喜．措嘉生命之湖」附近，距桑耶寺約二十公里。

札里般寶石岩（Tsari-like Jewel Rock）：藏文稱為「薩札．仁千．札克」（Tsadra Rinchen Drak），位於康區八蚌寺上方的斜坡。在《蔣貢．康楚自傳》（*Autobiography of Jamgön Kongtrul*）與拿旺．桀波（Ngawang Zangpo）所著的《神聖地：蔣貢．康楚論朝聖與聖地地理學》（*Sacred Ground: Jamgön Kongtrul on Pilgrimage and Sacred Geography*）書中有詳盡的描述（雪獅出版社）。

札修（drashö）：不丹政府官員的頭銜。

札葉巴（Drak Yerpa）：受蓮花生大士加持的五個聖地之一，位於拉薩東北方三十公里處，因蓮花生大士與佛母耶喜．措嘉，以及第十世紀學者阿底峽尊者曾在此處禪修，因而成為著名的巖洞。

永津（Yongdzin）：竹．卡拉．永津仁波切，又名托登．巴桑．嘉措（Tokden Paksam Gyatso），為竹巴噶舉傳承的大師索策仁波切（Soktse Rinpoche）至今仍活著的弟子之一。

玉札．寧波（Yudra Nyingpo）：毗盧遮那的首要傳承持有人，為蓮花生大士廿五位大弟子之一；藏．雷珠（Lekdrub of Tsang）的轉世，出生於嘉摩．擦瓦戎（Gyalmo Tsawarong）地區，由毗盧遮那扶養長大，在學識與瑜伽士兩方面都成就臻至圓滿；他被視為一〇八位婁擦瓦之一，也是大圓滿心部的主要傳承持有人之一。

玉托・貢波（Yutok Gönpo, 708~833）：西藏著名的醫生和作家。

甘丹寺（Ganden）：位於拉薩附近的格魯派主要寺院，一四〇九年由宗喀巴大師（Tsongkhapa）所創立。

甘珠爾、經藏（Kangyur）：釋迦牟尼佛所說法教的翻譯，藏文的正版佛經（大藏經）總共有一〇三或一〇四部，內容為釋迦牟尼佛親口所說的法教。

甘露（amrita）：即不死的甘露、天神的美飲，指的是密乘儀式中常用的加持酒或果汁。

生起次第與圓滿次第（development and completion）：金剛乘修持的兩大次第；生起次第意指將心的造作轉為清淨，而圓滿次第意指安住於心不造作的本性上。

甲鈴（gyaling）：藏傳佛教重要儀式中的常用樂器，類似波斯山奈琴（shanai）的一種簧管樂器。

白玉寺（Palyul）：即「南嘉蔣雀林」（Namgyal Jangchub Ling），一六六五年由利津・昆桑・雪惹（Rigdzin Kunsang Sherab）所創立，為康區四大寧瑪寺院之一。

尼木（Nyemo）：位於拉薩西南方而與其相近的地區。

6劃

伏藏（terma）：主要由蓮花生大士與耶喜・措嘉所封藏的寶藏而來的傳承，讓伏藏師在合適的時機，為未來弟子的利益而將其發掘出；寧瑪派兩大傳統之一，另一個傳統為喀瑪。據說甚至在佛陀的律藏（Vinaya）消失很久之後，仍會繼續流傳。

《伏藏珍寶》（*Treasury of Precious Termas*）：即《仁千德左》，蔣貢・康楚在蔣揚・欽哲・旺波的協助下，所收集編纂而成的六十三卷集要，收錄了由蓮花生大士、無垢友尊者、毗盧遮那與其親近弟子所發掘出的最重要伏藏。

伏藏師（tertön, treasure reveater）：主要由蓮花生大士與耶喜・措嘉所封藏之伏藏寶藏的取掘者。

伏藏寶物（terma objects）：許多種類的封藏寶藏，包括法本、儀式用品、聖骸與天然物。

伏藏護法（terdag）：特定伏藏寶藏的守護尊。

光耀銅色山（Glorious Copper-Colored Mountain）：蓮花生大士的淨土。

共產（gungtreng）：共產黨的中文譯音。

吉美・多傑（Chimey Dorje, 1884~1948?）：祖古・烏金仁波切的父親，是一位精通施身法的修行者。

吉美・林巴（Jigmey Lingpa, 1729~1798）：龍欽巴的轉

世，發掘了著名的「寧體」（Nyingtig）系統，即「甚深心髓」（Innermost Essence）。他的直接轉世包括蔣揚·欽哲·旺波、巴楚仁波切，以及兜·欽哲·耶喜·多傑（Do Khyentse Yeshe Dorje）。

吉噶·康楚（Dzigar Kongtrul）：第一世蔣貢·康楚的主要轉世之一，當今轉世為涅瓊·秋林（譯注：指第三世涅瓊·秋林仁波切）的最小兒子。

吉隆（Kyirong）：位於拉薩西南方、加德滿都正北方，西藏與尼泊爾舊時的邊界上。

《因明摘要》（*Summary of Logic*）：大學者米龐所著的哲學經典。

地王（zhidag）：當地神祇之意；該地區很有威力的靈體。

地神（neydag）：地區性的神，當地靈體。

多傑·悉吉（Dorje Ziji）：蔣揚·欽哲·旺波（老欽哲）的名字之一，意指「無可摧毀的光耀」（Indestructible Resplendence）。

妄念瓦解（collapse of delusion）：錯誤想法與概念的消融，相較於說某人「獲致證悟」，這種表達方式則傳達了證悟的真實本性，也就是外來毫無相干的東西消逝，猶如太陽不再被雲朵遮蔽。

如意寶（Wish-Fulfilling Jewel）：對噶瑪巴極為尊敬的稱呼，顯示個人深摯的敬意和虔誠。

安吉·天達（Angi Tendar）：來自囊謙地區的瑜伽士，第一世措尼的弟子。

安多（Amdo）：位於西藏康區的省分。（譯注：現今的青海省尖札縣。）

安邦（amban）：中國派駐拉薩的大使。

年多（Nendo）：又稱「涅多」（Neydo），噶瑪噶舉傳承的分支之一，源自於噶瑪·恰美；主要寺院南多塔喜確林寺就位於囊謙南方的昌都。

年竹（Nyendrub）：即《三金剛法要與成就修持》，為八大修持傳承車乘之一，由大師烏金巴（Orgyenpa, 1230~1309）引進西藏，他旅行至地球上的淨土烏底亞那（Uddiyana），並在那裡遇見了女性成佛者金剛亥母。

成佛者身、語、意的信物（representations of enlightened body, speech and mind）：佛龕聖物，包括雕像、典籍與佛塔。

成就（accomplishment）：即了悟，成就的徵示，包括神通力、神幻力與拙火的內熱等。

成就者（siddha）：已臻至完美者、已證悟者、已獲致了悟的高階行者。

托登（tokden）：全時的禪修者，從不修剪結辮的頭髮；常為僧侶身分。

《百妙行大畫卷》（*Great Scroll Depicting the Hundred Wondrous Deeds*）：著名的楚布寺大畫卷，明朝初期時以絲綢為底所畫成，上有中國、西藏、蒙古、維吾爾族（Uighur）與阿拉伯等五種銘文。第五世大寶法王德欣·謝巴曾於一四〇七年到南京拜訪永樂皇帝，這幅畫卷描繪的即是法王在第廿二天所顯示的神通，永樂皇帝並以著名的黑寶冠回贈，因為大寶法王在某次宗教儀式中淨觀到了該頂寶冠。

竹千（Drukchen）：竹千·蔣貢的尊稱，竹桑納確林寺為其寺院。祖古·烏金仁波切幼年時，該寺駐錫的竹千轉世名為米龐·確吉·旺波（Mipham Chokyi Wangpo, 1884~1930），主要的上師為偉大的成就者珠旺·秋林·師利（Drubwang Shakya Shri）。

竹千、大圓滿（Dzogchen）：或稱阿底瑜伽，是舊譯派寧瑪巴的最高教授；傳承祖師包括極喜金剛（Garab Dorje）、妙吉祥友（Manjushrimitra）、師利·星哈、智經（Jnanasutra）、無垢友尊者、蓮花生大士與毘盧遮那。這些祖師將許多大圓滿教法藏在各處（譯注：以便讓這些適合於未來眾生的教法，能夠保藏到後代以利益後世眾生），稱為「伏藏法」，而在接下來的幾世紀中陸續被發掘出來。這些教法總集於具德上師所傳授的個別口訣當中。

竹巴·永津仁波切（Drukpa Yongdzin Rinpoche, ?~1958）：第八世竹·卡拉·永津（Druk Kharag Yongdzin），或稱德千·秋可·永津·拿奇·旺波（Dechen Chokhor Yongdzin Ngagi Wangpo），中藏傑出的竹巴噶舉大師。

竹巴噶舉（Drukpa Kagyu）：由岡波巴大師傳給帕莫·竹巴，再傳給林傑·瑞巴（Lingje Repa）的噶舉教法。

竹桑納確林寺（Druk Sang-Ngak Chöling）：竹千·蔣貢的駐錫地，位於南藏的嘉區（Jar），字意是「密咒乘的佛法園地」，由第四世竹千貝瑪·嘎波（Pema Karpo, 1527~1592）所建立，他將竹巴傳承的駐錫地遷至此處。

米龐（Mipham, 1846~1912）：蔣貢·康楚、蔣揚·欽哲·旺波與巴楚仁波切的學生，由於受到文殊師利菩薩的加持，成為當時最偉大的學者之一，作品集要整整超過三十卷書。其主要弟子為雪謙·嘉察·貝瑪·南嘉（Shechen Gyaltsab Pema Namgyal），即頂果·欽哲仁波切的根本上師。

老康楚（Old Kongtrul）：本書中對第一世蔣貢·康楚仁波切的簡稱。

老欽哲（Old Khyentse）：本書中對蔣揚·欽哲·旺波的簡稱。

自然浮現（self-appeared）：指圖像、種子字等。喜瑪拉雅地區有大量的神聖圖像，據信並非由人類的手所做成。

色芒・天楚（Surmang Tentrul）：色芒南嘉策寺裡博學且具成就的大師，後來將大部分的《新伏藏》教法傳給了第十六世噶瑪巴。

色芒寺的天楚（Tentrul of Surmang）：詳見「色芒・天楚」（Surmang Tentrul）說明。

色芒寺（Surmang monastery，也稱Zurmang）：在本書中指的是位於囊謙東部，靠近慈克寺的南嘉策寺（Namgyal Tse）。

西寧（Ziling）：在旅行報導中，對於這個位於囊謙東北邊界，與中國接壤的城市，拼法不一而足，Sining、Xining或Xilling都有，待考。或應為西藏那曲地區的安多縣。另一份資料顯示，此為中國西藏那曲地區安多縣（China Tibet Nagqu Amdo），安多縣地處西藏北部、唐古拉山腳下。面積二六〇一七平方公里（實轄面積六萬平方公里），草原面積六五〇〇萬畝。總人口二・九萬，轄一個區，十六個鄉，一百廿七個村民委員會。

仲翁寺（Drong Gompa）：或稱不翁貢巴（Bong Gompa），喇嘛天津・多傑（即確吉・尼瑪前世）的寺院，位於拉薩北方經那曲卡（Nakchukha）往康區好幾天路程之處。「Drong」的意思是野犛牛。

7劃

佛、佛陀（Buddha）：已經完全捨去所有障蔽，並且圓滿一切功德的證悟者或覺醒者。完滿的大菩薩（perfected Bodhisattva）在獲致真實而圓滿的證悟之後，即稱為「佛」。一般所稱的「佛」，是指我們這個時代的釋迦牟尼佛，他大約在西元前六世紀出生於印度。在過去數劫中，已經有無量的佛示現了證悟的方法。在目前這個賢劫（Good Eon），也就是從人類誕生開始，到人類毀滅為止，將有一千個佛來到人間，而釋迦牟尼佛為其中第四個。

佛行事業（buddha activity）：證悟者為了影響眾生，並且引領眾生求得解脫與證悟的事業。

佛果、成佛（buddhahood）：真實而圓滿的證悟狀態，具有利益無量眾生的能力。

佛果三身（three kayas of buddhahood）：法身（證悟功德之身）為三身之首，離於概念，如虛空一般；報身（圓滿樂受之身）為諸佛半化現之相，與生具足五圓滿：圓滿之上師、眷屬、處所、教授與時間；只有十地菩薩才得以感知；化身（顯現身或幻化之相）是能讓凡夫感知到的證悟面向。

佛法（Dharma）：佛陀的教法。

佛國（buddhafield）：見「淨土」（pure lands）說明。

佛密（Buddhaguhya，第八到第九世紀）：著名的印度大師，曾在赤松．德贊王的時期造訪岡仁波齊峰，並在當地傳授《密藏密續》給西藏譯師釀．迦納．庫瑪拉（Jnana Kumara of Nyag）。（譯注：或稱覺密，印度瑜伽部密教的三大義學僧人之一，一說其為智足「Jnanapada」的弟子，或說為無垢友的弟子）。

佛塔、舍利塔（Stupa）：圓型屋頂的紀念館，收藏佛陀或成就大師的聖骸。

佛壇主事（shrine master）：又稱為事業金剛。（譯注：在法會時，協助修法上師關於佛壇擺設和程序進行的主要助手。）

克曲河（Kechu River）：位於囊謙與德格之間的河流之一，在慈克寺前方與慈曲河匯流。

利津．古殿（Rigdzin Gödem, 1337~1408）：如王者般的五位伏藏師之一，北伏藏傳統的偉大掘藏師；大圓滿教授《貢巴桑投》（*Gongpa Sangtal*）即他所發掘的其中一部伏藏。

利培．多傑（Rigpey Dorje, 1924~1981）：即第十六世噶瑪巴，是第十一世錫度與噶瑟．康楚的弟子，在西藏境外建立了無數寺院與佛法中心，對佛陀法教的保存有極大貢獻。

努日（Nubri）：位於尼泊爾西北部的甘尼許峰群（Ganesh Himal）。

努布之桑傑．耶喜（Sangye Yeshe of Nub，生於第九世紀）：即努布千．桑傑．耶喜，蓮花生大士的廿五位弟子之一，為阿努瑜伽教法首要領受者，造訪了印度與尼泊爾七次。當邪惡的國王朗達瑪試圖要將西藏的佛教摧毀時，桑傑．耶喜以他的右手比了一個手勢，變幻出一隻具有九頭犛牛體積大小的巨型蠍子，讓國王心生恐懼。祖古．烏金仁波切被視為他的轉世之一。

含藏識（all-ground）：即阿賴耶，有情眾生的心之基本狀態：「含藏識的廣空」（expanse of the all-ground），意指基本存在的寬廣性。

希利提嘉納（Smritijnana）：印度的大師兼學者，在第十一世紀初期進入西藏。

杜竹（Dudul）：桑天．嘉措的侍者，也是祖古．烏金仁波切的兒時玩伴。

杜松．虔巴（Dusum Khyenpa, 1110~1193）：第一世噶瑪巴（大寶法王），也是岡波巴大師的學生。

杜爾（dur）：人死後所舉行的一種儀式，是為了讓某些靈體離開死者的氣或重要能量，否則將會減緩或阻礙死者中陰時的解脫。

杜魯卡（duruka）：古老預言中所提到的三種負面影響力：軍隊入侵、傳染疾病與有形物質。

沐如王子（Prince Murub）：赤松．德贊王的次子，也是蓮花生大士的親近弟子，證得了菩提，並立誓一再重返人世，以發掘蓮花生大士的伏藏，秋吉．林巴即其轉世。

究恰（Jokyab）：祖古．烏金仁波切的上師之一，是一位很有天賦的堪布，從蔣札仁波切那兒被送去學習《智慧心要道次第》的教法。

見、修、行、果（view, meditation and conduct and fruition）：哲學上的取向、日漸熟稔於此的行動、將此洞見於日常活動中實踐與由此修持所產生的最終結果。九乘中的每一乘對見、修、行、果都有特定的定義。

貝瑪．歐色．多南．林巴（Pema Ösel Do-Ngak Lingpa）：蔣揚．欽哲．旺波（老欽哲）身為伏藏師的稱謂，由蓮花生大士所賜予。

貝瑪．聽列（Pema Trinley）：偉大伏藏師的侍者，跟祖古．烏金仁波切說了很多故事。

貝瑪昆宗（Pema Kyung Dzong）：詳見「蓮花大鵬金翅鳥堡壘」（Lotus Garuda Fortress）說明。

赤松．德贊（Trisong Deutsen）：詳見「赤松．德贊王」（King Trisong Deutsen）說明。

赤松．德贊王（King Trisong Deutsen, 790~844）：西藏第二位偉大的法王，邀請了蓮花生大士、寂護大師、無垢友尊者與其他多位佛學教師來到西藏，並以歐丹塔普里寺（Odantapuri）卓越的寺院與教學中心為典範，興建了桑耶寺，樹立佛教為西藏國教；第一批僧侶在他統治期間，剃度出家。他安排班智達與譯師翻譯神聖的經典，並設立教學與修持的道場；他後來的化身包括了釀惹．尼瑪．歐色（1124~1192）、咕如．確旺（1212~1270）、吉美．林巴（1729~1798），還有蔣揚．欽哲．旺波（1820~1892）。

身（Kayas）：三身指「法身」（dharmakaya）、「報身」（sambhogakaya）及「化身」（nirmanakaya）；法身是具成佛功德之「身」，離於一切概念，如虛空一般，或說是瑜伽士修行體驗的層面之一，或說是究竟證悟；報身是佛在佛國的莊嚴相，具有卅二大人相、八十隨形好；化身是肉身的顯現，可以薰陶並利益眾生。

辛度羅粉（sindhura）：常於密續儀式中使用的紅色或深橘色物質。

邪惡力（evil influence）：會造成不幸或疾病的惡意靈體的影響力。

邦塔堪布（Bomta Khenpo，十九到二十世紀）：波羅．堪布．多傑（Polo Khenpo Dorje），是堪布納瓊（Khenpo Ngakchung）的弟子。

那洛六法（Six Doctrines of Naropa）：拙火、幻身、夢、明光、中陰和破瓦（或稱遷識），精微的瑜伽修持，通常在本尊法之後進行。

那洛巴（Naropa）：印度的成就者，屬噶舉傳承，帝洛巴的主要弟子，也是馬爾巴的上師。詳見《智慧之雨》和《馬爾巴傳》。

沙霍（Sahor）：古代印度的王國，據信即是現今喜瑪偕爾省的曼迪（Mandi）。

8劃

供拉（gönla）：專事護法誦經的喇嘛。

卓瓦（Drowo）：柏奇斯山谷（Valley of Birches），為譯師馬爾巴的住處，現今南藏的洛札縣內。

卓瑪（Droma）：當作佳餚的一種甜味根莖類植物，西藏的地瓜。

卓根．秋吉．八思巴（Chögyal Pakpa, 1235~1280）：薩迦派大師，薩迦班智達的姪子，曾經統治西藏，是蒙古元世祖忽必烈（Kublai Khan, 1260~1294）的教誡師。

呸（phey）：用於施身法的呼喊聲，與「呸（PHAT）」用法相同，不過發音有所不同。

咕如．確旺（Guru Chöwang, 1212~1270）：五位掘藏王之一，祖古．烏金仁波切的前一世。詳盡生平可見敦珠法王所著《寧瑪傳承史記與與根基》（*The Nyingma Lineage, its History and Fundamentals*），760~770頁。

奇尼喇嘛（Chini Lama）：祖籍中國，是博達大白佛塔的看管人。

宗修（Dzongshö）：或稱為「宗修的善逝總集」（Sugata Assemblage of Dzongshö），一處隱含功德的聖地，秋吉．林巴曾在此發掘出許多屬於蓮花生大士、寂護住持、赤松．德贊王的法器，同時也找到了一本指引，內容為說明在當地修持的方法和功德。

宗薩．欽哲（Dzongsar Khyentse, 1893~1959）：宗薩寺的蔣揚．欽哲．確吉．羅卓（譯注：即第二世欽哲仁波切，當今稱為「宗薩．蔣揚．欽哲仁波切」的導演欽哲諾布，為第三世欽哲仁波切），為蔣揚．欽哲．旺波的五位轉世之一。他支持利美（Rimey，即不分教派）的傳統，也是頂果．欽哲法王的兩位根本上師之一。

宗薩寺（Dzongsar monastery）：蔣揚．欽哲．旺波在德格的駐錫地，也是著名佛學院的所在地，其後成為繼任者宗薩．欽哲．確吉．羅卓的駐錫地。

甘托克（Gangtok）：前獨立王國錫金（到一九七五年止）的首都，位於西藏、不丹、尼泊爾和印度之間。

岡波巴（Gampopa, 1079~1153）：所有噶舉傳承的祖師，是馬爾巴最傑出的弟子，具有至高的證量與淵博的學問，著有《解脫莊嚴寶論》（*The Jewel Ornament of Liberation*）。關於他的詳細生平資料可以參考香巴拉出版社的兩本書，《密勒日巴傳》（*The Life of Milarepa*）與《智慧之雨》（*The Rain of Wisdom*）。

岡波或達克拉岡波（Gampo or Dakla Gampo）：岡波巴大師居住的山，位在中藏的東南部。

岡薩（Kangsar）：見「岡薩山」（Mount Kangsar），或見「桑天．岡薩」（Samten Kangsar）。

岡薩山（Mount Kangsar）：位於囊謙與拉薩間古老路徑上的一座山。

岡薩堪布（Kangsar Khenpo）：來自俄爾寺的一位薩迦派法師。

帕巴（Palbar）：為藏文音譯，此處譯為「Blazing Splendor」。（譯注：此乃本書的英文原書名，英文字義是「熾耀的壯麗」，但藏文原意為「祥瑞」，若以英文直譯，則無法完整表達其意義，因此我們也選擇不用英文原書名來作為中文書名。）

帕（PHAT）：神聖的密續種子字，用於破瓦法、施身法或斷法。

帕秋（Phakchok）：祖古．烏金仁波切的孫子，慈克．秋林仁波切的長子。詳「喜．帕秋」（Sey Phakchok）說明。

帕師（pakshi）：詳見「帝師」（tishi）說明。

所知障（cognitive obscuration）：非常微細的障蔽，遮蓋了我們的佛性，包含了我們對主體、客體與兩者之間互動的概念。見「煩惱障」（emotional obscuration）說明。

拉千（lachen）：高僧的稱謂，即「帝王之法師」。

拉恰寺（Lachab monastery/Gompa）：又稱「拉恰蔣雀諾津確林寺」（Lachab Jangchub Nordzin Chöling），桑天．嘉措與祖古．烏金仁波切位於囊謙的主寺。

拉桑（Lhabsang）：第五世達賴喇嘛兩位可能的繼承人之一，另一位是桑傑．嘉措。

拉康（Lhakhang）：佛堂。

拉達克（Ladakh）：靠近西藏偏遠的西部地區，目前屬於印度，位在喀什米爾（Kashmir）北方。

拉薔．古秋（Lhacham Kuchok）：即「夫人」之意，對達官貴人之妻的禮貌稱呼。

拉薩（Lhasa）：西藏的首都。

拙火或拙火瑜伽（tummo or tummo yoga）：開展大樂的內熱修持，以淨化微細的金剛身、燒毀障蔽，並帶來了證；為那洛六法之一，主要為噶舉傳承的修持。

旺度（Wangdu）：祖古．烏金仁波切妻子的兄弟，為中藏的一位貴族。

旺秋・多傑（Wangchok Dorje, 1860/2~1886）：秋吉・林巴的兒子，印度國王賈的化身。（譯注：依本書第五章提到，秋吉・林巴與德嘉佛母生了兩個孩子，而第二個孩子為女兒，即貢秋・巴炯，因此第一個孩子應為兒子旺秋・多傑，然而這裡提到旺秋・多傑生於一八六〇年，先前注釋則表示貢秋・巴炯的出生年代不確定是否為一八五八年，如此的話，應為更晚才是。）

旺雀・多傑（Wangchuk Dorje, 1556~1603）：第九世噶瑪巴。

昌都（Chamdo）：囊謙南邊的省分，目前屬於西藏自治區的一部分。

昌珠寺（Tramdruk）：又稱查杜寺（Traduk），由松贊・干布所興建，位於拉薩附近雅魯山谷的早期寺廟。

明就・多傑（Mingyur Dorje）：詠給・明就・多傑的轉世祖古，是秋吉・林巴的弟子，雖然身為祖古，但仍擔任伏藏師的侍者。

明珠・確準（Mingyur Chödrön）：祖古・烏金仁波切的妹妹。

朋羅仁波切（Ponlop Rinpoche）：康區竹千寺院上師的轉世系譜；第六世左千・朋羅仁波切圖登・吉札・哲旺・多傑（Tubten Jigdral Tsewang Dorje, 1925~1962）為第十六世噶瑪巴的弟弟。

果洛（Golok）：位於康區東北的大省分。

林巴（Lingpa）：通常用來指伏藏發掘者的稱謂，譬如「桑傑・林巴」、「惹納・林巴」、「秋吉・林巴」等。

松塔・群秋（Söntar Chönchok）：吉美・多傑的老師，也是桑天・嘉措的密友。

松贊・干布王（Songtsen Gampo，King, 617~698）：西藏第一位偉大的法王，為教法的傳承打下了基礎，被視為觀世音菩薩的化身；他娶了尼泊爾的赤尊公主（Princess Bhrikuti）與中國的文成公主（Princess Wen Cheng），她們各帶了一尊釋迦牟尼佛的聖像到拉薩。松贊・干布興建了西藏的第一批佛寺，也制定了一部以佛法準則為基礎的法典，並要他的臣子通米・桑波塔（Tönmi Sambhota）發展西藏文字。在他統治期間，佛教經文開始被翻譯成藏文。

法王（Dharmaraja）：宗教的統治者，佛法的國王。

法身（dharmakaya）：詳見「身」（kayas）說明。

法界體性（Dharmadhatu）：現象界，空性和緣起兩者無別的真如性；超越生、住、滅之心與現象的自性。

《法界體性寶》（*Treasury of Dharmadhatu*）：龍欽巴著名的《七寶藏》之一，由理察・巴倫翻譯，書名《法界本空珍寶》（*Precious Treasury of the*

Basic Space of Phenomena）與《經典傳承寶藏》（*A Treasure Trove of Scriptural Transmission*），蓮花出版社。

法座持有者（throne holder）：主要寺院的當任領袖。

法體（Kudung）：大師遺體的神聖遺骸，在荼毘之前或之後都可稱之。有時，整個遺體經過防腐處理之後，會被供奉在舍利塔裡，就像秋吉·林巴一樣。

直指心性的教授（pointing-out instruction）：直接介紹心的自性，在大圓滿與大手印中具有無上的重要性；由根本上師所傳授，弟子因而得以認出心性。

《直接揭露的了悟》（*Realization Directly Revealed*）：來自偉大伏藏師利津·古殿的北伏藏（Northern Treasures）傳統，對大圓滿所作的教授，書名為《普賢王如來直接揭露的了悟》（*Samantabhadra's Realization Directly Revealed*，藏文為《昆圖奘波貢巴桑投杜天巴》，*Kuntu Zangpö Gongpa Sangtal du Tenpa*）。

《知識寶藏》（*Treasury of Knowledge*）：又稱《歇嘉左》（*Sheja Dzö*），或《歇嘉昆恰》（*Sheja Kunkya*），蔣貢·康楚獨一無二的百科全書式鉅作，收錄了佛陀教法的全部範圍。詳見《無數的世界》（*Myriad Worlds*），雪獅（SnowLion）出版社。

空行文字（dakini script）：密碼書體，為空行母所使用的象徵性文字或書寫內容。

空行母（dakini）：女性的天神或密續本尊，保護並獻身於密續法教。

空性（emptiness）：一切現象和自我並非獨立的實有，也可說缺乏獨立的實有，這種事實稱之為空性。

穹波·納究（Kyungpo Naljor, 1002~1064）：將教法從印度帶回西藏的大師，這些教法後被稱為香巴噶舉（Shangpa Kagyu），因此他也被視為其創始人；是女性成就者妮古瑪（Niguma）的弟子。

穹波家族（Kyungpo clan）：與密勒日巴相同的族系，在早期藏王松贊·干布時代，是西部西藏的統治者。

穹波地區（Kyungpo region）：位於目前囊謙南部昌都與拉薩之間路上的丁青縣；「穹波」是康區一個地區的名稱，本意為「大鵬金翅鳥」。

穹楚·卡將（Kyungtrul Kargyam）：即噶瑪·嘉贊，祖古·烏金仁波切的老師之一，被視為第一世蔣貢·康楚的化身之一。「卡將」是「卡瑪·嘉贊」的簡稱。囊謙國王有四位上師，其中一位是穹楚的父親，駐錫於嘿魯貢巴（Heru Gompa）。

竺千、七永日法會（drubchen）：即「大成就修持」，為一複雜的密續修持，由一群人毫不間斷地連續進行七天。

舍利子（ringsel）：珠子或微小的白色珠狀物，常可在超凡聖者或偉大禪修者的骨灰中找到。

金剛上師（vajra master）：精通金剛乘意義與儀式的上師，可從此上師處領受密續教授與灌頂；也可指主修密續儀式的上師。

金剛手菩薩（Vajrapani）：八大菩薩之一，金剛乘教法的首要編纂者，也被稱為「密主」。

金剛亥母（Vajra Varahi）：意指女性成佛者，普賢佛母（Samantabhadri）的報身化現；薩瑪派的主要本尊之一，也是一位智慧空行母。

金剛的（vajra）：為形容詞，其涵意為非常堅硬的、如鑽石般、無法摧毀的；特指金剛乘的，或與金剛乘相關的。

金剛持有者（vajra holder）：持有三重戒律者；詳見「三戒金剛持有者」。

金剛乘（Vajrayana）：密續教法之法乘，將現象視為本初清淨的展現之修持；金剛乘密續的六個次第，是以一種增益、直接且深奧的方式所給予的教導。金剛乘的入門為灌頂，是由靈性上師所授予。

金剛總持（Vajradhara）：薩瑪派（即「新譯派」Sarma School）的法身佛，也指個人的金剛乘上師，或指攝含一切的佛性。

金剛薩埵（Vajrasattva）：體現所有五佛部的報身佛，也是淨罪修持的根源。

《金鬘紀事》（*Golden Garland Chronicles, the*）：內容豐富的蓮花生大士傳記，是由桑傑·林巴（1340~1396）所發掘的伏藏。

長壽女（Tseringma）：秋吉·林巴伏藏的女性護法，與四位姐妹常被描繪騎乘著不同動物。

長壽佛母嬙達利（Chandali, the Mother of Longevity）：長壽佛（Amitayus）的佛母；本書中指的是第一世欽哲蔣揚·欽哲·旺波的心意伏藏。

長壽法（longevity practice）：修復已衰敗的重要能量，並驅散造成疾病、老化與死亡的能量之修持。

阿千（Achen）：桑天·嘉措時期囊謙的王子。

阿多仁波切（Adeu Rinpoche, 1930~）：囊謙國王們的上師，其寺院採久位於以前的皇宮旁邊。

阿尼（Amnye）：西藏東部的地區。

阿里（Ngari）：位於西藏西部的省分。

阿努或阿努瑜伽（Anu、Anu Yoga）：三內密的第二部密續，相等於九乘中的第八次地；強調智慧，而非方便，以圓滿次第為主、生起次第為副；認為解脫是透過對空性與智慧無二自性逐漸增長洞察力而得來。（譯注：又稱「無比瑜伽」、「圓滿次第」，新譯派則稱為「母續」或「隨順瑜伽」、「隨瑜伽」。）

阿底、**阿底瑜伽**（Ati、Ati Yoga）：三內密的第三部密續（譯注：相等於九乘中的第九次第）。根據第一世蔣貢・康楚仁波切的看法，阿底瑜伽見地強調的是，解脫是透過逐漸增長對本初證悟自性的洞察力而得來，而這種本初的證悟自性，既不迎納也不拒絕，無希望也無懼怕。當今阿底瑜伽常用的對等用字為「大圓滿」（Dzogchen, the Great Perfection）。（譯注：又稱「無上瑜伽」、「大圓滿次第」，新譯派則稱「無二續」或「極瑜伽」，分為兩大法門，立斷入本淨的「且卻」（Trekchö，斷法）和頓超任運的「妥嘎」（Tögal，頓法。）

阿底峽尊者（Atisha, 982~1054）：造訪西藏的偉大印度大師，噶當派和後來的格魯派傳承都源自於他。

阿修羅、**阿修羅巖穴**（Asura、Asura Cave）：佛教聖地之一，位於加德滿都山谷帕平（Pharping）附近；蓮花生大士曾在此處透過修習普巴金剛法和示現大手印持明者，而降伏尼泊爾當地的障難惡魔勢力。

阿貢（Argong）：見「阿貢的納克汀」（Ngaktrin of Argong）說明。

阿貢的納克汀（Ngaktrin of Argong）：第二世納克汀祖古，為第十二世噶瑪巴蔣雀・多傑（Jangchub Dorje, 1703~1733）與第八世錫度，確吉・炯涅（Chökyi Jungney）的弟子。

阿種・竹巴（Adzom Drukpa, 1842~1924）：即卓杜・巴沃・多傑（Drodul Pawo Dorje），廿世紀初期偉大的大圓滿上師之一，是一位伏藏師，也是蔣揚・欽哲・旺波與巴楚仁波切的弟子。

青稞酒（chang）：藏式啤酒，主要由青稞釀製而成。

念青・唐古拉（Nyenchen Tanglha）：寧瑪教法的重要護法，被視為一位八地菩薩，也是拉薩北方的一座山脈名稱。

9劃

昆果・卡桑（Kungo Kalsang）：吉美・多傑的兒子，祖古・烏金仁波切同父異母的兄弟。

昆桑・德千（Kungsang Dechen）：祖古・烏金仁波切的佛母，確吉・尼瑪與秋林仁波切的母親。

《昆桑圖提》（*Kunzang Tuktig*）：即《普賢心髓》，秋吉・林巴所發掘出的伏藏教法選集，內容著重於生起次第的寂靜、忿怒本尊，與圓滿次第的「且卻」（斷法）和「妥嘎」（頓法）。

昆涅諸梵天（genyen）：廿一位昆涅諸梵天，為佛法的守護靈；當蓮花生大士在西藏的時候，他們受誓言約束，要保護佛陀的教法。

昆章．多傑（Kungzang Dorje）：祖古．烏金仁波切最年幼的弟弟，據說是涅瓊．秋林的化身。

南開．寧波（Namkhai Nyingpo，第八世紀）：蓮花生大士廿五位親近弟子之一。

帝巴祖古（Deypa Tulku）：秋吉．林巴四位親近的弟子之一，將其法教在東藏廣傳。

帝亞．珠彭（Dilyak Drubpön, 1908~1963）：具有成就的禪修大師，在帝亞寺完成了多次的三年閉關，是楚布寺的閉關指導上師。

帝亞寺（Dilyak monastery）：達桑仁波切在囊謙的寺院，由第一世達桑仁波切所創立。

帝洛巴（Tilopa）：印度偉大的成就者，為那洛巴的老師，也是噶舉傳承之父。

帝師（tishi）：帝王的戒師，為最高宗教位階的中文頭銜；帝師下面有兩位「帕師」階級大師，而每位「帕師」則各督導兩名具「國師」地位的顯要。〔祖古．烏金仁波切說明〕

帝師．瑞巴（Tishi Repa）：達摩．汪秋的弟子，也是早期巴戎噶舉傳承的大師。

度松瑪（Dusölma）：護法，佛法的女性護衛。

恰札仁波切（Chatral Rinpoche）：即桑傑．多傑（Sangye Dorje），卓越的寧瑪派上師，住在加德滿都山谷南部的帕平。

持明者（vidyadhara）：在瑪哈瑜伽密續修道四階段上，已獲致任一階段之了悟的大師（譯注：四階段為成熟、長壽、大手印、任運圓滿）。

持誦金剛薩埵百字明咒（Vajrasattva recitation）：反覆唱誦有百個種子字的咒語；為前行法之一。

施身法（或譯為「斷」，Chö）：斷除對身體與自我執著的修持，另可參閱《瑪姬的詳解：闡明施身法之意義》（*Machik's Complete Explanation: Clarifying the Meaning of Chöd*）。莎拉．哈定（Sarah Harding）著，雪獅（Snow Lion）出版社。

《施身法百部》灌頂（*One Hundred Chö empowerments*）：《確旺嘉察》（*Chöwang Gyatsa*），施身法修持的一百部灌頂選集。

昧雜、生火工具（metsa）：老式的生火設備，使用打火石、鋼鐵與乾燥的苔蘚或樹皮。

查嘎（Tsagah）：祖古．烏金仁波切的姐姐。

洛巴尼（ropani）：尼泊爾的土地丈量單位，八個洛巴尼約等於一英畝，十六個洛巴尼約為一公頃。（譯注：作者似有筆誤，若以較確實的計量來算，一公頃約為二．四七英畝，因此一公頃應為二十個洛巴尼。）

洛扎（Lhodrak）：位於拉薩南方、不丹北方的區域。

皈依（refuge）：怙祐的來源、信仰的所在、所依的對象。

秋吉・林巴（Chokgyur Lingpa, 1829~1870）：重要的蓮師伏藏發掘者，祖古・烏金仁波切的曾祖父。

秋林（Chokling）：秋吉・林巴的簡稱，另可參閱「慈克的秋林」（Chokling of Tsikey）、「涅瓊的秋林」（Chokling of Neten）。

突發試煉（eruption test）：當地的靈體也許會藉由變幻不同強度的魔幻幽影，藉以測試瑜伽士禪定的功力。

紅食子器（rakta vessel）：密法儀式中所使用的神聖法器。

美蘭奇（Melemchi）：位在加德滿都往北行走三天路程，何蘭普（Helambhu）地區（又稱「由牧」）的一處村莊。

耶喜・措嘉（Yeshe Tsogyal）：蓮花生大士的親近女弟子，同時也是他所傳法教的編纂者。

苯教（Bönpo）：在第九世紀佛教傳入以前盛行於西藏的當地宗教。

虹光身（rainbow body）：往生時，透過修持大圓滿頓法，而達致所有二元分別執著皆消融境界的行者，其組成肉身的五大粗元素融入它們的精髓之中，即五色光。有時候，唯一留下來的殘餘物是毛髮與指甲。在祖古・烏金仁波切的著作《虹彩畫》（*Rainbow Painting*）談到成就的篇章裡，敘述了一位年邁尼師在功德主家的小屋中，獲致虹光身一個饒富興味的故事。〔英文口述紀錄者艾瑞克・貝瑪・昆桑說明〕

迦蘇德童（Kyasu Tertön）：意指「迦蘇家族的伏藏師」；迦蘇是秋吉・林巴的家族姓氏。距離囊謙採久寺走路一小時之處，現今仍可見迦蘇莊園的一面牆。

重掘伏藏（rediscovered treasure）：往昔，甚或幾世紀前，曾被取出的伏藏又再度出現。

食子（torma）：用於密續法會的法器，也可以指用於供養佛教護法或不幸靈體的食物。

香巴噶舉（Shangpa Kagyu）：八大修持傳承之一，由穹波・納究（1002~1064）傳入西藏。

10劃

毗盧遮那（Vairotsana）：赤松・德贊王時代超凡入聖且無與倫比的譯師，翻譯了無數經部與續部經典。

《毗盧遮那竹千》（*Vairotsana Dzogchen*）：又稱《毗盧遮那心髓》，為《毗盧寧體》、《竹千德松》的同義詞。

倫珠聽（Lhundrub Teng）：即位於德格的「俱生圓滿宮」，由唐彤・嘉波（Tangtong Gyalpo）所創建，從那時起就成為德格國王參拜的主要寺廟。

唐卡（tangka）：繪於布料上的神聖畫作，可以像卷軸般捲起來。

哲旺・札巴（Tsewang Drakpa）：詳見秋吉・林巴的次子「旺秋・多傑」（Wangchok Dorje）說明。

哲旺・諾布（Tsewang Norbu, 1856~1915/6）：秋吉・林巴的長子與傳承持有人，也是桑天・嘉措的老師。

哲蚌寺（Drepung）：坐落在拉薩附近，格魯派的三大主要寺院之一。

夏卡・措竹・讓卓（Shabkar Tsokdrug Rangdrö, 1781~1851）：偉大的大師兼菩薩。請參閱《夏卡傳》（*Life of Shabkar*）。

夏仲（shabdrung）：負責密續法會的金剛上師，為薩迦學派中比最高地位次兩個等級的宗教位階。

夏仲仁波切（Shabdrung Rinpoche）：蔣揚・欽哲・旺波（老欽哲）早年的稱呼。

夏迦・師利（Shakya Shri）：十九世紀西藏的大成就者，主要屬於竹巴噶舉傳承。

展現覺智的灌頂（empowerment for the play of awareness）：修持大圓滿或大手印的灌頂，有時候也指透過大圓滿修持而得到了悟的一個階段。

師利・星哈（Shri Singha）：在大圓滿傳承中，為妙吉祥友的主要弟子與繼承人，出生於可唐（Khotan）；他的弟子為四位傑出的大師：智經（Jnanasutra）、無垢友尊者、蓮花生大士與西藏譯師毗盧遮那；後三者負責將大圓滿的經典帶至西藏。

師利・星哈學院（Shri Singha College）：竹千寺裡研讀較高階佛法義理的學院。

座上瑜伽、等持狀態（composure）：禪定或平等的狀態，通常相對於人們從事日常活動狀態的「座下瑜伽」。

息苦法（Shijey）：八大修持傳承之一，由帕當巴・桑傑（Padampa Sangye）傳入西藏。

拿旺・聽列（Ngawang Trinley）：與第十一世噶瑪巴耶喜・多傑（Yeshe Dorje, 1675~1702）同時代的人物，是桑天・嘉措的前世，也是第一世納克汀，拉恰寺的創建者。

時輪金剛（Kalachakra）：由釋迦牟尼佛親自傳授的密續和金剛乘系統，顯示了現象世界、色身與心之間的關聯。

朗托（Lungtok）：祖古・烏金仁波切的次子童年時期的名字，第十六世噶瑪巴後來認證他為第四世慈克・秋林。

朗桑（Lhagsam）：秋吉・林巴的廚師。

朗掬（Lamdrey）：「道果」之意，是薩迦傳統的重要教授，由印度大師毘魯巴（Virupa）所傳。

朗達瑪（Langdarma, 841~906）：差點兒將佛教於西

藏完全鏟除的邪惡暴君，惹巴千王（King Ralpachen）的兄弟，後被巴吉．多傑（Palgyi Dorje）所暗殺。

根本上師（root guru）：授予灌頂、給予口傳，或解釋密續涵意的金剛上師。金剛乘的行者可以有幾種不同的根本上師，而究竟的根本上師為給予直指心性教授，讓個人得以認出心的自性之上師。

栩栩如生的觀想、清楚觀想（vivid presence）：對本尊清晰的觀想。

桑天．岡薩（Samten Kangsar）：具有威力的靈體與佛法的守護者。

桑天．嘉措（Samten Gyatso, 1881~1945/6）：巴戎與新伏藏傳承的大師，駐錫地位於囊謙拉恰寺；祖古．烏金仁波切的伯父與根本上師。

桑瓦．耶喜（Sangwa Yeshe）：即「秘密智慧」之意，為證得菩提之空行母。

桑耶寺（Samye）：位於中藏的寺廟建築群與寺院，由蓮花生大士、赤松．德贊王與寂護大師所創建，是早期傳承的中心。

桑拿叔叔（Uncle Sang-Ngak, 1885/6~1949?）：祖古．烏金仁波切的叔叔。

桑傑．林巴（Sangye Lingpa, 1340~1396）：赤松．德贊王次子的轉世，為主要的伏藏師，也是十三部《喇嘛貢度》（*Lama Gongdu*）系統的取掘者。

桑傑．嘉措（Sangye Gyamtso, 1653~1703/5）：第五世達賴喇嘛之後的攝政王，也是秋吉．林巴的前世之一。

桑傑喇嘛（Sangye Lama, 990?~1070）：西藏最早的伏藏師。

桑嘉（Samgya）：桑天．嘉措的簡稱。

格西（geshe）：博學多聞的佛教學者或老師。

格西恰由瓦（Geshe Chayulwa, 1075~1138）：舊噶當傳統的一位大師，也是噶舉派偉大的大師岡波巴的老師之一。

格吉山（Mount Gegyal）：約位於囊謙西南方、天成西方，從昌都往拉薩主要道路上的格吉類烏（Gegyal Riwo）區。

格魯派（Gelug）：藏傳佛教的學派之一，由宗喀巴大師改革阿底峽尊者以降的傳統而創立。

涅董歐色林（Ngedön Ösel Ling）：祖古．烏金仁波切所建造的寺院之一，坐落於加德滿都山谷斯瓦揚布後方山丘頂上。目前為措尼仁波切在尼泊爾的駐錫寺。

涅瓊．秋林（Neten Chokling）：詳見「涅瓊的秋林」（Chokling of Neten）的說明。

涅瓊寺（Neten monastery）：秋吉．林巴三個主要駐錫寺之一，坐落於囊謙（青海）與昌都（西藏自治區）邊界上，靠近採久寺的地方。當伏藏師來到此處時，淨觀到十六阿羅漢，或稱十六耆老（Sixteen Elders）。「涅瓊」在藏文為「耆老」之意。

烏金・托傑（Orgyen Tobgyal, 1952~）：第三世涅瓊・秋林仁波切的長子；目前住在北印度喜瑪偕爾邦的比爾鎮（Bir），並在此地重建了涅瓊寺。

烏金・確波（Orgyen Chöpel）：祖古・烏金仁波切（父系的）的祖父。

烏底亞那（Uddiyana）：古代印度西北方的一個國家，蓮花生大士出生於此國的一朵蓮花上。

班慶寺（Benchen monastery）：囊謙地區的主要噶舉派寺院之一，為桑傑・年巴（Sangye Nyenpa）的轉世吉美仁波切（Chimey Rinpoche）和天嘎仁波切的道場。

班智達（pandita）：對佛教哲學廣博多聞的大師、學者、專家。

班禪喇嘛（Panchen Lama）：札什倫布寺住持的轉世系，設立於第五世達賴喇嘛時期；第一世班禪喇嘛是羅桑・確金（Lobzang Chögyen, 1570~1662）。

班讓克・阿汀（Banyak Ating，廿世紀）：錫金的政府官員，祖古・烏金的功德主。

珠札（drubdra）：舉行傳統三年閉關的「修法中心」（practice center）。

疾走或飛毛腿（swift walking or swift feet）：瑜伽士透過掌控內在的能量流，以極快速度走路的能力，能在短時間內行走極長的距離。

破瓦法、遷識法（phowa）：臨終時，將意識由頭部頂冠射出的密續修持，使往生者得以投生佛國。這種修持常伴隨著可見的成功徵兆。

祖古（tulku）：「化身」之意，能顯現往昔已證悟上師的心靈功德。

祖古貝瑪・旺嘉（Tulku Pema Wangyal）：即塔朗・哲楚仁波切，居住於法國多荷冬（Dordogne）的寧瑪上師。

秘密精要密續（Tantra on the Essence of Secrets）：詳見「《密藏密續》」說明。

索甲仁波切（Sogyal Rinpoche）：伏藏師勒惹・林巴（Lerab Lingpa）的化身，駐錫地位於法國；《西藏生死書》（*The Tibetan Book of Living and Dying*）的作者。

索魯孔布（Solu Khumbu）：位於尼泊爾東北部山區。

紐舒的朗托（Lungtok of Nyoshul, 1829~1901/2）：巴楚仁波切的弟子之一，堪布納瓊的主要老師。

紐舒・堪（Nyoshul Khen, 1932~1999）：即蔣揚・多傑（Jamyang Dorje），近代寧瑪傳統最偉大的堪布之一，以即興吟誦的證悟詩作與道歌著稱，是謝珠・天培・尼瑪（Shedrub Tenpey Nyima）的弟子，也是來自吉美·林巴與巴楚仁波切的寧體口耳傳承（hearing Lineage of Nyingtig）持有人之一。

納吉貢巴（Nagi Gompa）：祖古·烏金仁波切位於加德滿都山谷北方斜坡上的隱修處。

納克汀（Ngaktrin）：即拿旺·聽列，桑天·嘉措的轉世系源，後者為第四世納克汀祖古。

納波（Ngabö）：一九五〇年代拉薩的政府高官。

納格拉·貝瑪·杜竹（Nyagla Pema Dudul, 1816~1872）：獲致虹光身的一位大師。

納崔王（King Nyatri）：西藏全區的第一位統治者，於西元前二四七年登基。

般若波羅蜜多（Prajnaparamita）：亦即般若智慧，洞察空性，超越對主體、客體與所做執著的大乘教法，為佛陀第二次轉法輪所傳授的相關法教。由於般若波羅蜜多消除了最微細的障蔽，因此，這樣的洞察力常被稱為「諸佛之母」（Mother of All Buddhas）。

《般若波羅蜜多經》（*Great Mother of Transcendent Knowledge, the*）：《般若波羅蜜多經》十二部大經文，大乘佛法最重要的經典之一。

般若經（Prajnaparamita sutras）：描述觀照力、般若智慧、菩薩其他修持與佛之無上證悟境界的教授。這些佛經的版本詳盡程度各異，最簡短的是著名且為大多數僧侶與尼師所熟記的《心經》（*Heart Sutra*），而最長的是有十二部巨冊的《般若十萬頌》（*Hundred Thousand*）。

託付儀式（entrustment）：一種簡短的灌頂儀式，通常是為了得到本尊身、語、意的加持，例如託付給長壽女的生命力。

貢巴（Gompa）：附有隱修處的寺院或廟堂。

貢札（gomdra）：禪修閉關，通常是一群修行人與世隔絕三年，修持大圓滿或大手印。可比較「珠札」（drubdra）的說明。

貢波（Kongpo）：位於拉薩正東方、囊謙西南方，靠近印度邊界的省分。

貢度（Gongdu）：《了悟總集》，或稱「將一切心意聚而合一」：專指特定發掘出來的伏藏，例如《本尊了悟總集》（《伊當貢度》，*Yidam Gongdu*）。

貢秋·巴炯（Könchok Paldrön, 1858?~1939?）：祖古·烏金仁波切的祖母，秋吉·林巴的女兒；名字的涵意為「壯麗的寶燈」（Precious Lamp of Splendor）。

貢秋·吉美·天培·嘉贊（Könchok Gyurmey Tenpey Gyaltsen, 1871~1939）：第二世慈克·秋林。

貢德、禪修者之地（Gomde, the Land of Meditators）：囊謙的別稱。

馬爾巴（Marpa, 1002/12~1097）：噶舉傳承的偉大祖

師。請參閱《譯師馬爾巴傳》（*Life of Marpa the Translator*）。

馬頭明王（Hayagriva）：密續本尊，具有燃燒的髮毛和馬頭；是阿彌陀佛的忿怒相，而在《八大成就法》中，對應於蓮花語的蓮花嘿魯嘎（Padma Heruka）。

倉薩（Tsangsar）：祖古・烏金仁波切的家族姓氏，也是位於囊謙的一個古代王國。

倉薩・札南（Tsangsar Dranang）：祖古・烏金仁波切的家鄉，騎馬才能到達，從拉恰寺、壘峰或德千林都需要一天的時間。

倉薩的索南・耶喜（Sönam Yeshe of Tsangsar）：祖古・烏金仁波切的父親吉美・多傑的前世，囊謙拉朗寺（Lhalam monastery）的創辦人。

11劃

曼竹、甘露丸（mendrub）：由藥草與聖骸所製成的聖藥，並於稱為曼竹竺千（mendrub drubchen）的一種特殊儀式中加持。

曼達供養（mandala offering）：觀想為整個宇宙的一種供養，並且以密續儀式的擺設來供養，時常置於圓形的華美盤子上。將某種法教「以曼達供養」來呈現，是表示傳法者對於領受法教者懷有至高無上的敬意。

國師（goshir）：宗教地位，可參見「帝師」（tishi）說明。

基布（Kyipuk）：偉大上師夏迦・師利的閉關營區，位於南藏的嘉區（Jar），靠近竹桑納確林寺。

婁擦瓦、譯師（lotsawa）：經典文本的譯師，通常是與印度班智達一起工作。

寂天菩薩（Shantideva, 685~763）：印度八十四位大成就者之一，撰寫了著名的《入菩薩行論》（*Bodhisattva Charya Avatara*，英文書名為 *The Way of the Bodhisattva*）。

寂護大師（Shantarakshita）：戒香寺的住持，在赤松・德贊王的邀請下為西藏第一批僧侶剃度。

密主金剛部（Vajra Club of the Lord of Secrets）：藏文為「桑達多傑北群」（Sangdag Dorje Bechön），出自秋吉・林巴伏藏的本尊金剛手菩薩。

密咒乘（Secret Mantra）：金剛乘的同義辭。

密宗修持者（tantrika）：已領受了灌頂、持續進行儀軌修持且持守誓言的人，也可能是僧侶或尼師，不過主要是指在家居士。

密勒日巴（Milarepa, 1040~1123）：西藏宗教史上最知名的瑜伽士與詩人之一，噶瑪噶舉的大量教授都經由他而傳下來。請參閱《密勒日巴傳》與

《密勒日巴十萬道歌集》（*The Hundred Thousand Songs of Milarepa*）（譯注：國內有由張澄基教授譯自藏文的中文版《密勒日巴尊者傳》與《密勒日巴大師歌集》刊行）：此名字涵意為「身著棉衣的密勒」。

《密集普巴》（*Secret Essence Kilaya*）：即《桑提普巴》（*Sangtik Purpa*），秋吉・林巴所發掘出的伏藏法。

《密意集經》（*Scripture of the Great Assemblage*）：藏文為《兜貢度》（*Do Gongdu*），阿努瑜伽類別的根本密續。

《密藏密續》（*Guhyagarbha*）：即《秘密精要密續》，藏傳佛教舊譯派寧瑪派的所有密續中最重要的一部。

密續的、密法的（tantric）：金剛乘的，或與金剛乘相關的。

密續嚴飾（tantric ornaments）：寂靜尊的珠寶與絲質衣服，或忿怒尊以骨頭所作成的飾物。

康、康區（Kham）：昌都東方的獨立王國，包括囊謙、德格、安多與果洛；分布在目前TAR（西藏自治區，Tibetan Autonomous Region）的部分地區，包括雲南、青海與四川省。非藏人稱之為「東藏」。

康巴・貢千（Khampa Gomchen）：一位特立獨行的禪修者與醫生，八〇年代於尼泊爾過世。

康巴人（Khampa）：對於來自康區的人的通稱。

康卓・千嫫（Khandro Chenmo）：楚布寺的偉大空行母，也是第十五世噶瑪巴的佛母；她的轉世康卓仁波切（Khandro Rinpoche）住在印度喜瑪偕爾邦，但弘法的足跡遍布世界各地。

康楚（Kongtrul）：即「蔣貢・康楚」（Jamgön Kongtrul）；另參見「噶瑟・康楚」（Karsey Kongtrul）、「吉噶・康楚」（Dzigar Kongtrul）的說明。

措尼（Tsoknyi, 1828/1849~1904）：珠旺・措尼（Drubwang Tsoknyi）一世，密勒日巴弟子惹瓊巴（Rechungpa）與伏藏師惹納・林巴的化身，與欽哲、康楚和秋林為同一時代的人。

措嘉（Tsogyal）：詳「耶喜・措嘉」（Yeshe Tsogyal）的說明。

措嘉・拉措（Tsogyal Lhatso）：耶喜・措嘉的生命之湖，位於距桑耶寺大約二十公里的札達。

敏珠林寺（Mindrolling）：中藏的兩座寧瑪主要寺院之一（一六七〇年由德達・林巴所創立），另一座則為多吉・札（Dorje Drag）所創建。

梵天界（Brahma realm）：在色界中，天神梵天所居住的天界。

淨土（pure realm or lands）：指佛國，由菩薩的願力，並配合有情眾生的功德而化現。依據密續的說法，佛國是醒覺狀態的體現；行者能於往生時或在中陰期間，經由清淨的信心、充足的功德，與一心的決念三者結合，而投生於阿彌陀佛淨土極樂世界（Sukhavati）。

淨觀（vision）：或稱淨見、淨相，也有人翻譯為禪觀、現觀、直觀，視上下文義和譯者偏好而定。（譯注：修持高深的行者在深度的禪定中，由於清淨的見地和累積的福德，親見本尊、諸佛、菩薩、空行、勇父、淨土等，或是受到如上聖眾的教導、加持、預示等稱之。也用來稱呼大圓滿法門中四個見清淨佛性的階段，或是立斷法的次第。）

雪謙・冉江（Shechen Rabjam, 1910~1995?）：雪謙寺的主要上師之一。

雪謙・康楚（Shechen Kongtrul, 1901~1960）：貝瑪・止美（Pema Drimey）；蔣貢・康楚（老康楚）的化身之一，也是邱陽・創巴（Chögyam Trungpa）的上師。

雪謙寺（Shechen monastery）：康區四座主要寧瑪寺院之一；四大寺為：雪謙、左千、噶陀與白玉。

頂果・欽哲（Dilgo Khyentse, 1910~1991）：蔣揚・欽哲・旺波的五位直接轉世之一，受到所有四大教派追隨者的尊崇，被公認為近代藏傳佛教最尊貴的上師之一。在他年輕時，也是祖古・烏金剛認識他之初，被稱為祖古・薩嘎（Tulku Salgah）或羅索・達瓦。

鹿野苑（Sarnath）：靠近瓦拉納西（Varanasi）的一處聖地，即釋迦牟尼佛第一次傳法，教授四聖諦之處。

清淨的見解（pure perception）：一般也稱為「淨觀」。（譯注：離於我執而能見到人、事、物等現象本然的清淨面稱之。也是藏傳佛教的最高修持之一，視所在為淨土、所見為本尊、所聞為咒語；一切皆為清淨的化現。）

採久寺（Tsechu）：與囊謙王室皇宮毗鄰的寺院，為楚喜・阿杜（Trulshik Adeu）與措尼化身的駐錫寺院。

12劃

傑尊・森給・旺秋（Chetsun Senge Wangchuk，十一到十二世紀）：偉大的寧瑪派上師；由於獲致高度的證悟，圓寂時，色身消逝成為虹光。見《傑尊心髓》（*Heart Essence of Chetsun*）。

《傑尊心髓》（*Heart Essence of Chetsun*）：藏文稱《傑尊寧體》（*Chetsun Nyingtig*），近代大圓滿最重要的教示之一，是由蔣揚・欽哲・旺波所發掘的伏藏。

《傑尊寧體》（*Chetsun Nyingtig*）：見「《傑尊心髓》」說明。

創古寺（Thrangu monastery）：位於囊謙的主要噶舉寺院之一，為查雷．蔣貢（Tralek Jamgön）與創古仁波切轉世系的駐錫寺院。

勝樂金剛、上樂金剛（Chakrasamvara）：新譯派主要的本尊與密續。

博達、博達納（Boudha、Boudhanath）：加德滿都山谷中，大白佛塔的所在處。

喀巴（Kalpa）：確旺．祖古的侍者。

喀瑪（Kahma）：寧瑪派的「長傳承」，具有權威版的經典集，從蓮花生大士和過去的祖師至今，毫不間斷地從上師傳至弟子。

喜．帕秋（Sey Phakchok）：夏迦．師利的兒子，並承續了他的教授與營地。

喇嘛布哲（Lama Putse）：即貝瑪．札西（Pema Tashi），第三世涅瓊．秋林與頂果．欽哲仁波切的博學弟子。

喇嘛拉喜（Lama Latsey）：噶美堪布的弟子之一，康區重要的出家戒持有者。

《喇嘛桑度》（*Lama Sangdu*）：由咕如．確旺所發掘出的伏藏寶藏。

《單座修持》（*Single Seat Session*）：蔣貢．康楚所著施身法實修的簡短祈請文法本。

堪千（Khenchen）：大學者或大堪布，只授予學識最高深的老師的一種頭銜。

堪巴山谷（Khenpa valley）：位於不丹的一處小而隱密之地。

堪布（Khenpo）：寺院中學識淵博的老師，或授予出家戒律的老師。詳見「邦塔堪布」（Bomta Khenpo）、「康薩堪布」（Kangsar Khenpo）、「噶美堪布」（Karmey Khenpo）、「堪布菩薩」（Khenpo Bodhisattva）的說明。

堪布納瓊（Khenpo Ngakchung, 1879~1941）：噶陀寺僧侶學院的學者兼教師，也是闡釋大圓滿典籍的學院傳承中，一位非常重要的復興人物，被視為無垢友尊者與龍欽巴兩人的化身；恰札．桑傑．多傑是他最後一批還活著的弟子之一。堪布納瓊會得到這個名字，是因為有一位比他更為年長的堪布稱為納旺，因此，他就成了「較年輕的堪布納旺」。他的其中一部著作已有英文版問世，書中導讀部分附有他的簡短傳記，詳見堪布納旺．佩章（Khenpo Ngakchung Pelzang）所著，《普賢上師言教之指導手冊》（*A Guide to the Words of My Perfect Teacher*, shambhala Publication, 2004）。

堪布菩薩（Khenpo Bodhisattva）：通常被稱為「寂護

大師」（Shantarakshita），是印度班智達，為印度戒香寺（Vikramashila）的住持，也是第一批西藏僧侶剃度出家的桑耶寺住持。

堪布雷謝（Khenpo Lekshey）：第十五與第十六世噶瑪巴期間的楚布寺教師。

堪楚（Khentrul）：即「堪布的轉世」之意，在本書中指的是噶美・堪楚，為噶美堪布的轉世祖古。

敦珠仁波切（Dudjom Rinpoche, 1904~1987）：偉大伏藏發掘師敦珠・林巴（Dudjom Linpa）的轉世。逃離西藏之後，成為寧瑪傳承的法王，也被視為當代最傑出的學者之一。

斯瓦揚布（Swayambhu）：加德滿都山谷三座主要佛塔之一。

普巴（Kilaya）：通常稱為「普巴金剛」或「孺童金剛」（Vajra Kumara）的本尊；為金剛薩埵的忿怒相。

普巴杵（kilaya）：用於密續儀式的杵（dagger），通常有三面杵鋒。

《普賢心髓》（*Heart Essence of Samantabhadra*）：藏文稱《昆桑圖提》（*Kunzang Tuktig*），近代大圓滿最重要的教示之一，由秋吉・林巴所發掘的伏藏。

普賢王如來（Samantabhadra）：在這個世界形成之前的許多劫，就已覺醒而證得菩提的本初佛，乃大圓滿教法的祖師。

《智慧之光》（*Light of Wisdom*）：以第九世紀印度大師蓮花生大士所即興創作的道歌《智慧心要道次第》為基礎，涵蓋完整的佛教成佛修道，尤其是金剛乘修道的著名系列教授。這部典籍受到極大推崇，並在祖古・烏金仁波切的教育與個人實修上扮演了關鍵角色。祖古・烏金仁波切將整部原文牢記在心，終其一生在弘法之時，都不斷以它為依據。

《智慧之光的花邊》（*Side Ornament to the Light of Wisdom*）：究恰（Jokyab）針對他從竹・蔣揚・札巴（Jamyang Drakpa of Dru）所領受的《智慧之光》教授所作成的註記集要。

《智慧心要道次第》（*Lamrim Yeshe Nyingpo*）：由第九世紀的印度大師蓮花生大士所即興創作的道歌，涵蓋了完整的佛教成佛修道，尤其是金剛乘的修道。其釋論為《智慧之光》。

智慧身（wisdom-body）：如空的色身，超越肉身的限制。

智慧護法（wisdom protector）：證得菩提的佛教護法。

森崔、明心見性的指導（semtri）：領悟與體驗心性的指導；為大手印與大圓滿的關鍵部分。

欽哲（Khyentse）：詳見「頂果・欽哲」（Dilgo Khyen-tse）、「宗薩・欽哲」（Dzongsar Khyentse）、「蔣

揚・欽哲・旺波」（Jamyang Khyentse Wangpo）、「八蚌寺的欽哲」（Khyentse of Palpung）說明。

無二覺性（nondual awareness）：（尤其是在提到直指醒覺狀態的教授涵意裡）完全擺脫了無明，且不再執著於主體與客體二元性的意識狀態；因而也從自私自利的情緒中解脫，並且不再製造不善業。認出並修持於這種無二覺性中，是大圓滿與大手印的中心主題。

無我性（egolessness）：個人和現象中看來似乎真實的主體，其實並沒有永恆、完整、獨立的自性，這種事實稱之為「無我」。

無垢友尊者（Vimalamitra）：大圓滿上師，應赤松・德贊王之邀來到西藏；是西藏大圓滿教法，特別是寧體（Nyingtig）教法的三位祖師之一。「Vimalamitra」的意思為「無瑕疵的親屬」。

無修（nonmeditation）：大手印四個次第中的第四者。欲知更詳盡內容，請參閱達波・札西・南嘉（Dakpo Tashi Namgyal）所著《闡明自性的狀態》（*Clarifying the Natural State, Rangjung Yeshe Publication*）。

策勒・納措・讓卓（Tsele Natsok Rangdröl, 1608~?）：噶舉與寧瑪派大師，毗盧遮那的轉世；《覺知當下之鏡》（*Mirror of Mindfulness*）與《大手印之燈》（*Lamp of Mahamudra*）的作者。

給恰寺（Gebchak）：為貢巴、寺院之意，由藏揚・蔣措（Tsang-Yang Gyamtso）所創立的閉關中心與尼院，距壘峰或拉恰寺騎馬需半天的路程。

善逝之聚宮（Gathering Palace of Sugatas）：藏文為「德謝杜培波壯」（Deshek Dupey Podrang），蔣揚・欽哲・旺波（老欽哲）的隱修處，就在宗薩寺的上方。「善逝」（Sugata）是佛的同義詞。

菩提迦耶（Bodhgaya）：佛陀證得圓滿覺悟的地方，位於印度的比哈爾省（Bihar）。

菩薩戒（bodhisattva vow）：發願要引領一切有情眾生得到解脫和證悟的誓言。

詠給・明就・多傑（Yongey Mingyur Dorje, 1628/41~1708）：第十世噶瑪巴確映・多傑（Chöying Dorje, 1605~1674）時期的伏藏大師。

詠嘎（Yönga）：老欽哲的親近弟子。

超渡（name-burning）：引領亡者前往更好投生的儀式；只能由已了證的上師主修。

隆德寺（Rumtek）：由第十六世噶瑪巴設立於印度，錫金的噶瑪噶舉傳承主寺。

須彌山（Mount Sumeru）：神話中提到的一座巨大的山峰，位於我們目前這個世界體系的中心，由四大洲所圍繞，也是欲界（Desire Realms）天神的住所，據說高於海平面八萬四千里格（league）（譯注：每一里格約四至五公里），被一連串較小的山、湖泊、陸塊與海洋所環繞。我們目前這個世界坐落於南部陸塊上，稱為「南瞻部洲」（Jambudvipa）（譯注：也稱為「閻浮提」）。

黑金剛瑜伽女（Black Vajra Yogini）：重要的女性本尊。

黑財神（Jambhala, Black）：臧巴拉財神的特定化現。

黑寶冠儀式（Black Crown ceremony）：「見即解脫」的儀式，噶瑪巴在修法時會戴上專屬於嘉華・噶瑪巴（即「大寶法王」，Gyalwang Karmapa）的黑寶冠。

褚袍（chuba）：在家男眾與在家女眾皆可穿的傳統西藏服飾，不過款式和打摺的方法不同。

達那寺（Tana）：位於囊謙的寺院，原屬葉巴噶舉，以其上方別具特色，形似馬耳的山峰命名；也是格薩王（Ling Gesar）之墓所在處。

雅魯山谷（Yarlung valley）：位於中藏拉薩的南方，與早期的國王有關，是西藏文明的搖籃地。

13劃

傳承（transmission）：貫穿數世紀毫不間斷，由上師直接將知識傳授給弟子。

傳承上師（lineage masters）：將某種教法與（或）灌頂傳遞下去的老師。

傳承持有者（lineage holder）：領受了一部教法與（或）灌頂，瞭解其立意並有能力將它傳給其他人的弟子；一位喇嘛也許持有許多教法的傳承。

嗡嘛呢唄美吽（om mani peme hung）：大悲觀世音菩薩著名的咒語。

塔香・林巴（Taksham Lingpa，一六八二？）：也被稱為努登・多傑（Nuden Dorje）或桑天・林巴（Samten Lingpa），為伏藏師，也是耶喜・措嘉尼泊爾籍佛父阿擦惹・薩勒（Atsara Sale）的化身。

塔唐祖古（Tarthang Tulku）：駐錫在美國的寧瑪上師，出版數量豐富的神聖典籍。

塔朗・哲楚（Taklung Tsetrul）：塔朗寺的喇嘛。

塔朗寺（Taklung）：位於拉薩西北方一百五十公里處的噶舉寺院。

塔藏（Taktsang）：即「虎穴」之意，位於不丹巴羅山谷上方的蓮花生大士聖地。

慈曲河（Tsichu River）：位在囊謙慈克寺與色芒寺之間流動的河水。

慈克寺（Tsikey monastery）：秋吉・林巴三個主要駐錫寺之一，位於囊謙東方西藏自治區內十分鐘路程處，也是慈曲河與克曲河的匯流處。

慈克的秋林（Chokling of Tsikey）：即慈克・秋林，秋吉・林巴的轉世，駐錫於慈克寺。目前的轉世有兩位，一在尼泊爾的博達，另一在西藏的慈克寺。

惹巴千（Ralpachen）：偉大的宗教統治者，為赤松·德贊的孫子，也被稱為在西藏樹立佛教的第三位偉大法王。

惹納·林巴（Ratna Lingpa, 1403~1478）：主要的伏藏師之一，他的伏藏法在今日的囊謙仍有人在修持。

《新伏藏》（*New Treasures*）：即《秋林德薩》（*Chokling Tersar*），由秋吉·林巴所發掘出的四十部厚冊伏藏集要，加上主要由蔣揚·欽哲·旺波、蔣貢·康楚、卡恰·多傑、哲旺·諾布、德喜祖古與頂果·欽哲仁波切所撰寫的相關教授、灌頂程序與釋論。

新譯派（New Schools of the Later Translations）：詳見「薩瑪學派」（Sarma schools）說明。

楚布寺（Tsurphu monastery）：唸為「tsur-pu」（譯注：又稱「祖普寺」），坐落在拉薩西方六十五公里處，噶瑪巴轉世系位於中藏的道場。

楚喜仁波切（Trulshik Rinpoche）：敦珠仁波切與頂果·欽哲仁波切的首要弟子，其寺院圖登確林寺（Tubten Chöling）位於尼泊爾東北部的索魯孔布。

準尼兒（Drönyer）：負責接待訪客的侍者。

煙供（ritual of burnt food）：藏文為「瑟」（sur），焚燒混合了清淨食物與神聖物質的麵粉所產生的煙，能夠滋養中陰靈體與餓鬼。

獅面空行母（Lion-faced Dakini）：避免障難與負面力量的主要本尊之一。

獅壘草地（Neuring Senge Dzong）：即Lion Fortress Meadow，為蓮花生大士五個主要閉關地之一，就位於不丹邊境內林希宗（Lhuntse Dzong）北方。

瑞巴·卡波（Repa Karpo, 1198~?）：巴戎噶舉的早期上師，帝師·瑞巴的首要弟子。

瑞廷（Reding）：亦可作「Reting」，在第十三世與第十四世（現任）達賴喇嘛之間的攝政王。

瑜伽士（ngakpa）：金剛乘修行人的其中一類，蓄著長髮，並穿著與僧侶不同的袍子，可以結婚。

經典與密續（Sutra and Tantra）：經部指的是小乘與大乘的教法；續部則是指金剛乘。

經部（Sutra system）：隸屬於小乘與大乘，一般人能理解的教法，視修道為證菩提之因，與艱深的密續教法相對。

聖物盒（reliquary box）：藏文「嘎烏」（gau），「錦囊盒」之意，可戴在脖子上，或放置於佛龕上；可能裝有圓寂大師的聖骸。

聖湖瑪旁雍錯湖（Lake Manasarovar）：位於西藏西

部，靠近岡仁波齊峰的著名湖泊與朝聖地。

賈王（King Jah）：大約在釋迦牟尼佛入滅一百年後，一位在自己皇宮的屋頂收到十八部瑪哈瑜伽密續的印度國王。這些法教的傳承繼續流傳至今。

賈松・寧波（Jatsön Nyingpo, 1585~1656）：伏藏法的發掘者，尤其以《貢秋奇督》（*Könchok Chidu*）的教授聞名。

達波山（Mount Dakpo）：即達克拉岡波（Dakla Gampo），坐落在中藏南部地區的一座山脈，擁有八個山峰。

達波噶舉（Dakpo Kagyu）：噶舉傳承的同義詞，因岡波巴是來自達波的大師。

達桑仁波切（Dabzang Rinpoche, ?~1992）：即帝亞・達桑（Dilyak Dabzang），囊謙帝亞寺的上師，為岡波巴的化身。上一世的達桑仁波切視穹楚・卡將為主要上師之一。

達摩・汪秋（Darma Wangchuk, 1127~1199/1200）：岡波巴的學生，在北拉托（Latö）創立了巴戎寺，因而被視為巴戎噶舉的祖師。

遍吉（Penjik）：祖古・烏金仁波切同父異母的兄長。

《遍在的靈藥》（*Universal Panacea*）：藏文為「卡波奇圖」（Karpo Chiktub），經由耳聞、碰觸或口嚐而給予解脫的密續。

鼠兔（abra）：如鼠般的當地野兔或草原犬鼠。

14劃

僧（Sangha）：修行人的社群，通常是受具足戒的僧侶與尼師，或瑜伽士，後者為密續行者，以長髮辮、白裙子與條紋披肩為特徵。

嘉王（Gyalwang）：一切如來之王，專指特定上師，如大寶法王或竹千（Drukchen）。

嘉波・佩哈（Gyalpo Pehar）：佛法的護衛，是個強而有力的靈體，也是桑耶寺的護法。

嘉華・秋揚（Gyalwa Cho-Yang）：蓮花生大士廿五位大弟子之一。

嘎・珠千（Gar Drubchen）：止貢噶舉派別的一位西藏成就大師，為龍樹菩薩（Nagarjuna）與帕莫・竹巴（1110~1170）的化身，是岡波巴大師最傑出的三位弟子之一。

嘎・婁擦瓦（Ga Lotsawa）：造訪印度的偉大成就者與翻譯家，也被稱為巴千・嘎婁（Palchen Galo），「嘎婁」是「嘎・婁擦瓦」或「嘎」家族譯師的縮寫。他曾住在那瀾陀寺（Nalanda monastery），並在冷園屍場禪修，在禪定中見到了智慧護法，也得到了授記。〔祖古・烏金仁波切說明〕

嘎納巴提（Ganapati）：長著猴子的面孔，為佛陀教法的護衛；又稱「猴面嘎納巴提」（Monkey-Faced

Ganapati）。

嘎婁（Galo）：見「嘎・婁擦瓦」（Ga Lotsawa）說明。

堆龍山谷（Tölung valley）：楚布寺於中藏的所在地，位在拉薩西方大約七十公里之處。

《圖珠巴切昆色》（*Tukdrub Barchey Kunsel*）：秋吉・林巴最著名的伏藏，與蔣揚・欽哲・旺波一起將此伏藏取出，內容超過十卷書。簡稱《圖珠》。

《圖珠聽列寧波》（*Tukdrub Trinley Nyingpo*）：蓮花生大士之儀軌。

《寧瑪口傳教法集》（*Nyingma Kahma*）：舊譯派的口傳，由敦珠仁波切所印行的增訂版有五十六卷；大多數的典籍內容與三內密有關。

寧瑪派（Nyingma school）：在第九世紀赤松・德贊王統治期間與後來直到仁千・桀波時期，主要由蓮花生大士、無垢友尊者、寂護大師與毗盧遮那等大師引進西藏，並譯為藏文的教法。主要的兩種傳承為喀瑪與伏藏，修持的根基為外密與內密兩者，強調的重點在於瑪哈瑜伽、阿努瑜伽與阿底瑜伽的內密實修。

《寧瑪密續教法選集》（*Collected Nyingma Tantras*）：又稱《寧瑪句瑪》（*Nyingma Gyuma*），本意為「十萬寧瑪密續」，在維吉尼亞大學的「古代密續選集」（The Collected Tantras of the Ancients）網站中，列出了大約三百八十八個不同的名稱。

《寧瑪道歌寶》（*Treasury of Nyingma Songs*）：由穹楚所編纂的寧瑪傳承大師靈修道歌。

寧體（Nyingtig）：心髓，通常指的是大圓滿教法的甚深層面，例如無垢友尊者或蓮花生大士的教授。

寧體要吉（Nyingtig Yabzhi）：詳見「心要四支」（Four Branches of Heart Essence）說明。

實相的基本自性（basic nature of reality）：即法性（dharmata），無和合形式、無因緣條件的事物本質，可經由個人經驗而了悟實現。

《對治黑暗的鎧甲》（*Armor Against Darkness*）：藏文為「木貝溝恰」（Munpey Gocha），努布的桑傑・耶喜依據本續《密意集經》（*Scripture of the Great Assemblage*）闡釋阿努瑜伽的著作，全書有一千四百多頁。由於敦珠法王紀念碑般的浩大發行工作之努力，以保存寧瑪學派早期教法，該著作已於印度德里出版。收納在敦珠法王《寧瑪口傳教法集》（*Nyingma Kahma*）第五十到五十一部之中。

瑪千・彭拉（Machen Pomra）：即宏偉的安尼・瑪千・讓給（Amnye Machen Range），也被稱為瑪嘉・彭拉（Magyal Pomra），據說是西藏強而有力的佛教護法瑪千・彭拉駐錫的聖山。

瑪尼石堆（mani stones）：雕刻或刻印觀世音菩薩瑪尼咒語「嗡瑪尼唄美吽」的石頭，通常是由信徒委託製作，以增加生者或亡者的功德，且被置於其他人能見到或繞行，並因而受益的地方。

瑪拉提卡（Maratika）：蓮花生大士與曼達拉娃（Mandarava）獲致不死虹光身的神聖巖穴，據信位於現今的尼泊爾東南方。

瑪哈、阿努與阿底瑜伽（Maha, Anu, and Ati Yoga）：寧瑪派的三內密：瑪哈瑜伽、阿努瑜伽與阿底瑜伽的簡稱，是一生中覺醒而證悟佛果的深奧法門。

瑪哈瑜伽（Mahayoga）：寧瑪派三內密的第一部，重視儀軌的修持，並強調解脫是透過逐漸熟習於觀照兩種較高階真理之無別性，即清淨與平等而獲致。五蘊、五大元素、六根的清淨本性，即為男性與女性的佛陀與菩薩；與此同時，顯現與存在的萬物皆具有空性的平等性質。簡稱「瑪哈」（Maha）。

瑪哈瑜伽密續（Mahayoga tantras）：目前主要涵括在《寧瑪句本》（*Nyingma Gyubum*）的十八部重要密續，首要者為《密藏密續》。

瑪姬・拉準（Machik Labdrön, 1055~1153）：偉大的女性上師，為耶喜・措嘉的化身，立下了斷除自我依戀的施身法修持。瑪姬・拉準意指「佛法的唯一母燈」（Only Mother Lamp of Dharma）。

瑪珍瑪（Margyenma）：赤松・德贊王的皇后之一，製造障難給毗盧遮那，導致他流亡他鄉。

瑪囊（Manang）：位於尼泊爾西北部的區域。

《遙呼上師祈請文》（*Calling the Guru from Afar*）：著名的虔誠祈禱文，由蔣貢・康楚仁波切所著。

15劃

儀軌（sadhana）：成就的法門，為密續實修的儀式與步驟；典型的儀軌架構包括了含有皈依與發菩提心的前行、含有觀想佛與反覆持誦咒語的正行與將功德迴向給一切有情眾生的結行。

嘿魯貢巴（Heru Gompa）：囊謙的一座寺院，靠近拉恰南方的達那；穹楚・卡將的道場。

嘿魯嘎（heruka）：忿怒相的本尊，例如馬頭明王或普巴金剛。

噴措・旺度（Puntsok Wangdu）：不丹札修階級的權貴，蔣揚・欽哲・旺波其中一位轉世的父親。

寫實像（Ngadrama）：即肖像，與所刻畫的人物看起來一模一樣的雕塑或畫像。

德千林（Dechen Ling）：阿邦仁千邦巴山裡一處隱居修行的地方，吉美・多傑在此度過下半生；目前有一所尼院和閉關中心。

德布仁波切（Depuk Rinpoche，十九到廿世紀）：來自西藏西南方的大師，在尼泊爾索魯孔布建了一座寺院。

德欣．謝巴（Dezhin Shekpa, 1384~1415）：第五世噶瑪巴（大寶法王），在中國顯現了無數神蹟，也讓明朝永樂皇帝成為佛教徒，其後永樂皇帝賜予他著名的黑寶冠。

德格（Derge）：古時位於康區的獨立大王國，橫跨現今的江達、德格、白玉和石渠等地。

德喜叔叔（Uncle Tersey, 1887/9~1955/7）：即德喜祖古（Tersey Tulku），祖古．烏金仁波切的叔叔，「德喜」的涵意為「伏藏師之子」。

德達．林巴（Terdag Lingpa, 1646~1714）：即鞠美．多傑（Gyurmey Dorje），在中藏興建了敏珠林寺，為最重要的寧瑪寺院之一。

德嘉佛母（Lady Degah）：即德千．雀準，為秋吉．林巴的佛母，也是祖古．烏金仁波切的曾祖母；名字的本意為「大樂的法燈」（Dharma Lamp of Great Bliss）。

慶古（chinghu）：在宗教地位上，比「國師」低一等，但比「王」則高一等。見「帝師」（tishi）說明。

饃饃、水餃（momo）：中式水餃，內餡為肉類或農家乾酪。

《確永貢度》（*Chökyong Gongdu*）：秋吉．林巴所發掘出的伏藏法，與佛法的護法相關。

確吉．尼瑪仁波切（Chökyi Nyima Rinpoche, 1951~）：祖古．烏金仁波切的長子，為尼泊爾博達卡寧謝珠林寺院的住持。

確旺．祖古（Chöwang Tulku，十九到二十世紀）：祖古．烏金仁波切的上一世。

確賈．多傑（Chögyal Dorje, 1789~1859）：第一世措尼（Tsoknyi）的上師。

蓮花大鵬金翅鳥堡壘（Lotus Garuda Fortress）：即「貝瑪昆宗」（Pema Kyung Dzong），位於楚布寺上方山區的閉關處。

蓮花生大士（Padmasambhava）：即第八世紀將金剛乘傳至西藏的蓮花生大士（Lotus-Born master），也被稱為蓮師、上師仁波切（Guru Rinpoche），即「珍貴的老師」之意。欲更詳盡瞭解這位大師的生平，請參閱《蓮花生大士》。

《蓮花精要密續》（*Lotus Essence Tantra*）：即《貝瑪寧波舉》（*Pema Nyingpo Gyu*），透過耳聞與閱讀給予解脫的簡短密續。

蓮花薩埵（Padmasattva）：老欽哲在秋吉．林巴圓寂後所取出的心意伏藏主要本尊；老欽哲在一次淨觀中，見到偉大的伏藏師以報身相出現，於是在領受了灌頂與教授之後將它們寫了下來。

蓮師院、古察拉康（Kutsab Lhakhang）：專門用來供奉代表蓮師特殊雕像的佛堂。

蔣巴．簇清（Jampal Tsultrim）：第十五世噶瑪巴的主要弟子之一。

蔣札（Jamdrak, 1883?~1945?）：竹．蔣揚．札巴（Dru Jamyang Drakpa），蔣揚．欽哲．旺波的親近弟子，也是一位博學多聞的上師。是《智慧心要道次第》（*Lamrim Yeshe Nyingpo*）本續當中所預示的弟子之一。

蔣貢．康楚（Jamgön Kongtrul）：羅卓．泰耶（Lodrö Thaye, 1813~1899）；釋迦牟尼佛在《三摩地王經》（*King of Samadhi Sutra*）與蓮花生大士在許多伏藏法中，都預示了蔣貢．康楚的到來。他研讀並精通所有佛陀的法教，他的主要上師，包括了第十四世噶瑪巴、錫度．貝瑪．寧傑．旺波與偉大的欽哲仁波切，後來他也成為第十五世噶瑪巴卡恰．多傑的老師。蔣貢．康楚也是著名的成就上師、學者、作家、詩人與藝術家，著作與編纂了超過一百冊的典籍，其中最為人所熟知的是《五寶藏》。本書中稱他為「老康楚」或「康楚」。

蔣貢（Jamgön）：意旨「慈愛的保護者」（loving pro-tectorö），用來稱呼最偉大上師的頭銜，例如稱呼第一世康楚仁波切或竹千法王。

蔣雀．修努（Jangchub Shönnu）：盧美．多傑的姪子與繼任者，早期巴戎噶舉傳承的大師。

蔣揚．欽哲．旺波（Jamyang Khyentse Wangpo, 1820~1892）：第一世欽哲仁波切，十九世紀的偉大上師；他是五位偉大伏藏師的最後一位，並被視為無垢友尊者與赤松．德贊王兩者的合一化身，後來也成為西藏所有佛教教派的大師和老師，同時也是利美（不分教派）運動的創始人。除了發掘出的伏藏法之外，另有十冊的著作。「蔣揚」的意思是「文殊師利，柔和聲」；「欽哲．旺波」的意思是「慈愛智慧之主」。本書中稱他為「老欽哲」或「欽哲」。

《諸佛的獨子》（*Single Child of the Buddhas*）：藏文為《桑傑喜奇》（*Sangye Seychig*），經由耳聞、觸碰、口嚐而給予解脫的原始密續。

諸法盡融（exhaustion of concepts and phenomena）：大圓滿修持中，五種了悟的第四層次。依照策勒．納措．讓卓（Tsele Natsok Rangdröl）所言：「色身、覺受、感官與一切想法都竭盡了，因此無可避免地即獲致證悟，並且融入超越念頭和無可言喻的法性空裡。」

輪迴（Samsara）：生與死的循環；在六道中投生的「循環性的存有」、「惡性循環」或「迴轉」，其特質為苦、無常與無明；尋常有情眾生受到無明與二元覺受、業力與擾人情緒所桎梏的狀態。輪迴也意指世俗的實相，一種由業力果報所產生的懊喪與痛苦的無止境循環。

餓鬼（hungry ghost）：六道眾生之一，受自己不純淨的業習所折磨，會因渴求、饑餓、口渴而極度痛苦。

糌粑（tsampa）：西藏人日常飲食的主食，由炒過的大麥（青稞）麵粉製成。

墨脫縣（Pemakö）：西藏南部地區，三分之一範圍位於西藏境內，三分之二則位於印度的阿魯納恰爾邦（Arunachal Pradesh），因擁有多處隱蔽的聖地而聞名。

16劃

噶拉・多傑（Garab Dorje）：極喜金剛（Prahevajra）；一位轉世天神，過去曾經受過佛的灌頂。他母親是烏底亞那國王達黑納・塔羅（Dhahena Talo）的女兒，也是位尼師，無瑕而成胎。噶拉・多傑從金剛薩埵與金剛手菩薩處親受了所有大圓滿的密續、經典與口傳，而成為人間第一位大圓滿傳承的上師。透過任運成就的大圓滿教法，他達到了圓滿證悟的狀態，噶拉・多傑將這些教法傳給身邊極為傑出的隨從。妙吉祥友被視為他的主要弟子，蓮花生大士也直接從噶拉・多傑的智慧身領受了大圓滿密續的傳授。噶拉・多傑意指「無法摧毀的喜悅」。

噶波・薩曲（Karpo Sabchu）：一位瑜伽士，也是秋吉・林巴的侍者。

噶陀・錫度（Katok Situ, 1880~1925）：確吉・嘉措（Chökyi Gyatso），來自噶陀寺的一位偉大學者，也是祖古・烏金仁波切的德喜叔叔的老師之一。

噶陀寺（Katok monastery）：寧瑪傳統在康區的四個主要寺院之一，位於德格南方，靠近白玉縣。

噶美・堪楚（Karmey Khentrul）：噶美堪布的轉世，也是祖古・烏金仁波切的表弟。

噶美堪布（Karmey Khenpo，生於十九世紀）：全名為噶美・堪布・仁千・達傑（Karmey Khenpo Rinchen Dargye）。我的老師桑天・嘉措描述噶美堪布為「偉大伏藏師的弟子，是堪布・菩薩（Khenpo Bodhisattva）的轉世，也一再地受到偉大上師欽哲、康楚與秋林的認證，而他自己本身是一位傑出的大師。」〔祖古・烏金仁波切說明〕

噶瑟・康楚（Karsey Kongtrul, 1904~1953）：別名為「蔣貢・帕登・欽哲・歐色」（Jamgön Palden Khyentse Özer），是老康楚的直接轉世，投生為第十五世噶瑪巴的兒子，也是祖古・烏金仁波切的根本上師之一。

噶當巴（Kadampa）：噶當派追隨者的通稱。

噶當派（Kadam）：八大法乘傳承之一，十一世紀時由阿底峽尊者帶入西藏。

噶嘎（Kargah）：祖古．烏金仁波切的小名。

噶瑪．帕師（Karma Pakshi, 1204~1283）：第二世噶瑪巴，為第一世噶瑪巴的轉世祖古。

噶瑪．林巴（Karma Lingpa）：十四世紀時的伏藏師，以發掘出目前知名的經典《西藏度亡經》或稱《西藏生死書》（*Tibetan Book of the Dead*），或更正確的名稱《中陰聞教大解脫法》（*Great Liberation Through Hearing in the Bardo*）為人所熟知。

噶瑪．恰美（Karma Chagmey, 1613~1678）：屬於寧瑪與噶舉兩個傳統的偉大聖者與伏藏師，以《大手印與大圓滿之雙運》（*Union of Mahamudra and Dzogchen*）而著稱；其寺院是位於昌都的涅多（又稱「年多」，Nemdho）塔喜確林寺（Neydo Tashi Chöling）。

噶瑪山（Mount Karma）：位於囊謙南方往昌都路上的一座聖山。

噶瑪巴、大寶法王（Karmapa）：噶瑪巴的轉世系。秋吉．林巴預言了前廿五位噶瑪巴的名字。目前轉世為第十七世。

噶瑪寺（Karma Gön）：噶瑪巴諸化身於康區的寺院道場，坐落於拉托，就在囊謙色芒與昌都之間的路上。第一世錫度仁波切的駐錫寺院。

噶舉派（Kagyu）：由馬爾巴大師帶入西藏的佛教傳承，為印度成就者帝洛巴、薩拉哈（Saraha）與其他人從金剛總持法身佛處所受，再由那洛巴和梅赤巴（Maitripa）傳給西藏譯師馬爾巴，接下來傳至密勒日巴、岡波巴、噶瑪巴和其他人。此傳承主要強調的是方便法門「那洛六法」，與解脫法門「梅赤巴大手印教授」。

噶薩．玉蕊（Karsa Yuri）：祖古．烏金仁波切的母親。

壇城（Mandala）：即「中心與周圍」之意，通常是伴隨在本尊四周的環境；壇城常為密續本尊存在境地的象徵性、圖像性代表。（譯注：諸佛菩薩等本尊的聖殿，在密續修持中以象徵性的方式來展現稱之。）

盧美．多傑（Lumey Dorje）：屬於倉薩家族，巴戎噶舉傳承的大師之一，也是祖古．烏金仁波切的祖先。

羅布林卡園（Norbu Lingka Park）：歷任達賴喇嘛的夏宮，位於拉薩附近。

俄爾寺（Ngor monastery）：位於中藏藏（Tsang）區的薩迦寺院。

錫金（Sikkim）：位於喜瑪拉雅山區尼泊爾與不丹之間的獨立王國（到一九七五年為止）。

錫度．貝瑪．旺秋．嘉波（Situ Pema Wangchok Gyalpo, 1886~1953）：由第十五世噶瑪巴為其陞座，

並跟著蔣貢・康楚與偉大的學者詹嘎（Zhenga）學習，後來為第十六世大寶法王讓炯・利培・多傑（Rangjung Rigpey Dorje）陞座，並將噶舉傳承的教法獻給了他。

錫度・貝瑪・寧傑・旺波（Situ Pema Nyinje Wangpo, 1774~1853）：第九世泰錫度（Tai Situ），偉大的蔣貢・康楚的根本上師。

錫度・確吉・炯涅（Situ Chökyi Jungney, 1700~1774）：錫度轉世系的第八位，是偉大的學者，同時也是一位有淨觀能力者、醫生與畫家，並於一七二七年創立了八蚌寺。

17劃

龍眾（naga）：具有威力且長壽，像蛇一樣棲息於水中，且常護衛著偉大寶藏的眾生；龍眾半為畜生道，半為天道，通常是以蛇的形相存活，不過有許多龍眾能轉變成人形。

龍欽巴（Longchenpa，1308~1363）：寧瑪傳承的主要傳承持有人與著書者，為赤松・德贊王的女兒貝瑪・薩兒公主（Princess Pema Sal）化身，蓮師將被稱為「康卓寧體」（Khandro Nyingtig）的大圓滿傳承託付給她。龍欽巴被視為撰寫大圓滿教法最重要的作家，作品包括《七寶藏》（*Seven Great Treasuries*）、《三重三部曲》（*Three Trilogies*），還有在《寧體要吉》（又稱《心要四支》）中的釋論。關於他的生平與教授的更詳盡敘述，請參閱祖古・東杜仁波切所著的《佛心》（*Buddha Mind*），雪獅出版社，一九八九年。

《龍欽寧體》（*Longchen Nyingtig*）：《廣空心髓》（*Heart-Essence of the Vast Expanse*），由偉大學者兼高階行者吉美・林巴所發掘，由龍欽巴所授予的神祕教授之心意伏藏，屬於藏傳佛教寧瑪派的傳承。詳見《禪修與神蹟大師：印度與西藏偉大的佛教大師之生平》（*Masters of Meditation and Miracles: Lives of the Great Buddhist Masters of India and Tibet*），祖古・東杜（Tulku Thondup）著，香巴拉出版社，一九九九年。

擦擦、小舍利塔（tsa-tsa）：佛或舍利塔的小型泥塑雕像，由模型印製而成。

殭屍（rolang）：西藏式的殭屍，即會走動的死人或起死回生的死屍。這種令人難以置信的復活，據信是由於妖精佔據了死者的遺體，並非因為亡者的靈體回到原先的身體而復活。

18劃

壘峰（Fortress Peak）：宗果林（Dzong-Go Ling），桑天・嘉措與祖古・烏金仁波切隱修的一處高地，由騎馬一天路程距離的拉恰寺管理。桑天・嘉措的轉世在近幾年已將它重建。

薩千・昆嘎・寧波（Sachen Kunga Nyingpo，1092~1158）：五位薩迦傳承祖師的其中一位。

薩曲仁波切（Sabchu Rinpoche）：囊謙帝亞寺的喇嘛。

薩迦寺（Sakya monastery）：位於中藏，薩迦傳承的主要道場之一。

薩迦班智達（Sakya Pandita，1182~1251）：即昆嘎・嘉贊（Kunga Gyaltsen），是知名學者與西藏政治家，藉由讓蒙古帝王闊端可汗（Godan Khan）皈依佛教而阻止了蒙古入侵（1244年）。（譯注：蒙古闊端可汗為成吉思汗之孫，於一二四四年邀請薩迦班智達至蒙古，此後他的法教在蒙古延續了數世紀之久。）

薩迦傳承（Sakya Lineage）：藏傳佛教四大教派之一，始於十一世紀印度大師毘魯巴的弟子卓米・婁擦瓦（Drogmi Lotsawa，993~1050）將他的教授帶回西藏之時。

薩瑪學派（Sarma schools）：新譯派，包括噶舉、薩迦與格魯與息苦法與施身法、久竹、香巴噶舉與年竹（即「時輪金剛」）。

轉心四思量（four mind-changings）：四種可以轉心的思惟，內容包括了人身難得、一切無常、業力果報與輪迴是苦。這些思惟就如同將堅硬的土壤鬆動，讓它成為一塊肥沃的田地，而使證悟的種子得以成長。

19劃

類烏齊寺（Riwoche monastery）：噶舉傳承塔朗分支的重要道場，坐落於囊謙南方，距離昌都稍微超過一百公里處。

藏揚・蔣措（Tsang-Yang Gyamtso，生於十九世紀）：又稱給恰・托登（Gebchak Tokden），第一世措尼的主要弟子，在囊謙創立了眾多尼院。

羅德・旺波（Loter Wangpo, 1847~1914）：位於中藏藏區的俄爾寺喇嘛，同為欽哲與康楚兩人的主要弟子之一。

覷（tsiu）：反覆造成災難的靈體。

20劃

《寶鬘集》（*Jewel Garland, the*）：第三世噶瑪巴所著，由噶瑪・恰美所編纂，內容為施身法的道歌大集。

覺性、本然的、明的，本覺，明覺（wakefulness, original, luminous）：藏文為「耶喜」（yeshe），所知的本具特性，及其以五智為作用的方式（譯注：當下見性的覺知力）。

釋迦牟尼佛（Shakyamuni）：歷史上所稱的佛陀，被視為我們這個時代的主要導師。

21劃

灌頂（empowerment）：授予力量或准許修持金剛乘教法的儀式，為密續修持不可或缺的入門許可；灌頂讓人可以掌控與生俱來的金剛身、金剛語與金剛意，並獲准可將色身視為本尊，聲音視為咒語，意念視為智慧。

續部（Tantra system）：佛陀以報身相所教導的金剛乘經典；密續真正的意義為「相續性」，即內在的佛性，也被稱為「顯義的密續」。一般所謂的密續是指殊勝的密續典籍，也稱為「言表的密續」，也可以指所有由此而生的金剛乘教授整體。

護法（Dharma protector）：誓言保護並守衛佛陀教法與其追隨者的非人存在體，有可能是行善的輪迴眾生，稱為「世間護法」，或是佛與菩薩的化身，稱為「智慧護法」。

護法堂（gönchung）：用來供奉護法的佛堂，空間通常很小。

魔羅（Mara）：障難之魔，即任何讓行者無法專心於佛法或追求恆久快樂與解脫的事物。

22劃

囊索・謙摩寺（Nangso Chenmo）：由早期巴戎噶舉大師之一倉薩・盧美・多傑所興建的寺院，遺址就坐落在採久寺往囊謙行走約半天路程的一座小山丘上。

囊謙（Nangchen）：東藏的一個獨立王國，位於當今青海省南部。

23劃

巖伏藏、地伏藏（earth terma）：以實體呈現的伏藏，通常是以空行文字、金剛杵、塑像等形式出現。見「意伏藏」（mind terma）。

24劃

釀惹·尼瑪·歐色（Nyang-Ral Nyima Özer, 1124~1192）：五位王者般伏藏師中的第一位，也是赤松·德贊王的轉世；他所發掘出的伏藏，有幾部收錄於《仁千德左》（*Rinchen Terdzö*）之中，最為人所熟知的是《卡傑德謝杜巴》（*Kabgye Deshek Dupa*），內容著重在《八種召喚》的教法系統與蓮師的傳記《桑林瑪》（*Sanglingma*），現已出版，書名《蓮花生大士》（*The Lotus-Born*）。「釀惹」的意思是「來自釀的編髮者」，而「尼瑪·歐色」的意思是「太陽光束」。

25劃

觀世音菩薩（Avalokiteshvara）：象徵慈悲的菩薩，通常被描繪為具有四隻手臂。

觀自在系列 BA1005R

大成就者之歌㊤——法源篇

口述　祖古．烏金仁波切
紀錄、整理　艾瑞克．貝瑪．昆桑（Erik Pema Kunsang）
馬西亞．賓德．舒密特（Marcia Binder Schmidt）
譯者　楊書婷、郭淑清
執行主編　田麗卿
文字編輯　蔡雅琴
協力編輯　釋見澈
美術構成　吉松薛爾

發行人　蘇拾平
總編輯　于芝峰
副總編輯　田哲榮
業務發行　王綬晨、邱紹溢、劉文雅
行銷企劃　陳詩婷
出版　橡實文化 ACORN Publishing
地址　231030 新北市新店區北新路三段 207-3 號 5 樓
電話　（02）8913-1005
傳真　（02）8913-1056
劃撥帳號　19983379
戶名　大雁文化事業股份有限公司
讀者服務信箱　andbooks@andbooks.com.tw

印刷　中原造像股份有限公司
出版日期　2024年5月
刷次　二版一刷
定價　420元

ISBN 978-626-7441-28-2

圖片提供：艾瑞克．貝瑪．昆桑p71、167、196；格龍．仁千（Gelong Rinchen）p157；葛雷漢．桑斯坦（Graham Sunstein）p106；蔣策．拉止巴（Gyangtse Lhadripa）p69右；琴馬莉亞．艾達米尼（Jean-Marie Adamini）p24；馬西亞．賓德．舒密特 p34下、231；麥可．特威德（Michael Tweed）p69左；拿旺．奘波p33、40右、85、96、104；羅絲．瑪莉．蘇丹（Rose Marie Sudan）p237；索甲仁波切p35；索策仁波切p232；天巴．亞培p115；烏金．賢遍（Ugyen Shenpen）p70

大成就者之歌：大圓滿瑜伽士祖古．烏金仁波切靈修回憶錄. 法源篇／艾瑞克．貝瑪．昆桑（Erik Pema Kunsang），馬西亞．賓德．舒密特（Marcia Binder Schmidt）紀錄.整理；楊書婷,郭淑清翻譯.——二版. ——新北市：橡實文化出版：大雁出版基地發行, 2024.05　296面；17×22公分
譯自：Blazing Splendor：the memoirs of the Dzogchen Yogi Tulku Urgyen Rinpoche, as told to Erik Pema Kunsang & Marcia Binder Schmidt
ISBN 978-626-7441-28-2（平裝）

1.CST:烏金（Urgyen, Tulku, Rinpoche）2.CST:藏傳 3.CST:傳記

226.969　　113005104